Michael Göhlich · Eckard König · Christine Schwarzer (Hrsg.)

Beratung, Macht und organisationales Lernen

Organisation und Pädagogik
Band 4

Herausgegeben von
Michael Göhlich

Michael Göhlich · Eckard König
Christine Schwarzer (Hrsg.)

Beratung, Macht und organisationales Lernen

VS VERLAG FÜR SOZIALWISSENSCHAFTEN

Bibliografische Information Der Deutschen Nationalbibliothek
Die Deutsche Nationalbibliothek verzeichnet diese Publikation in der
Deutschen Nationalbibliografie; detaillierte bibliografische Daten sind im Internet über
<http://dnb.d-nb.de> abrufbar.

1. Auflage 2007

Alle Rechte vorbehalten
© VS Verlag für Sozialwissenschaften | GWV Fachverlage GmbH, Wiesbaden 2007

Lektorat: Stefanie Laux

Der VS Verlag für Sozialwissenschaften ist ein Unternehmen von Springer Science+Business Media.
www.vs-verlag.de

Umschlaggestaltung: KünkelLopka Medienentwicklung, Heidelberg
Druck und buchbinderische Verarbeitung: Krips b.v., Meppel
Gedruckt auf säurefreiem und chlorfrei gebleichtem Papier
Printed in the Netherlands

ISBN 978-3-531-15360-5

Inhalt

6

Beratung, Macht und organisationales Lernen. Eine Einführung

Michael Göhlich, Eckard König und Christine Schwarzer

Spätestens seit Bollnows (1959) Kennzeichnung der Beratung als unstetige Form der Erziehung und Mollenhauers (1965) Plädoyer für Beratung als fruchtbaren Moment im Erziehungsprozess gilt Beratung auch im deutschsprachigen Raum als pädagogisches Phänomen. Die enge Verbindung mit dem Erziehungsbegriff brachte allerdings zugleich eine Beschränkung des Beratungsverständnisses auf Fragen individueller Entwicklung mit sich. Die Beratung von Organisationen schien wie die Organisations- und Personalentwicklung insgesamt lange Zeit praktisch an Psychologie und Betriebswirtschaft, theoretisch zudem an die Soziologie verloren. Mit der seit den 1990er Jahren erfolgenden Etablierung eines ausdrücklich organisations*pädagogischen* Diskurses wird die Beratung in und von Organisationen als *Unterstützung* individueller, kollektiver und organisationaler *Lernprozesse* wahrgenommen und damit als originär pädagogische Praxis begriffen. Dabei stellen sich Fragen nach dem Verhältnis von Pädagogik und Ökonomie, nach dem Verhältnis von individueller Entwicklung und organisationaler Exzellenz und nicht zuletzt die Frage nach der Bedeutung, Funktion und Genese von Macht in Prozessen organisationalen Lernens und seiner Unterstützung, die die Beiträge des vorliegenden Bandes vereint.

Einleitend gilt es zunächst zu klären, was Beratung – allgemein sowie speziell im Hinblick auf Organisationen – ausmacht und inwiefern sie als Lern-(unterstützungs)praxis zu verstehen ist. Sodann werden Institutionalisierungsformen, Phasen und Grenzen von Beratung, insbesondere von Organisationsberatung aufgezeigt. Die Einleitung schließt mit einem Überblick über die Beiträge des Bandes und erörtert dabei das Verhältnis von Beratung, Macht und organisationalem Lernen.

1. (Organisations-)Beratung als Lern(unterstützungs)praxis

Der Beratungsbegriff kann im Sinne von „jemanden beraten", aber auch im Sinne von „sich (gemeinsam) beraten" verwendet werden. Bei der Verwendung des Wortes in dem einen Sinne schwingt die andere Bedeutung jeweils mit. Die pädagogische Beratung jedenfalls wird – wiewohl es sich um die Beziehung zwischen einem professionellen Berater und einem Klienten bzw. Klientensystem handelt und dabei der Klient als Ratsuchender und der Pädagoge als Berater erscheint – als Dialog, als Gemeinschaftshandlung von Pädagoge bzw. Pädagogin und Klient/in vorgestellt.

Wenn wir Beratung als Lern(unterstützungs)praxis bezeichnen, ist zu klären, was und wie in der Beratung gelernt wird bzw. wie Lernen unterstützt wird, und damit auch, was das Eigene der Beratung gegenüber anderen Lern(unterstützungs)praxen wie etwa dem schulischen Unterricht oder der betrieblichen Aus- und Weiterbildung ausmacht.

Gegenstand pädagogischer Beratung ist in erster Linie nicht ein bestimmtes Fach- und Sachwissen wie im schulischen Unterricht oder ein bestimmtes fachliches Können wie in der betrieblichen Lehre, aber auch keine als psychische oder organische Störung behandelte Symptomatik wie in der Therapie, sondern die je besondere Konkretion einer typischen, d.h. bei einem bestimmten Kreis von Personen, Gruppen oder Organisationen ähnlich auftretenden, lebenspraktischen Problemsituation. Pädagogische Beratung ist eine bestimmte Form des Umgangs mit lebenspraktischen Problemsituationen, wobei es sich im Fall der pädagogischen Beratung von Organisationen etwa um Probleme der Entscheidungskommunikation, des Austausches über Gelingen und Misslingen organisationaler Handlungen sowie allgemein um Verbesserung von Arbeitskoordination und Kooperation handelt.

Vorrangiges Ziel pädagogischer Beratung ist es, eine Wirklichkeitssicht (wieder) zu gewinnen, die zu einer Bewältigung des betreffenden Problems befähigt. Es geht in der Beratung darum, das schwierig, überkomplex und ggf. unerträglich gewordene Leben wieder meistern zu lernen, kurz: leben zu lernen. Dies gilt auch für die pädagogische Beratung von Organisationen, die auf die der jeweiligen Organisation eigene Kultur des Miteinander-Lebens und –Arbeitens und deren Entwicklung zielt.

Beratungsrelevantes Wissen umfasst alltägliche Deutungsmuster sozialer Wirklichkeit. Pädagogische Beratung trägt zur problembezogenen Erweiterung des Horizontes an Deutungsmöglichkeiten bei, vor dessen Hintergrund der (individuelle oder kollektive) Klient seine Situation interpretiert und Handlungsalternativen entwirft. „Die hier geforderte Kompetenz von PädagogInnen", so stellt Dewe (2002, 125) im Hinblick auf die Beratung einzelner Klienten(individuen) fest, „ist folglich nicht reduzierbar auf die Verfügung über Techniken der therapeutischen Gesprächsführung, vielmehr ist ein sozial- und erziehungswissenschaftlich fundiertes und ‚erfahrungsgesättigtes' Wissen über die Lebenssituation spezifischer Klientengruppen und der für sie sozial typischen Problemsituationen und sozial gültigen Strategien der Problembearbeitung gefordert". Beratung als

Lebenslernunterstützung setzt also, das macht die zitierte Rede vom erfahrungsgesättigten Wissen über die Lebenssituation spezifischer Klientengruppen deutlich, die persönliche Kenntnis der Lebenswelt der Klienten voraus und kann durch entsprechende eigene Erfahrung begünstigt werden. Dies gilt auch für Organisationsberatung; nicht zufällig weisen die beruflichen Werdegänge zahlreicher (auch pädagogisch examinierter) Organisationsberater eigene Tätigkeiten (als Werkstudent, Mitarbeiter oder Führungskraft in der Personalabteilung etc.) in Unternehmen oder Non-Profit-Organisationen auf. Dabei sei nicht verschwiegen, dass der (v.a. in den USA) gängige Wechsel von Beratern in Unternehmen und Unternehmern in Beratungsfirmen durchaus auch Probleme mit sich bringt (vgl. O'Shea/ Madigan 1998).

2. Felder und Formen der Beratung

Die Palette der Themen, Felder und Institutionalisierungsformen von Beratung ist sehr groß. Sie reicht individuell von der Bewältigung existentieller Krisen, etwa im Ablöseprozess Jugendlicher von ihrer Herkunftsfamilie oder in der Arbeitslosigkeitserfahrung eines Erwachsenen, bis zur Optimierung des Bildungsganges und zur Verfeinerung des Lebensgenusses, kollektiv und organisational von Konflikten im Team bis zur Umgestaltung von Kooperations- und Entscheidungsstrukturen. Im pädagogischen Diskurs schlägt sich diese Vielfalt in Systematisierungsversuchen nieder, beispielsweise in dem Versuch von Eckard König und Gerda Volmer (1996), vier Felder pädagogischer Beratung – v.a. nach dem Kriterium der Systemgröße – zu unterscheiden, nämlich die psychosoziale Einzelberatung (die im einzelnen als Drogen- bzw. Suchtberatung, Gesundheitsberatung, Schuldnerberatung, Krisentelefon, Wohnungslosenberatung, Seniorenberatung u.ä. erscheint), die Bildungs- und Berufsberatung (bei der es um das individuelle Zurechtfinden und Zurechtkommen in und mit dem Bildungs- und Berufssystem geht), die Familienberatung (zu der die Erziehungsberatung ebenso zu rechnen ist wie die Ehe- und ggf. Scheidungsberatung) sowie schließlich die Organisationsberatung (bei der es um die Unterstützung individuellen Lernens in Organisationen, etwa durch Mentoring, Coaching oder Supervision, ebenso gehen kann wie um die Unterstützung kollektiver und organisationaler Lernprozesse, etwa in Teamsupervision).

Historisch hängt die Institutionalisierung der heute Beratung genannten Praxis eng mit Fürsorge- resp. Wohlfahrtseinrichtungen der Moderne zusammen. Sowohl als Institution wie als Begriff erscheint Beratung von Beginn an als interdisziplinäres Phänomen. Ihre Wurzeln finden sich in der Jugendfürsorge ebenso wie in der Pädiatrie, in der Sonderpädagogik ebenso wie in der Psychoanalyse. Nach dem Missbrauch des Beratungswesens durch das nationalsozialistische Regime ist die Erneuerung der Beratung zunächst vor allem von US-amerikanischen Vorbildern und Konzeptionen geprägt. Dies spiegelt sich im Zusammenhang von Beratung und Demokratisierung wider. Mollenhauer macht in dem oben bereits erwähnten Aufsatz darauf aufmerksam, dass Beratung kein auf Beratungsstellen beschränktes Phänomen ist, sondern sich in der gesamten Erziehungspraxis ausbreitet, und postuliert, dass der Bedeutungszuwachs der Beratung mit der gesellschaftlich notwendigen Veränderung des Erziehungsstils in Richtung Demokratie zusammenhängt. Beratung gilt ihm als „Sonderfall eines allgemeineren pädagogischen Phänomens" (Mollenhauer 1965, 27), nämlich des „Umgang(s) zwischen Erwachsenen und jungen Menschen im lenkenden Gespräch außerhalb des Kontinuums nachdrücklich erzieherischer Einwirkungen" (ebd., 26). Der Ratsuchende ist nicht als Erziehungsbedürftiger, sondern als Individuum zu behandeln, welches selbst über sein Tun entscheidet und zu solch selbständiger Entscheidung fähig ist. Beratung setzt demzufolge eine offene Situation, ein nicht-erzieherisches pädagogisches Verhältnis und ein demokratisches Konzept des Miteinanders voraus.

Trotz des starken Einflusses US-amerikanischer Konzeptionen blieb Beratung, während sie in den USA nach den Hawthorne-Experimenten in verschiedenen Unternehmen – wiewohl auch dort zunächst eher auf die Ermöglichung individueller Beschwerde- und Bedürfnisäußerung als auf organisationale Lernprozesse zielender – Bestandteil betrieblicher Praxis wurde, hierzulande lange Zeit auf den Erziehungs- und Sozialbereich beschränkt.

Insbesondere im sozialpädagogischen Diskurs wird – wenngleich seit der Etablierung der systemischen Perspektive nicht mehr in der Schärfe wie zur Zeit des vorrangig gesellschaftskritischen Sozialpädagogikverständnisses der 1970er Jahre – von Beratung gefordert, „parteinehmende Praxis (zu) sein, die ... das Unterworfensein von Menschen unter belastende Situationen verändern will" (Frommann/ Schramm/ Thiersch 1976, 739). Dass die Kriterien Dialog und Parteinahme die Gefahr eines überhöhten Bildes von Beratung (das auch ein schiefes Bild vom Lernprozess in der Beratung beinhaltet) mit sich bringen, sei vorerst lediglich angemerkt. Wir kommen darauf zurück.

In der 1970er Jahren erfährt die Beratung in der Bundesrepublik einen Boom, der ihre heute selbstverständliche Präsenz in unterschiedlichsten gesellschaftlichen Feldern entscheidend voranbringt. Von nachhaltiger Bedeutung ist die im Strukturplan des Deutschen Bildungsrats aufgestellte Forderung, „dem Lernenden durch sachkundige Beratung zu helfen, damit er die Bildungsangebote und Lernmöglichkeiten wählen kann, die die Entfaltung seiner Persönlichkeit fördern und ihm gleichzeitig berufliche und gesellschaftliche Chancen bieten" (Deutscher Bildungsrat 1970, 91). Die große Reichweite dieser Forderung wird deutlich, wenn wir uns von der (im Strukturplan durchaus noch vorhandenen) Gewohnheit lösen, Lernen auf schulisches Lernen und dabei wiederum auf Wissen-Lernen zu reduzieren. In einer Gesellschaft, die im Zuge sich beschleunigender technologischer Entwicklung und mit der Globalisierung einhergehender Transkulturalisierung sich selbst immer deutlicher als lernende und folgerichtig ihre Mitglieder als lebenslang Lernende sowie ihre Institutionen als lernende Organisationen wahrnimmt, wird die Beratung zu einer Aufgabe, die nicht mehr auf Jugendliche und deren Eltern beschränkt ist, sondern Individuen jeglichen Alters, Gruppen und eben auch Organisationen im Blick hat.

3. Beratungsphasen und Lernprozess

Wird die Diagnostik resp. Anamnese nicht zuletzt aufgrund der auch medizinischen und psychoanalytischen Wurzeln der Beratung schon früh zu deren Bestandteil erklärt, so werden die weiteren Schritte hierzulande erst im Zuge des genannten Booms der 1970er Jahre ausgearbeitet. Anne Frommann, Dieter Schramm und Hans Thiersch (1976) unterscheiden im Wesentlichen vier Schritte sozialpädagogischer Beratung: 1. teilnehmende Diagnose; 2. Erschließung von – auch materiellen – Ressourcen; 3. Klärung von Abwehrmechanismen; 4. Einübung von Selbstreflexion. Als Grenze von Beratung erscheinen hier vor allem fehlende materielle Ressourcen.

Während Frommann u.a. einer dezidiert gesellschaftskritischen Perspektive folgen, bleibt das hierzulande als Referenzansatz bis in die jüngste Zeit hinein wirksame, humanistisch-psychologisch orientierte Konzept von Carl Rogers pragmatisch. Während Rogers den „Primat der Beratervariablen über die Gesprächstechniken" (Bachmair u.a. 1996, 29) betont und die entscheidenden Erfolgskriterien in den Therapeutenvariablen Akzeptanz, Empathie und Kongruenz sieht, wird im Anschluss an Rogers eine detaillierte Schrittfolge von Beratung beschrieben, die sich auf vier Punkte zusammenfassen lässt: 1. Situations- und Beziehungsdefinition; 2. Problemdefinition und –analyse; 3. Umdeutung, Löschung, Distanzierung vom Problem, Entwicklung von Einsicht; 4. Andere Lösungsmöglichkeiten und Lösungskontrollen (vgl. Kolb 2002, 28).

Die genannten Phasenkonzepte beziehen sich vorrangig auf die Beratung von Individuen und argumentieren aus psychoanalytischer bzw. humanistisch-psychologischer Sicht. Im Blick auf Organisationen und Organisationsberatung erscheint sinnvoll, den Systemcharakter der Organisation in den Fokus der Beratung zu stellen. So suchen etwa Eckard König und Gerda Volmer problemlösungspsychologische und systemtheoretische Perspektive zu verbinden und unterscheiden aus dieser Sicht vier Phasen des Organisationsberatungsprozesses:

1. Orientierung, 2. Diagnose, 3. Lösung bzw. Veränderung, 4. Abschluss. Der systemtheoretische Akzent wird in ihrer Darstellung der einzelnen Phasen deutlich (vgl. König/ Volmer 2005, 164ff.). In der Orientierungsphase geht es eben nicht nur um den Aufbau einer positiven Beziehung zwischen Berater und Klient und um das Thema bzw. Ziel der Beratung, sondern auch um die Etablierung des Beratungssystems: die Festlegung der Personen des Beratungssystems, die Definition der Situation als Beratung usw.. In der Diagnosephase geht es um die Ist-Situation des Systems, d.h. nicht zuletzt um die Frage, welche sozialen Regeln und wiederkehrende Verhaltensmuster (Regelkreise) das Problem beeinflussen. In der Veränderungsphase geht es um die Veränderung offizieller und inoffizieller Regeln, um die Modifikation von Regelkreisen und die Veränderung der Systemgrenze. In der Abschlussphase geht es um die Frage, wie der Erfolg der Veränderung festgestellt werden kann, vor allem aber um die Festlegung der weiteren Schritte. Dabei ist aus systemtheoretischer Sicht davon auszugehen, dass es weder der Berater selbst, noch aber auch ein einzelnes beratenes Individuum, sondern das jeweilige soziale System (z.B. ein Team) ist, das eingebrachte Vorschläge weiterer Schritte akzeptiert oder aber verwirft.

Dies ist Grenze und Chance zugleich: Entschiedener als anderen pädagogischen Praxen ist der Beratung der Vorsatz eingeschrieben, Lernen als vom Lernenden bzw. lernenden System verantworteten und selbständig vollzogenen Vorgang zu verstehen und schließlich anzuerkennen.

4. Beratung als machtvolle ethische Praxis

Beratung lässt sich dementsprechend als Anerkennungsraum begreifen. Mit Honneth (1992) lassen sich drei Anerkennungsformen unterscheiden und unterschiedlichen gesellschaftlichen Sphären zuschreiben: emotionale Zuwendung bzw. Liebe (Familie), kognitive Achtung bzw. Recht (Staat), soziale Wertschätzung bzw. Solidarität (Gesellschaft). Dem liegt die anthropologische Prämisse zugrunde, dass sich Menschen im Rahmen sittlicher Verbindungen bewegen, die im Menschen angelegt sind und sich unter demokratischen Bedingungen entfalten. Vor diesem theoretischen Hintergrund wird Beratung zum ethischen Problem. Insbesondere die Instrumentalität von Beratung wird problematisch. Ist Beratung grundsätzlich nicht-instrumentell? Die Sittlichkeit des beraterischen Verhältnisses wird zur Frage. Sie gilt es mittels der verschiedenen Anerkennungsformen zu gewährleisten. Zuwendung alleine genügt nicht, die Anerkennungsform des Rechts ist ebenso zu beachten. Wie schon aus systemtheoretischer Perspektive wird somit auch aus anerkennungstheoretischer Sicht die Grenze humanistisch-psychologisch fundierter Beratung deutlich. Die rechtliche

Anerkennung „ist unabdingbar, um das Machtverhältnis zu regeln, welches jeder Beratung innewohnt" (Gröning 2006, 83). Der Kontrakt dient allerdings nicht nur dem Schutz der Klienten (wie Gröning meint, ebd., 83), sondern – gerade in der Organisationsberatung, in der der Berater sich z.b. gegen die Einbindung in organisationsinterne Allianzen wehren können muss – auch dem des Beraters.

Der pädagogische Diskurs pflegte lange Zeit ein euphemistisches Bild von Beratung. Wo Beratung als ethische Verpflichtung reflektiert wurde, sollte sie unter Ausschluss von Hierarchie und Bewertung stattfinden. Im Vertrauen auf Selbstheilungs- und Selbstveränderungskräfte sollten warmherzige Atmosphäre und bedingungslose Akzeptanz genügen, um die Beratung erfolgreich zu gestalten. Dieses Bild wird nicht nur durch den Einbezug der Systemtheorie mit ihrem Blick auf die Funktionalität von Problemen und der Anerkennungstheorie mit ihrer Betonung der neben der emotionalen Zuwendung notwendigen Anerkennungsform des Rechts, sondern auch und noch entschiedener mit dem Einbezug sich ausdrücklich auf die Dimension der Macht beziehender soziologischer Organisationstheorien (s.u.) in den pädagogischen Diskurs brüchig:

Beratung und organisationales Lernen finden nicht in einem idealisierten machtfreien Raum statt, sondern in Organisationen, die durch vielfältige Machtstrukturen und Machtpraxen gekennzeichnet sind.

Die Frage, inwiefern und wie bei der und mittels der Beratung in und von Organisationen Macht eingesetzt, generiert und modifiziert wird, wird in der folgenden Übersicht über die Beiträge des vorliegenden Bandes in dreierlei Hinsicht ausdifferenziert und bearbeitet: Auf der Basis welcher theoretischen Rahmenkonzepte lässt sich das Verhältnis von Macht und Beratung diskutieren? Welches empirische Wissen über das Verhältnis von Beratungsprozessen bzw. allgemein organisationalem Lernen und Machtstrukturen ist verfügbar? Welche pädagogischen Konsequenzen ergeben sich aus diesem Ineinander von Beratung, Macht und organisationalem Lernen?

5. Bezugstheorien für die Diskussion des Verhältnisses von Macht und Beratung

Einen Schlüssel für das Verständnis von Beratungsprozessen und deren Zusammenhang mit organisationalem Lernen bieten die Studien von Crozier und Friedberg (1979), auf die Ines Sausele, Thomas Muhr, Michael Göhlich, Ulrich Spandau und Miriam Barnat in ihren Beiträgen zurückgreifen.

Für Crozier und Friedberg ist die Frage der Macht von zentraler Bedeutung. Im „strukturierten Handlungsfeld", wie sie die Schnittstelle zwischen individuellem Akteur und dem sozialen System der Organisation bezeichnen, verfügt jeder

Akteur aufgrund seines Spezialwissens über eine gewisse Menge an Macht, die er zu verteidigen und auszubauen sucht. Hierzu werden strategische Koalitionen und Allianzen mit Organisationsmitgliedern geschlossen, die ähnliche Ziele verfolgen, bzw. gegen Organisationsmitglieder, die man als hinderlich begreift. Daraus ergibt sich, dass die Praxis einer Organisation bzw. eines organisationalen Lernprozesses keineswegs nur einem übergeordneten Ziel folgt, sondern von einer Vielzahl zum Teil widersprüchlicher Zielsetzungen bestimmt wird, ganz abgesehen davon, dass das Handeln der einzelnen Akteure einer „begrenzten Rationalität" folgt, d.h. von Wahrnehmungsverzerrungen geprägt wird. Legt man diese theoretische Perspektive an einen Beratungsprozess und bemüht sich um eine Rekonstruktion der Hauptinteressen relevanter Akteure, so wird rasch deutlich, dass Beratungsthemen und Beratungsanlässe kein homogenes Ziel haben, sondern Spielball interessierter Akteure sind, zu denen auch der bzw. die Berater selbst gehören.

Einen weiteren Ansatz, den Petra Buchwald und Susanne Weber in ihren Beiträgen wählen, bietet der Bezug auf Foucault (2005). Wie Foucault zeigt, nimmt Macht nicht nur Unterdrückungsfunktionen wahr, sondern wirkt produktiv, produziert Begehren und (nicht zuletzt praktisches) Wissen. Dabei macht Foucault ähnlich wie Crozier und Friedberg darauf aufmerksam, dass es nicht die eine Macht gibt, sondern in vielfacher Weise ausdifferenzierte Mächte.

Schließlich lässt sich das Verhältnis von Beratung, Macht und organisationalem Lernen auf dem Hintergrund systemtheoretischer Überlegungen diskutieren. Katja Luchte, Eckard König und Heinz Rosenbusch greifen in ihren Beiträgen auf die „Personale Systemtheorie" in der Tradition von Gregory Bateson zurück. Soziale Systeme werden hier – im Unterschied zur Systemtheorie Luhmanns, die Ulrich Spandau in seiner Fallstudie aufgreift und mit der mikropolitischen Perspektive zu verbinden sucht – nicht ausschließlich als Kommunikationssysteme verstanden, sondern auch als Personensysteme und Kommunkationssysteme. Macht als die Chance, innerhalb einer sozialen Beziehung etwas (z.B. eine Neuerung) durchzusetzen, ist damit zum einen abhängig von dem Personensystem, d.h. den relevanten Personen innerhalb und u.U. auch außerhalb der Organisation. Der Erfolg der Organisationsberatung wie schon der Prozess der Beratung selbst als Etablierung einer Form organisationaler Praxis erfordert Prozesspromotoren, die den Prozess vorantreiben, Fachpromotoren, die über notwendiges Fachwissen verfügen, aber auch Machtpromotoren, die aufgrund ihrer Machtposition ein pädagogisches Konzept auch gegen Widerstände durchsetzen (vgl. den Beitrag von Thomas Muhr). Etablierung und Erfolg der Beratung sind zum anderen abhängig von dem jeweiligen Kommunikationssystem, wobei offizielle Regeln (z.B. Regeln über den Ablauf von Entscheidungsprozessen), aber auch inoffizielle Regeln (z.B. inoffizielle Regeln organisationsinterner Informationspolitik) eine Rolle spielen.

6. Empirische Studien zum Verhältnis von Beratung, Macht und organisationalem Lernen

Der vorliegende Band zielt auf einen Zuwachs an empirischem Wissen über das Verhältnis von Beratung, Macht und organisationalem Lernen. Zahlreichen Beiträgen liegen dementsprechend eigene empirische Untersuchungen der AutorInnen in unterschiedlichen Feldern (Beratung, Personalentwicklung, Berufseinstiegsphase bei Lehrerinnen, dienstliche Beurteilungen in der Schule, Profilierungsprozesse in der Schule) zugrunde. Einige werden im Folgenden exemplarisch angeführt.

So untersucht Ines Sausele in ihrem Beitrag Mitarbeitergespräche zwischen Mitarbeiter und direktem Vorgesetzten in einer großen pädagogisch-sozialen Einrichtung und einem Wirtschaftsunternehmen. Dabei erweisen sich die Mitarbeitergespräche als Schnittstelle individuellen und organisationalen Lernens. Insbesondere aufgrund der Personalunion von Vorgesetztem und Berater kommt der in diesen Gesprächen stattfindenden Beratung nie nur die Funktion individueller Entwicklung eines in allen Fragen des Gesprächs selbständig Entscheidenden zu, sondern der Entscheidungsvorbehalt des Vorgesetzten und die Reflexion des organisationalen Kontextes, etwa der Abteilung und deren Entwicklung, bleiben virulent. Der Vergleich der Mitarbeitergespräche in den beiden Organisationen zeigt, dass die Kontrolle über den Zugang zu Weiterbildungsmaßnahmen im Wirtschaftsunternehmen in der Hand des Vorgesetzten liegt – womit Weiterbildung für ihn zur Machtressource wird –, wohingegen die Weiterbildungsmaßnahmen in der pädagogisch-sozialen Einrichtung durch gesetzte Vorgaben und einen festen Seminarzyklus geregelt sind – und damit einen gewissen Schutz des Mitarbeiters vor etwaiger Willkür eines Vorgesetzten bieten. Gemeinsam ist den Mitarbeitergesprächen in beiden Organisationen, dass in ihnen eine „Beratungsmacht" der Führungskräfte generiert wird und letztere nie ausschließlich die Entwicklung des Mitarbeiters, sondern stets auch die Ebene des Team(lernen)s und organisationaler Lernprozesse im Blick haben. Sauseles Studie zeigt, dass weder Qualifikation noch Position alleine den Einfluss einer Person in der Organisation garantieren, sondern immer auch informelle Muster organisationskultureller Praxis wirksam sind.

Katja Luchte stellt die Ergebnisse einer empirischen Studie zur Implementierung eines Fortbildungskonzeptes in Kindergarten und Grundschule vor und zeigt, dass der Erfolg der Implementierung (hier: des pädagogischen Konzepts) davon abhängt, inwieweit es gelingt, das Konzept im Personensystem zu etablieren und ein geeignetes Kommunikationssystem aufzubauen. Das führt zu einem Konzept systemischer Implementationsberatung, das den Blick auf förderliche und hinderliche Systemfaktoren bei der Implementierung richtet. Geht es bei der Diagnose als erster Phase einer solchen Beratung darum, die für die Implementierung relevanten Faktoren des Personensystems, des Kommunikationssystems und der Systemumwelt zu identifizieren, so sind bei der Intervention zusätzliche Maßnahmen zu planen, um die Implementierung im sozialen System zu unterstützen.

Die Studie von Christine Schwarzer und Silke Dückers-Klichowksi belegt Auswirkungen struktureller Zwänge in der Berufseinstiegsphase von Lehramtsanwärterinnen und erörtert davon ausgehend Möglichkeiten der Organisationsberatung. Burnoutprozesse scheinen viel früher als vermutet zu beginnen und sich im Sinne von Verlustspiralen, bei denen stets weniger persönliche und strukturelle Ressourcen zur Verfügung stehen, während des Referendariats noch zu verstärken. Während personale Risikofaktoren durch Training in Stressmanagement, Zeitmanagement und Work-Life-Balance minimiert werden können, ist es organisationsbezogen wichtig, strukturelle Risikofaktoren zu verringern. Hierzu muss allerdings die Schulen eigene Änderungsresistenz zunächst in Beratungsmotivation umgewandelt werden. Grundlegend hierfür ist das Identifizieren von Deutungsmustern und Regeln, die das etablierte System am Leben erhalten (hier z.B. Prüfungsbedingungen und fehlender Social Support in der Zweiten Phase).

In Thomas Muhrs Fallstudie geht es um ein Unternehmen, deren Geschäftsführer durch Einführung von Gruppenarbeit einen Weg aus der Krise finden wollen, in der das Unternehmen steckt, wozu – nicht zuletzt auf Drängen des Betriebsrates – ein Berater herangezogen wird. Der für organisationales Lernen erforderliche Spielraum erweist sich im untersuchten Fall jedoch als sehr begrenzt. Die erhoffte Verhaltensänderung der Akteure durch Qualifizierung bleibt angesichts knapper Ressourcen in weiten Teilen aus, und das (von den Beratern avisierte) bloße Mehr an Qualifizierung reicht nicht aus, um die bestehenden Lernblockaden zu überwinden, zumal diese nicht zuletzt im mangelnden Beziehungsreichtum des organisationalen Handlungssystems begründet sind.

Die hier gegebenen Skizzen einiger Fallstudien stehen stellvertretend für die zahlreichen empirischen Beiträge des vorliegenden Bandes. Auch wenn sie deren Vielfalt nicht in Gänze abbilden können, kann doch eine Gemeinsamkeit der Ergebnisse der empirischen Studien festgehalten werden. Der Zusammenhang zwischen Beratung und organisationalem Lernen erweist sich in den Untersuchungen als fragil, wobei organisationale Macht bzw. Ohnmacht der Berater und der am Beratungsprozess Beteiligten sozusagen katalysatorisch wirken.

16

7. Pädagogische Konsequenzen

Wenn der Zusammenhang von Beratung und organisationalem Lernen als durch Macht bedingt zu verstehen ist, stellt sich die Frage nach pädagogischen Konsequenzen, nach Folgerungen für Struktur, Form und Praxis pädagogischer Organisationsberatung.

Eine mögliche, im Beitrag von Miriam Barnat methodisch näher bestimmte Folgerung lautet, möglichst verschiedene organisationsinterne Stories zu finden und so einen Eindruck davon zu gewinnen, welche relevanten Akteure welche Wirklichkeitsinterpretationen vertreten, sowie die Akteure des Wandels für die unterschiedlichen Realitätsentwürfe zu sensibilisieren. Stories werden in konkreten Situationen und unter bestimmten personellen Konstellationen generiert, weshalb die Durchsetzung einer gemeinsam generierten und Änderungen tragenden Redefinition von Wirklichkeit nicht ausgeschlossen ist. Beratung hat hier einen Raum zu eröffnen, der Story-Telling und dessen gemeinsame Analyse ermöglicht. Die im Beitrag von Schwarzer und Dückers-Klichowski angesprochene Ermöglichung der Identifikation von Deutungsmustern und Regeln, die das etablierte System am Leben erhalten, zielt auf Ähnliches.

Muhr sieht es als Konsequenz seiner Fallstudie als vordringlich an, überhaupt erst einmal ein Sensorium für die zentralen machtpolitischen Aspekte von organisationaler Veränderung zu entwickeln, das der Organisationsberatung – so das Ergebnis seiner Fallstudie – bislang abgeht. Er schlägt vor, in der Beratung von Organisationen nicht gleich die Lösung derer Probleme, sondern die Organisationsberatung zunächst selbst als Problem zu sehen, da ansonsten mikropolitisch ‚naive' Reformer auf ‚naive' Berater treffen, was die Krise der Organisation noch verstärken kann. Mit Friedberg fordert er von den an Organisationsberatung Beteiligten, in mehrdeutigen Grenzen zu denken, den begrenzten Charakter unseres Wissens zu akzeptieren, die Idee des Individuums als rationalem Akteur aufzugeben und den Beratungsprozess nicht als klare Lösung, sondern als Wette auf die Nutzung von bisher noch nicht genutzten Ressourcen zu betrachten.

Auch im Beitrag von Eckard König wird deutlich, dass die erste pädagogische Konsequenz sein muss, das immer noch verbreitete eindimensionale Beratungsverständnis von Macht zu überwinden. So weist Eckard König darauf hin, dass eine Beraterin eben nicht einfach „Macht" über den Klienten hat, sondern dass im Blick auf die Komplementarität zwischen Prozessmacht und inhaltlicher Macht zu unterscheiden ist. Damit Beratung überhaupt möglich ist, muss die Beraterin einerseits das Recht haben, den Beratungsprozess zu steuern (Prozessmacht). Andererseits darf sie, damit Beratung Hilfe zur Selbsthilfe bleibt und nicht unter der Hand zu Manipulation wird, den Klienten nicht zu inhaltlichen Handlungen veranlassen (inhaltliche Macht). Die Komplementarität zwischen

Prozessmacht und inhaltlicher Macht ist im Beratungsprozess auszuhandeln und in der konkreten Situation umzusetzen. Wie Eckard König zu Recht anmerkt, teilt (Organisations-)Beratung diese Antinomie mit anderen pädagogischen Situationen: Eine pädagogische Beziehung erfordert immer „Macht" auf Prozessebene, zugleich jedoch auf inhaltlicher Ebene mit Blick auf Mündigkeit und Autonomie den Verzicht auf Macht.

Beratung als organisationale Lernunterstützungspraxis arbeitet, darauf macht Michael Göhlich in seinem Beitrag aufmerksam, an organisationalen Wissens- und Könnens-Verhältnissen und damit eben an Machtverhältnissen. Sie gründet auf Macht und generiert selbst Macht, indem sie die bestehenden Wissens- und Könnens-Verhältnisse verändert. Da der Umgang mit Macht ethische Entscheidungen bedingt, erfordert Beratung eine besondere ethische Reflexion und Orientierung. „Gute" Organisationen und die zu solchen beitragende Beratung zeichnen sich durch eine Lernunterstützungspraxis aus, welche die eingesetzte sowie die generierte Macht an den Kriterien der Stärkung aller potentiell Lernenden und der Ermöglichung weiteren Lernens prüft und zu regulieren sucht.

Literatur

Bachmair, S. u.a. (1996): Beraten will gelernt sein. Weinheim.
Böttcher, W./ Terhart, E. (Hg.) (2004): Organisationstheorie in pädagogischen Feldern. Wiesbaden.
Bollnow, O.F. (1959): Existenzphilosophie und Pädagogik. Stuttgart.
Brunner, E./ Schönig, W. (Hg.) (1990): Theorie und Praxis der Beratung. Freiburg.
Buchwald, P./Schwarzer, C./ Hobfoll, S. E. (Hg.) (2004): Stress gemeinsam bewältigen-Ressourcenmanagement und multiaxiales Coping. Göttingen.
Crozier, M./ Friedberg, E. (1979): Macht und Organisation. Königstein.
Deutscher Bildungsrat (1970): Strukturplan für das Bildungswesen. Stuttgart.
Dewe, B. (2002): Beratung. In: Krüger, H.H./ Helsper, W. (Hg): Einführung in Grundbegriffe und Grundfragen der Erziehungswissenschaft, Opladen. S. 119-131.
Foucault, M. (2005): Analytik der Macht. Frankfurt /M.
Fromann, A./ Schramm, D./ Thiersch, H. (1976): Sozialpädagogische Beratung, in: Z. f. Päd. 22, H.5, S.715-742.
Göhlich, M. (2001): System, Handeln, Lernen unterstützen. Weinheim.
Göhlich, M. (2007): Organisationales Lernen. In: Göhlich, M./ Wulf, Z./ Zirfas, J. (Hg): Pädagogische Theorien des Lernens. Weinheim. S. 222-232.
Göhlich, M./ Hopf, C. /Sausele, I. (Hg.) (2005): Pädagogische Organisationsforschung. Wiesbaden.
Göhlich, M./ Zirfas, J. (2007): Lernen. Ein pädagogischer Grundbegriff. Stuttgart: Kohlhammer
Gröning, K. (2006): Pädagogische Beratung. Wiesbaden.
Honneth, A. (1992): Kampf um Anerkennung. Frankfurt/M.
König, E./ Volmer, G. (1996): Beratung. In: Hierdeis, H./ Hug, Th. (Hg.): Taschenbuch der Pädagogik. Bd.1. Hohengehren. S.121-130
König, E./ Volmer, G. (2000): Systemische Organisationsberatung. Weinheim.
König, E./ Volmer, G. (2002): Systemisches Coaching. Weinheim.
König, E./ Volmer, G. (2005): Systemisch denken und handeln. Weinheim.
Kolb (2002): Gesprächsführung. In: Bachmair, S. u.a.: Beraten will gelernt sein. Weinheim. S. 26-56.

Luchte, K. (2005): Implementierung pädagogischer Konzepte in sozialen Systemen. Weinheim.

Mollenhauer, K. (1965): Das pädagogische Phänomen „Beratung". In: Mollenhauer, K./ Müller, C.W. (Hg.): Führung und Beratung in pädagogischer Sicht. Heidelberg.

O'Shea, J./ Madigan, Ch. (1998): Berater mit beschränkter Haftung. Macht und Einfluss der Consulting-Firmen. München.

Schwarzer, Ch. (1986): Perspektiven der pädagogischen Beratungswissenschaft. Düsseldorf.

Beratung in Organisationen

„Gute Organisationen"? Organisationsinterne Beratung zwischen Exzellenz und Ethik

Michael Göhlich

Wer organisationales Lernen und individuelles Lernen in Organisationen durch Beratung ermöglichen und fördern will, sieht sich Fragen nach Ziel und Mittel, nach Facetten und Nebenwirkungen des Lern- und Lernunterstützungsprozesses und nicht zuletzt nach dem Umgang mit Macht gegenüber. Durch all diese hindurch scheint die Frage, was überhaupt eine „gute" Organisation(sentwicklung und -beratung) ist, und damit die Spannung zwischen Exzellenz und Ethik in der organisationalen Praxis.

Der vorliegende Beitrag sucht das Verhältnis von Exzellenz und Ethik im Diskurs um Organisationen und organisationales Lernen zu klären, fragt nach der Bedeutung von „gut" in diesem Kontext und weist an Fallbeispielen auf charakteristische Probleme der „Güte" in der Praxis der Organisations- und v.a. der Personalberatung hin.

Dabei wird dreierlei deutlich: 1. Organisations- und Personalberatung arbeitet – als auf organisationale Exzellenz zielende Lernunterstützungspraxis – an Mustern und Strukturen organisationaler Praxis, an Wissens- und Könnens-Verhältnissen und damit auch an Machtverhältnissen. Sie gründet auf Macht und generiert selbst Macht. 2. Der Einsatz von Macht bedingt eine ethische Entscheidung. Da Beratung auf Macht gründet und sie generiert, erfordert sie eine besondere ethische Reflexion und Orientierung. 3. Ethisch-reflektierte Praxis fördert organisationales Lernen. Durch unethische Praxis wird das Lernen der Organisation und ihrer Mitglieder behindert. Gute Organisationen zeichnen sich durch eine Lernunterstützungspraxis (u.a. in Form von Beratung) aus, die die eingesetzte sowie die generierte Macht an den Kriterien der Stärkung aller potentiell lernenden Stakeholders und der Ermöglichung weiteren Lernens prüft und zu regulieren sucht.

1. Öffentlicher und wissenschaftlicher Diskurs um organisationale Exzellenz und Ethik

„Whats some other good organizations like the Peace Corps or Habitat for Humanity that I can join? I am 18 and I want to do something good for our world." Wer in Internet-Suchmaschinen nach dem Terminus der guten Organisation sucht, trifft vor allem auf solche Einträge. Auch deutschsprachige Äußerungen dieser Art sind zu finden, z.B.: „Kann mir jemand gute Organisationen empfehlen, die solche Projekte oder auch Praktika im sozialen Bereich in Südafrika vermitteln?", „Kennt irgendjemand gute Organisationen, die solche Stipendien auch für Auslandsaufenthalte mit anderen Organisationen vergeben?", „Es gibt zwei wirklich gute Organisationen in der BRD, die im In- und Ausland hervorragende Friedensarbeit leisten …", „Für die Erstversorgung gibt es wirklich gute Organisationen, die ganz schnell vor Ort sind, die Nahrungsmittel verteilen, Verletzte versorgen, Opfer bergen …" Die Kategorie des Guten wird hier im ethischen Sinne bzw. im Kontext ethischer Ansprüche gebraucht. Als gut gilt eine Organisation, die zum Wohle der Menschheit arbeitet. Zugleich schwingt in der Kennzeichnung als gut der Anspruch auf Seriosität mit. Als gute Organisationen gelten die, denen man vertraut und zutraut, dass sie tun, was sie vorgeben zu tun. Auch dies ist im Grunde ein ethischer Anspruch.

Im Netz finden sich jedoch auch Äußerungen, die offenbar etwas Anderes fokussieren, wenn sie Organisationen als gut bezeichnen. Betrachten wir etwa die folgenden Aussagen: „Gute Organisationen folgen den Marktentwicklungen – exzellente Organisationen nehmen die Marktentwicklungen vorweg", „gute Organisationen sind keine statischen Systeme, sie reagieren auf neue Anforderungen und passen sich an", „gute Organisationen und effiziente Prozesse erfordern die besten Mitarbeiter". Hier wird der Begriff des Guten im Sinne besonderer Leistungsfähigkeit verwendet. Gut bedeutet hier leistungsstark, anpassungsfähig, effizient. Wenn, wie im ersten Zitat, gut mit exzellent verglichen wird, erscheint dies weniger als Gegenüberstellung denn als Steigerung. Gute Organisationen in diesem Sinne sind Organisationen auf dem Weg zur Exzellenz.

Zusammengedacht wird beides – gut im Sinne eines ethischen Anspruchs und gut im Sinne von Exzellenz – bislang selten. Dies gilt im Wesentlichen auch für den wissenschaftlichen Diskurs. Immerhin liegt dort eine empirisch fundierte Auseinandersetzung mit dem Zusammenhang von Exzellenz und Ethik in professionstheoretischer Hinsicht vor (Gardner u.a. 2001), die auch den organisations(entwicklungs)theoretischen Diskurs anregen könnte. Die Autoren weisen auf die Verwandtschaft, wenn auch nicht Gleichartigkeit von „good work" und „flow experiences" hin („Doing good work feels good.", ebd., 5) und sehen in der Professionalität, genauer: in der Orientierung („alignment") der Profession jene

Verbindung von Exzellenz und Ethik, welche „good work" ausmacht. Der Wandel von Technologien, kulturellen Werten und sozialen Umgebungen, aber auch innovative Beiträge einzelner herausragender Praktiker beeinflussen die Profession, die sich in ihren Komponenten (individuelle Praktiker; Funktionsbereich; Handlungsfeld; andere Stakeholder) dementsprechend umstellen und neu orientieren muss. Derzeit sehen sie insbesondere in der enormen Beschleunigung der Technologisierung und dem Glauben an sie, in der durch neue Technologien, Mediatisierung und fortschreitende Ökonomisierung der Gesellschaft problematisch gewordenen Eigentümerschaft von Wissen (bis hin zu biologischem „Wissen" in Form der Gene) sowie in der dem ökonomischen Druck folgenden Simplifizierung, Verdummung und Trivialisierung die größten Bedrohungen für die Orientierung („alignment") der Professionen. Wer dennoch ein „good worker" sein will, muss die Konturen seines professionellen Funktionsbereichs klären (d.h. die Werte klären, auf denen er gründet), sein professionelles Handlungsfeld rekonfigurieren (d.h. neues Wissen und Prozeduren einbringen, mit denen die Aufgaben der Profession bewältigt werden können) und einen persönlichen Standort einnehmen (vgl. Gardner u.a. 2001, 223ff.). So anregend diese professionstheoretische Studie für die organisationsentwicklungstheoretische Arbeit ist, so problematisch ist allerdings, dass die Kategorie des Guten in Gardners Studie nicht geklärt wird. Im folgenden Abschnitt soll dies ansatzweise geleistet oder doch zumindest die Problematik des Begriffs herausgearbeitet werden.

2. Was ist „gut"?

Die okzidentale Rede vom Guten reicht zurück bis zum antiken Ideal der Kalokagathia, die als Vollkommenheit im Sinne der Einheit von Wahrem, Gutem und Schönem vorgestellt und angestrebt wird. Platon zufolge steht dem eigentlichen Sein, das mit der Idee des Guten gleichgesetzt wird, das abbildliche Dasein in der vergänglichen Welt gegenüber. Die Tugend hat den höchsten Punkt in der Anschauung des Guten, in der das Problem der Gerechtigkeit und das der Schönheit aufgehoben wird. Die Idee des Guten kann nur mit Mühe erkannt werden, wer sie aber erblickt, erkennt an, „dass sie für alle die Ursache des Richtigen und Schönen ist" (Platon 2002, 423). Platons Staat ist dementsprechend ein durch Erziehung an der Idee des Guten ausgerichteter Staat. Gilt Platon das Gute als Ideal, so ist für Aristoteles „gut" primär das Prädikat eines Handelns. Der Handelnde gilt als gut, soweit sein Handeln gut ist. In der nachfolgenden Theorietradition dominiert allerdings in dieser Frage lange Zeit die platonische Auffassung. Für den römischen Neuplatoniker Plotin ist das Gute das Unbedürftige, dem nichts mehr hinzuzufügen ist, die geistige Einheit von allem. Ihm zufolge verursacht der durch die Wahlfreiheit zwischen Gut und Böse bedingte Eigensinn der Seelen die Trennung vieler Seelen vom Göttlichen, so dass sie das Göttliche nicht mehr erkennen können. Beim spätrömischen Christen Augustinus wird die Idee des Guten dann gleichbedeutend mit Gott.

Im Hochmittelalter ist es wiederum ein christlicher Theologe, Thomas von Aquin, der die Brücke vom Guten zur Vernunft schlägt. Da der Mensch im Unterschied zum Tier versteht, was ein Ziel ist, und somit seine Ziele wollend bestimmen und ihnen gemäß handeln kann, versteht der Mensch im Unterschied zum Tier auch, was gut heißt, und kann und muss entscheiden, worin er sein „Gut" setzt. Eine Handlung ist aus Thomas von Aquins Sicht gut, wenn der Handlungsgegenstand zur (entsprechend der gottgeschaffenen Natur des Menschen auf Vollkommenheit zielenden) Vernunft des Menschen passt.

Ausgerechnet in der Zeit der Aufklärung weist Rousseau dann auf die Fallen der menschlichen Vernunft hin. „Alles ist gut, wie es aus den Händen des Schöpfers hervorgeht; alles entartet unter den Händen des Menschen…Nichts will er so, wie es die Natur geschaffen hat, nicht einmal den Menschen" (Rousseau 1991, 9). Konsequenterweise erklärt er die Natur zum wahren Guten und fordert die strikte Ausrichtung der menschlichen Praxis, nicht zuletzt der Erziehung, an ihr. Der liberale Romantiker Schleiermacher führt in diese Naturorientierung des Guten wieder ein soziales Moment ein, das die seit Platon in den Begriff des Guten eingelassene Gerechtigkeitsforderung stärkt, wenn er schreibt:

> „Es wäre frevelhaft, die Erziehung so anzuordnen, dass die Ungleichheit absichtlich und gewaltsam festgehalten wird auf dem Punkt, auf welchem sie steht. Dies würde eine Hemmung der menschlichen Natur verraten. Was aber der Fortschreitung der menschlichen Natur entgegenwirkt, das streitet auch gegen die Idee des Guten" (Schleiermacher 1983, 41).

Von hier ist es nicht mehr weit bis zu Kerschensteiners um 1900 vorgetragene Forderung, um Arbeitstüchtigkeit und Sittlichkeit (heute würden wir sagen: Exzellenz und Ethik) zu fördern, brauche es Berufsschulen mit Werkstätten, an denen „alle wichtigen Arbeitsprozesse des Berufes gründlich und denkend durchgearbeitet würden und von denen aus alle sonstigen geistigen Interessen belebt werden könnten" (zit.n. Arnold/ Gonon 2006, 56). Ähnlich wie heute Gardners u.a. Konzeption von „good work" zielt Kerschensteiner offenbar auf die Förderung eines Berufsethos in Distanz zu betrieblichen Anforderungen.

Bis in die 1980er Jahre vom westlichen organisations(entwicklungs)-theoretischen und berufspädagogischen Diskurs unbeachtet, führt Deming in seinen qualitätsentwicklerischen Tätigkeiten in Japan bereits Mitte des 20. Jahrhunderts Berufsethos bzw. professionellen Stolz und die Gestaltung des Betriebs als Organisation ausdrücklich zusammen. Er fordert, die betrieblichen Hemmnisse abzubauen, die den Menschen die Möglichkeit rauben, auf ihre Arbeit stolz zu sein und sich über sie zu freuen. Einer seiner Epigonen, Larry English, legt dieses Postulat treffend aus: „Allow people to feel good about their work, and they will do good work" (English 1999). Deming, der Vater des Total Quality Management, macht die Orientierung am Guten bzw. an der Güte, an einer (nicht nur Produkt-, sondern auch Prozess-, nicht nur physisch, sondern auch psychisch gemeinten, nicht nur aktions-, sondern auch interaktionsbezogenen) Qualität zum obligatorischen Element betrieblicher Praxis. Das Gute interessiert dabei nicht als Ideal, sondern als Verbesserung. Konsequenterweise gehört zu seinen „14 Punkten" auch die Forderung nach betrieblich organisierter permanenter Weiterbildung: „What an organization needs is not just good people; it needs people that are improving with education" (Deming o.J.). Zentral ist bei Demings Begriff der Qualität(sentwicklung), dass er messbare Güte bzw. messbare Verbesserung meint. Güte und Verbesserung werden quantifiziert.

Ist Demings Qualitätsbegriff noch strikt innerbetrieblich angelegt, so werden Unternehmen und andere Organisationen heute, wie die Entwicklung der Bewertungskriterien zum Qualitätsmanagement im Exzellenz-Modell der European Foundation for Quality Management zeigt, zunehmend auch nach ihrem Beitrag zur gesellschaftlichen Entwicklung und nach ihrer Verantwortung für relevante Stakeholders wie Kommunen, Regionen und Gesellschaft (z.B. Nürnberger Netzwerk Coup 21) bewertet (vgl. EFQM 2003, 5ff.). Dass dabei, nicht nur im EFQM-Modell, neuerdings der Begriff „Exzellenz" den der Qualität zu verdrängen scheint, mag dem Druck geschuldet sein, aus der Masse der heute immer häufiger im Hinblick auf ihre Qualität evaluierten und zertifizierten Organisationen herausragen zu müssen. Gut, so könnte man daraus folgern, ist heute nicht mehr gut genug. Dieser Überlegung soll hier jedoch nicht weiter nachgegangen werden. Für unsere Fragestellung von Interesse ist, dass mit der Einbindung der Verantwortung für Stakeholders die Exzellenz im ökonomischen Sinne mit Ethik verbunden wird bzw. Exzellenz selbst eine ethische Dimension erhält. Gut bzw. exzellent ist eine Organisation, wenn sie nicht nur in ihren Produkten auf dem neuesten Stand der Technik ist und möglichst hohe Erträge bzw. Gewinne erwirtschaftet, sondern zugleich ihren Mitarbeiter Freude und Stolz an ihrer Arbeit und eine möglichst hohe Beteiligung an deren Ertrag ermöglicht und auch die außerhalb der Organisation befindlichen (kommunalen, regionalen, gesellschaftlichen) Interessengruppen nachhaltig zufrieden stellt.

Resümieren wir unseren Parforceritt durch die Geschichte, so wird deutlich, dass die Kategorie des Guten auf verschiedene Momente menschlicher Wirklichkeit hinweist: auf ein Ideal (vgl. Platon), auf eine Praxis (vgl. Aristoteles), auf eine Wahlmöglichkeit (vgl. Plotin), auf eine transzendente Instanz (vgl. Augustinus), auf die Willentlichkeit und Vernünftigkeit menschlicher Handlungen (vgl. Thomas von Aquin), auf die Wahrheit der Natur und natürlicher Entwicklung (vgl. Rousseau), auf die Sozialität menschlicher Praxis (vgl. Schleiermacher), auf die Spannung zwischen Beruf und Betrieb (vgl. Kerschensteiner), auf deren Auflösung mittels des betrieblichen Qualitätsmanagements (vgl. Deming; dass sich die berufliche Bildung in den letzten zwei Jahrzehnten zur betrieblichen Weiterbildung verschoben hat, ist die logische Konsequenz daraus), auf die Verbindung von Exzellenz und Ethik (vgl. EFQM).

3. Zur „Güte" organisationsinterner Beratung in der Praxis. Ergebnisse pädagogischer Organisationsforschung

Die Auffassung organisationaler Verbesserung als (zu ermöglichender und zu fördernder) Lernprozess sowie die Anerkennung der ethischen Dimension von Exzellenz machen Organisationen jeglicher Art, ob Unternehmen, Verwaltungen, Kliniken, Bildungs- oder Sozialeinrichtungen, zu einem Feld pädagogischer Praxis und die Beratung von und in Organisationen zu einer pädagogischen Interaktion. Das pädagogische Wissen über Beratung von und in Organisationen als pädagogische Interaktion ist bislang gering. Die pädagogische Organisationsforschung hat zu untersuchen, welche Muster die organisationale Beratung im Einzelfall aufweist und inwiefern diese Muster lernförderlich oder -hemmend wirken.

Im Folgenden werden hierzu in erster Linie Ergebnisse aus vier unter Betreuung des Autors entstandenen Untersuchungen – einer Untersuchung zum Wissenstransfer zwischen Mitarbeitern unterschiedlicher Generationen in einem ostdeutschen Forschungs-, Entwicklungs- und Technologietransfer-Unternehmen (Schottmann 2007), einer Untersuchung von Mentoringprogrammen für Frauen in einem Unternehmen, einer Landeskirche und einer Partei (Stiegler 2004), einer Untersuchung der Einarbeitung neuer Mitarbeiter in einem Unternehmen (Rappe 2006) sowie einer Untersuchung der Reorganisation einer Personalabteilung als Lernprozess (Petrautzki 2005) – herangezogen. Keine diese Studien zielt primär auf die Untersuchung von Beratung ab. Jedoch birgt jede von ihnen in ihren Ergebnissen und erst recht in ihrem Material (v.a. Transkripte von Interviews mit Organisationsmitgliedern) Hinweise auf Faktoren der „Güte" organisationsinterner Beratung, die sekundäranalytisch herausgearbeitet werden können.

Als *förderliche Bedingungen organisationsinterner Beratung* erweisen sich vor allem die ausreichend zur Verfügung stehende Zeit, die physische Nähe von Ratsuchendem und Ratgeber, die Erfahrung sowie die Offenheit des Beratenden, das Vertrauen zwischen Ratsuchendem und Beratendem, die Möglichkeit informellen Zusammenseins beider sowie die Bereitschaft des Ratsuchenden, um Rat zu bitten.

Als Hemmnisse *organisationsinterner Beratung* erweisen sich dementsprechend Zeitmangel, die mangelnde Transparenz organisationaler Wissensverortung, die mangelnde Anamnese des Wissens und Könnens, über das der Ratsuchende bereits verfügt, das Zurückhalten von Wissen seitens des Beratenden, die mangelnde pädagogische Kompetenz sowie das Fehlen eines regelmäßigen Feedbacks.

Zur Exzellenz einer Organisation gehört das Wissen um und die Reflexion über diese Beratungsbedingungen sowie ggf. die Sicherstellung förderlicher und die Minimierung hemmender Bedingungen. Zumindest einige der genannten Punkte werden im Folgenden an Ausschnitten von Interviews genauer ausgeführt.

Beginnen wir mit der für die Beratung zur Verfügung stehenden Zeit, der – dies zeigen alle vier Studien – eine enorme Bedeutung zukommt. So urteilt beispielsweise ein Abteilungsleiter im Hinblick auf projektbezogene Beratungen:

> „Und dann ist es eben so, dass ein großer Teil dieser Beratungen, das ist mehr die Organisation und weniger der fachliche Inhalt. Es müsste eigentlich mehr über den fachlichen Inhalt gesprochen werden und vorgestellt. Und dann in der Diskussion, wenn Leute von unterschiedlichen Fachrichtungen das anhören und da kriegt man aus ganz anderen Gesichtspunkten, auf die man sonst nicht kommt, Hinweise, wo und was man beachten und berücksichtigen könnte. Das bemängele ich zur Zeit. Dass das zuwenig stattfindet. Das ist aber ein Problem, weil die Zeit immer knapper wird. Wenn sie so etwas organisieren und es sollen 40 Leute dran teilnehmen, die können in der Zeit nichts anderes machen" (Schottmann 2007, 109).

Als Problem von Beratung wird benannt, dass die Beratung Zeit braucht und diese Zeit bei der Bearbeitung anderer – firmenintern als wichtiger angesehener – Aufgaben fehlen würde. Nun ist die hier geäußerte Auffassung von Beratung insofern untypisch für das im Organisationsentwicklungsdiskurs gängige Bild, als Berater und Ratsuchende nicht unterschieden werden, sondern die Expertise potentiell aller Beteiligten als Teil der Beratung vorgestellt wird. Der Hinweis auf die mangelnde Zeit findet sich jedoch ebenso in anderen, Berater und Ratsuchende klar unterscheidenden Äußerungen von Mitgliedern der untersuchten Organisationen. So sagt eine erfahrene Mitarbeiterin im Hinblick auf ihr Beratungsverhältnis zu einer neuen Mitarbeiterin während deren Einarbeitung: „Und Feedback von meiner Seite, muss ich ganz offen sagen, da gab es auch keine Zeit" (Rappe Anhang T3, 3). Was in diesem Fall fehlt und mit Feedback gemeint ist, ist übrigens nicht die ad hoc Rückmeldung, sondern eine (vorgestellte) regelmäßig, etwa alle vier Wochen stattfindende explizite Feedback-Sitzung. Eine solche Feedback-Sitzung wird von der Mitarbeiterin als sinnvoll angesehen, aber es fehlt eben die Zeit, diesen Bedarf zu realisieren. Von besonderem Interesse für unsere Fragestellung ist, dass Zeit ein Ausdruck von Macht ist und Sich-Zeit-Nehmen im performativen Sinne wiederum Macht generiert. So sagt ein Mitarbeiter zu dem für Beratung ja konstitutiven Fragen-Stellen: „Aber das direkt nachgefragt wird, das ist auch ne Zeitfrage. Dass jeder dann erst mal ... also sie wollen dann schon helfen. Aber sie haben auch nicht die Zeit. Um dann zu fragen: Ist es denn so? Geht's denn nun? Höchstens vielleicht mal der Chef. Wenn der mitkriegt, es treten irgendwo Probleme auf." (Schottmann 2007, 129). Dem Chef wird zugeschrieben, sich die Zeit nehmen zu können, die den beratungswilligen Mitarbeitern selbst fehlt. Untereinander ist die Scheu vor Nachfragen und Beratung schon aus Zeitgründen groß. Schottmanns Untersuchung bestätigt das Ergebnis einer Studie des Fraunhofer-Instituts (Bullinger u.a. 1997), „dass die Mitarbeiter auf die direkte Kommunikation mit erfahrenen Kollegen aus Rücksicht auf deren Zeit verzichten" (Schottmann 2007, 75). Dass das Sich-die-Zeit-Nehmen wie auch das Sich-das-Wissen-Anderer-Nehmen ein ethisches Problem für die Beteiligten darstellt, macht der Begriff des Stehlens deutlich, der von interviewten Mitarbeitern verschiedener Organisationen in verschiedenen, voneinander unabhängigen Untersuchungen genannt wird. So sagt eine Mitarbeiterin im Hinblick auf die nach einer Reorganisation der Abteilung gegebene Notwendigkeit, sich von Kollegen, Vorgesetzten und Beratern neues Wissen zu holen: „Da muss man sich auch einfach Zeit stehlen" (zit.n. Petrautzki 2005, 81). Und ein Mitarbeiter in einem Forschungsunternehmen sagt, er würde bei den Kollegen „mit den Ohren stehlen" (zit.n. Schottmann 2007, 131), wie sie an Problemstellungen herangehen und sie lösen. Das Rat-Holen geschieht, das deutet der Begriff des Stehlens an, sowohl was das Wissen selbst als auch was die zu seiner Erlangung erforderliche Zeit angeht, heimlich oder zumindest – aus Sicht der Beteiligten – im Widerspruch zur organisational vorgegebenen Verhaltensnorm. Die Zeitnahme für Rückfragen, für Beratung u.ä. ist an Macht gekoppelt, bedarf der Macht (über die eigene Zeit und die der Anderen) und performiert sie. Diese Beobachtung ist auch für externe Beratung von Interesse. Beratung ist – so können wir verallgemeinernd festhalten – schon deshalb machtvoll, weil sie Zeit in Anspruch nimmt, welche folglich für andere organisationale Belange und sie verkörpernde Bereiche wie z.B. Produktion, Konstruktion oder Vertrieb nicht (mehr) zur Verfügung steht. Dabei nimmt sie nicht nur – wie die spezifischen organisationalen Arbeitsaufgaben der einzelnen Mitarbeiter – die Zeit eines, sondern immer zumindest zweier Organisationsmitglieder (nämlich des Ratsuchenden und des Beratenden) in Anspruch und ist damit – rein zeitlich betrachtet – doppelt so machtvoll, enthält doppelt so viel „manpower" wie die anderen Aufgaben.

An dieser Stelle erscheint ein kurzer Exkurs angebracht, um den hier verwendeten Machtbegriff zu präzisieren. Unter Macht verstehen wir – mit Giddens

(1988) – den Aspekt sozialen Handelns, der durch den Bezug auf Ressourcen Herrschaftsstrukturen realisiert. Dabei lassen sich – mit Crozier und Friedberg (1979, 50) – vier Quellen der Macht unterscheiden: Beherrschung eines spezifischen Sachwissens und funktionaler Spezialisierung; Beziehungen zwischen Organisation und Segmenten der Umwelt; Kontrolle von Informations- und Kommunikationskanälen; allgemeine organisatorische Regeln.

Die zweite von den meisten Interviewten genannte Beratungsbedingung, welche näher ausgeführt werden soll, ist die Erfahrung des Beraters. Die Hälfte der in der Untersuchung von Mentoring-Programmen Befragten fordern von Mentoren ausdrücklich die „Weitergabe von Erfahrungen" (Stiegler 2004, 103). Zudem fordern über die Hälfte der Befragten – interessanterweise die Mentees bzw. Ratsuchenden häufiger als die Mentoren selbst –, dass der Mentor über „Fachkenntnisse" verfügt (ebd.). Die Kriterien Erfahrung und Fachkenntnis gehen in den Erwartungen der Organisationsmitglieder ineinander über. Inwiefern dies auch für die Erwartung an organisationsexterne Beratung gilt, muss hier offen bleiben. Wo organisationsinterne – durch Kollegen, Mentor oder Vorgesetzten erfolgende – Beratung als gelungen beurteilt wird, wird jedenfalls auf die Erfahrung des Beraters hingewiesen. Beratung erscheint hierbei als Rat im traditionellen Sinne, als Handlungsempfehlung eines Weisen (i.d.R. Älteren) oder zumindest Wissenden. So werden erfahrene Kollegen in dem untersuchten Forschungsunternehmen beim Versuchsaufbau um Rat gebeten, da sie schon mehr Versuchsstände konzipiert haben und „aus Erfahrung heraus Ratschläge für den jeweiligen individuellen Versuchsstand des Kollegen geben" (Schottmann 2007, 62) können. Interessanterweise sagen ältere Kollegen aus, „dass ihre jüngeren Kollegen auch ‚motivierter' sind und ‚aufmerksamer' und ‚zielbewusster' arbeiten, wenn ihnen Erfahrungswissen weitergegeben wird" (ebd., 65). Beratung im Sinne der Weitergabe von v.a. fachlichen Erfahrungen löst also nicht nur das aktuelle Problem, aus dem heraus um Rat gefragt wird, sondern verbessert zugleich die Arbeitshaltung der Ratsuchenden und erzeugt somit mittels einer ethischen Entscheidung (nämlich: den eigenen Schatz an Wissen und Können zu öffnen und eigenes kulturelles Kapital weiterzugeben) organisationale Exzellenz.

Als dritte der sich in den Untersuchungen als relevant erweisenden Bedingung organisationsinterner Beratung soll schließlich noch die soziale und pädagogische Kompetenz des Beraters ausgeführt werden. Neben Erfahrung und Fachkenntnissen erwarten Mentees vom Mentor vor allem „Offenheit" und „soziale Kompetenz" (Stiegler 2004, 135). Offenheit ist sogar die einzige Kategorie, die von den Beteiligten aller untersuchter Mentoring-Programme als Erwartung genannt wird (vgl. ebd.), übrigens deutlich häufiger als Erwartung an das jeweilige Gegenüber, d.h. von Mentees an Mentoren bzw. von Mentoren an Mentees, als an sich selbst. Zudem genannt werden häufig – und dies zeigt an, welche

Vorstellung die Mentees von den Praxisformen haben, in denen sich Offenheit und soziale Kompetenz ausdrücken – „Feedback, konstruktive Kritik", „Wertschätzung, Akzeptanz", „Zuhören können" sowie „Vertraulichkeit". Diese Vorstellungen lassen sich durchaus in ein Phasenmodell überführen, wie es im pädagogischen Diskurs vorliegt, indem die Wertschätzung des Ratsuchenden durch den Berater – die sich u.a. im Zuhören-Können erweist – sowie die Vertraulichkeit der Beratung in einer ersten Kontakt- und Diagnosephase zugesichert und gezeigt und somit Vertrauen hergestellt wird, bevor eine Phase der Suche nach Änderungsmöglichkeiten u.a. mittels eines konstruktiv-kritischen Feedbacks betrieben wird.

Die sekundäranalytisch ausgewerteten Studien zeigen allerdings, dass die organisationsinterne Beratung hier deutliche Mängel aufweist. Die Beratung erfolgt eben nicht strukturiert; Vertrauensbildung, Voraussetzungsklärung und Änderungsoptionssuche werden nicht systematisch betrieben. Teils scheint die gebotene soziale Kompetenz zu fehlen, teils fehlt ganz offenkundig deren professionelle Aus- bzw. Weiterbildung als pädagogische Kompetenz. So stellt Schottmann fest, dass die Bereitschaft, Wissen zu teilen, nicht bei allen erfahrenen Mitarbeitern vorhanden ist. Einigen älteren Kollegen fällt es laut Auskunft von Ratsuchenden „schwer, Erfahrungen weiterzugeben" (zit. n. Schottmann 2007, 66). Es gibt aus Sicht der jüngeren Ratsuchenden „schon einige, die ihr Wissen auch schon noch festhalten oder nicht zu weit rausgeben wollen. Ich weiß nicht, um ihre Stellung zu sichern oder aus welchem Grund auch immer" (zit. n. ebd., 73). Ganz ähnlich formulieren es Interviewpartner in anderen der hier sekundäranalytisch herangezogenen Untersuchungen, z.B.: „Ich hatte halt bei meinem Betreuer immer so ein bisschen das Gefühl, das glaub ich auch immer noch, dass der ungern was von sich abgeben hat." (Rappe 2005, 86) Diese Äußerungen lassen auf einen Mangel an der für Beratung erforderlichen Sozialkompetenz schließen. Man kann sie allerdings auch als Hinweis auf das Vorhandensein der – wenn auch ethisch problematischen – Kompetenz deuten, die in dem jeweiligen Wissen gegebenen, eigenen organisationsinternen Machtressourcen zu erhalten. Je unverzichtbarer ein Mitarbeiter für einen anderen ist, desto mehr Macht hat er über ihn, postulieren Crozier und Friedberg, wobei die Macht u.a. aus der Beherrschung eines spezifischen Sachwissens und der Kontrolle von Informationen herrühren kann (s.o.). Insofern kann die Zurückhaltung von Wissen in der Beratung der Machterhaltung des Beraters dienen. Ob dies im vorliegenden Fall organisationsintern funktional bzw. nachhaltig erfolgreich ist, kann angesichts der vorliegenden Befunde nicht beurteilt werden. So wäre ja auch umgekehrt denkbar, dass gerade die Weitergabe von Wissen in der Beratung im Sinne einer „Gabe" (Mauss 1990, vgl. Göhlich/ Zirfas 2007) an den beratenen Mitarbeiter die Anerkennung und Verpflichtung dem Berater gegenüber und somit dessen Macht stärkt. Kommen wir auf die festgestellten Mängel zurück, so ist herauszuheben, dass organisationsinternen Beratern weniger die Sozialkompetenz im allgemeinen, sondern vor allem die für Beratung erforderliche pädagogische Kompetenz im Besonderen fehlt. So wird von Ratsuchenden kritisiert, dass um Rat gefragte erfahrene Kollegen auf bestimmte Fragen nicht adäquat antworten und es dementsprechend schwer sei, „wirklich das herauszukriegen, was man herauskriegen wollte" (zit.n. Schottmann 2007, 73). Die Ratsuchenden, zumeist jüngere Mitarbeiter, begründen dieses Problem damit, „dass der Ältere nicht weiß, was kann er voraussetzen und was nicht" (zit.n. ebd.). Hier fehlt offenbar die pädagogische Kompetenz, das Vorwissen der ja lernwilligen, an Änderung eigenen Verhaltens und Bewältigung organisationaler Aufgaben interessierten Ratsuchenden systematisch zu erheben und sowohl Lücken als auch mögliche Anknüpfungspunkte für Lernen zu diagnostizieren. Damit beraubt sich die Organisation insgesamt eines möglichen Zuwachses an Exzellenz. Der Mangel an pädagogischen Kompetenzen von Mentoren und anderen organisationsinternen Beratern kommt in den genannten Untersuchungen an verschiedenen Stellen zum Vorschein, etwa wenn im Hinblick auf Kollegen oder Führungskräfte gesagt wird, „das sind natürlich hier alles Techniker und manchmal wäre es vielleicht nicht schlecht gewesen, wenn die auch n bisschen pädagogisch drüber nachgedacht hätten, wie sie es mir beibringen" (zit.n. Rappe 2006, 95). Im Urteil der Rat suchenden, zumeist jüngeren Mitarbeiter sind ihre organisationsinternen Berater zwar fachlich gut, können jedoch nicht gut beraten, wobei Beratung v.a. als Vermittlung eben dieser Fachkenntnisse und Erfahrungen verstanden und erwartet wird.

Resümieren wir die Ergebnisse unserer Sekundäranalyse, so ist zum einen nochmals auf die bereits eingangs dieses Abschnitts zusammengefassten förderlichen Bedingungen und Hemmnisse organisationsinterner Beratung zu verweisen. Darüber hinaus hat die obige genauere Betrachtung einzelner Bedingungen bzw. Erwartungen gezeigt, dass organisationsinterne Beratung von den Beteiligten vorrangig als fachliches, aufgabenbezogenes Geschehen verstanden wird. Organisationsinterne Beratung ist heute weit entfernt von der – auf die Ermöglichung der Äußerung sozioemotionaler Probleme abzielende – Konzeption des „Counseling" in der Tradition des Human-Relation-Ansatzes, wie es etwa in den Hawthorne-Werken praktiziert wurde (vgl. Jungk 1952). Aber nicht nur die Thematisierung sozioemotionaler Probleme des um Rat suchenden Mitarbeiters unterbleibt, sondern auch die Gruppendynamik – wesentliches Element der T-Groups der frühen OE – bleibt zugunsten der Aufgaben- und Fachorientierung außen vor. Eine Mitarbeiterin bringt es im Blick auf ihre Beratung einer neuen Kollegin auf den Punkt:

„Also Unterstützung vor allen Dingen bei den arbeitsspezifischen Aufgaben, ausschließlich muss man sagen, weil es zum einen eine Zeitfrage ist und zum anderen auch, weil es sich zu integrieren in den Mitarbeiterkreisen muss man in gewisser Weise auch selber machen, nach meiner Meinung. Da kann ich ihr wenig helfen ..." (zit.n. Rappe 2006, Anhang T3, 2).

Damit wird die Weiterentwicklung auf das Individuum und dessen fachliche Qualität beschränkt. Die „Güte" der Abteilung und der Organisation insgesamt, womöglich gar auch der Stakeholder, bleibt – anders als es neuere Exzellenztheorien postulieren (s.o.) – unberücksichtigt oder zumindest unbearbeitet. Der Zusammenhang zwischen Exzellenz und Ethik, zwischen der Fähigkeit zu Sachlösungen und der Performance von Hilfe und Solidarität, wird nicht hergestellt. Als entscheidender Mangel organisationsinterner Beratung erscheint das Fehlen pädagogischer Kompetenz, zu der sowohl das Wissen um die Ideengeschichte des „Guten" und der daran orientierten Entwicklung des Menschen und seiner Einrichtungen als auch die für eine Beratung erforderlichen Vertrauensbildungs-, Diagnostik- und Vermittlungsfähigkeiten gehören.

4.   Ist organisationsexterne Beratung „besser"?

Ob die Beratung durch Externe die verschiedenen Aspekte organisationaler Exzellenz, eben auch die soziale und ethische Dimension, angemessener berücksichtigt und ob organisationsexterne Beratung in bestimmter Hinsicht erfolgreicher ist als interne, ist bislang – was pädagogische Organisationsforschung im engen Sinne angeht – ein blinder Fleck. Dennoch lassen sich unter Heranziehung einer zweijährigen Fallstudie zu Macht und Einfluss von Beratungsfirmen (O'Shea/ Madigan 1998), einer kleinen Studie zur pädagogischen Unternehmensberatung (Harney 1996) sowie einer Passage aus einer der bereits oben sekundäranalytisch herangezogenen Untersuchungen (Rappe 2006) einige vorläufige Aussagen hierzu machen.

O'Shea und Madigan beginnen ihr (journalistisch angelegtes) Buch mit der Frage, welchen Wert Beratung habe und beantworten sie selbst mit dem Bonmot, eine Beratung sei so viel wert, wie der Käufer dafür zu zahlen bereit ist. Als erstes Beispiel schildern sie den Fall der amerikanischen Telefongesellschaft AT&T, die zwischen 1989 und 1994 ca. eine halbe Milliarde Dollar für externe Beratung ausgab und danach immer noch als Konzern beschrieben wurde, der eine Strategie zum Einstieg in die Moderne benötigt (vgl. O'Shea/ Madigan 1998, 15ff.). Tatsächlich mussten, wie wir heute wissen, in der Folge diverse Firmenteile verkauft werden; das Restunternehmen wurde schließlich 2005 von einem ehemaligen Tochterunternehmen aufgekauft. Dies mag als Hinweis genügen, dass auch externe Beratung nicht notwendig Exzellenz zur Folge hat.

Weshalb wird dennoch um externe Beratung gebeten? Die von O'Shea und Madigan interviewten Experten sehen darin eine Flucht leitender Führungskräfte vor ihrer Verantwortung.

"In einem Großunternehmen wie AT&T hat jeder Angst, seinen Kopf hinhalten zu müssen. Wenn man sich irrt, wird man bestraft, und natürlich will das keiner riskieren. Schließlich bedient man sich des Konsensmanagements. Dahinter steckt die Angst, einen Fehler zu begehen. Also werden Berater hinzugezogen (…) ‚Wir tun nur, was McKinsey vorgeschlagen hat', heißt es dann. Und: ‚Das ist schließlich das beste Berratungsunternehmen der Welt'" (Noll, zit.n. OShea/ Madigan, 20).

Dementsprechend wichtig ist das Image der Beratungsfirma. Externe Organisationsberatung operiert mit ihrem Mythos. Obwohl auch ein Berater bzw. ein Consultingunternehmen Moden nicht entgeht, "wird doch jedes Angebot so in Szene gesetzt, dass es nach außen hin den Eindruck des Bleibenden und der neuen wahren Erkenntnis, also des Nicht-Modischen und Nicht-Kontingenten, vermittelt" (Harney 1996, 772). Solch szenische Leistung, zu der auch die Dramatisierung der Abwesenheit des Beraters sowie der Verweis auf das der Beratung eigene (den Beratenen und der beratenen Organisation jedoch) Fremde gehört, ist es, für die Berater laut Harney so hoch bezahlt werden. Ganz anders sieht das Kennedy. Von O'Shea und Madigan zu der Idee, Beraterhonorare an den nachfolgenden Erfolg der Organisation zu knüpfen, befragt, lehnt er diese mit dem Statement ab: "Der professionelle Berater wird für seine Zeit und seine Erfahrung bezahlt." (Kennedy, zit.n. O'Shea/ Madigan 1998, 388) Interessanterweise sind dies genau jene beiden Bedingungen, die auch im Hinblick auf organisationsinterne Beratung als zentrale Bedingungen (neben der pädagogischen Kompetzen) genannt worden sind (s.o.). Möglicherweise lässt sich das so deuten, dass die mit dem Berater gekaufte Zeit einer der wertvollsten Bestandteile von Beratung ist. Was organisationsintern vorrangig dem Chef möglich ist, nämlich sich die Zeit zu nehmen, Fragen zu stellen und ggf. genauer nachzufragen, das ist in der organisationsexternen Beratung von vornherein allen Beteiligten eröffnet. Umgekehrt ist auch anzunehmen, dass mit dieser Eröffnung eines zwar von der Organisation bezahlten und ihr insofern gehörenden, aber doch stark vom Berater geprägten Zeitraum eine Machtveränderung einhergeht. Ein Teil der Macht geht von den organisationsinternen Auftraggebern auf den Berater (und u.U. auch auf die an der Beratung teilnehmenden Organisationsmitglieder) über. Nicht zufällig gibt es zahlreiche Fälle, in denen ehemalige Berater ins Top-Management der von ihnen beratenen Organisation wechseln (vgl. O'Shea/ Madigan 1998, 335). Es ist jedoch kaum allein die von der Organisation bezahlte außerorganisationale Verfügung über einen bestimmten Zeitraum der Organisationsmitgliedern, der die Macht externer Beratung ausmacht. Die Erfahrung und die Inszenierung kommen hinzu. Was die Erfahrung externer Organisationsberater angeht, so kann diese sehr unterschiedlich aussehen. Sie kann durchaus, wie dies ja von organisationsinternen Beratern offenbar erwartet wird (s.o.), aus Fachkenntnissen bzw. fachlicher Erfahrung bestehen. So berichtet ein Informatiker:

> „Für die erste Zeit da wurde dann so ein Externer mit eingestellt oder einer fest und dann noch so ein Berater, die mich so die erste Zeit so beraten haben für das Programm, dass ich da schreiben sollte und ähh, das fand ich auch ziemlich gut. (…) Also einer war neben mir, der hatte nicht so viel Ahnung , aber einen hatten wir dann immer noch als Berater, der dann immer so alle ein zwei Wochen gekommen ist, und ähhm, wir hatten ja eben diese Aufgabe dieses Programm zu schreiben und da haben sich natürlich auch im Laufe der Zeit Fragen ergeben. Wie kann man was machen und so weiter und so fort … und wenn wir beide das eben nicht zusammen klären konnten, dann haben wir auf diesen Berater gewartet, und der ist dann … und den haben wir dann gefragt und der hat uns dann nach bestem Wissen Gewissen beraten." (Rappe Anhang T1, 3).

Die externe Beratung muss jedoch nicht unbedingt aus Fachkenntnissen in technischen, kaufmännischen o.ä. Fragen, sondern kann auch, ja sogar vorrangig aus strategischem, sozialem, psychologischem und pädagogischem Know-how bestehen. Dieses Know-how wird allerdings – und hier schließt sich der Kreis zu Harneys These, dass es die szenische Leistung ist, für die der externe Berater bezahlt wird – nach außen hin eher inszeniert als transparent dargeboten, was eine ähnlich machterhaltende Funktion (für den betreffenden Berater auf dem Beratungsmarkt) haben mag wie die mangelnde Wissensweitergabe (für den wissenden Mitarbeiter innerhalb einer Organisation, s.o.). „Das Weiterbildungsgeschäft der Berater", so Harney (1996, 774), „kennt von sich aus kein öffentliches, zum Beispiel in der Form der Disziplin limitiertes und methodisch befragbares Wissen". Damit ist allerdings – diese Differenz gilt es festzuhalten – nicht behauptet, dass es kein spezifisches Beratungswissen und -können gibt. Es ist die Aufgabe pädagogischer Organisationsforschung, auch die externe Organisationsberatung auf ihr spezifisches Wissen und Können wie auch auf ihre Wirkung zu untersuchen und dabei nicht zuletzt das Verhältnis von Exzellenz und Ethik im Auge zu behalten.

5.   Resümee

Die eingangs im Sinne eines Abstracts formulierten Thesen können nun als Resümee der ausgeführten Einzelbeispiele dienen: 1. Beratung ist organisationale Lernunterstützungspraxis und arbeitet als solche – auf organisationale Exzellenz zielend – an Mustern und Strukturen organisationaler Praxis, an Wissens- und

Könnens-Verhältnissen und damit auch an Machtverhältnissen. Sie gründet auf Macht und generiert selbst Macht, indem sie zu einer Steigerung der fachlichen, strategischen oder sozialen Kompetenz eines Mitarbeiters oder der Exzellenz einer Abteilung beiträgt, Wissens- und Könnensverhältnisse verändert und ggf. Modifikationen organisationsinterner Abläufe und Zuständigkeiten legitimiert. 2. Der Umgang mit Macht bedingt ethische Entscheidungen. Da Beratung auf Macht gründet und sie generiert, erfordert sie eine besondere ethische Reflexion und Orientierung. Dies gilt für organisationsinterne wie -externe Beratung, wenn auch erstere ihre Macht eher aus dem Fachwissen und organisationsinternen Prozesswissen, letztere hingegen aus der Beauftragung und Zeitfreiraumübergabe durch organisationsintern Mächtige sowie der Intransparenz des Beratungswissens entsteht. 3. Ethisch-reflektierte Praxis fördert organisationales Lernen. Durch unethische Praxis wird das Lernen der Organisation und ihrer Mitglieder behindert. „Gute" Organisationen zeichnen sich durch eine Lernunterstützungspraxis (u.a. in Form von Beratung) aus, die die eingesetzte sowie die generierte Macht an den Kriterien der Stärkung aller potentiell Lernenden und der Ermöglichung weiteren Lernens prüft und zu regulieren sucht.

Literatur

Arnold, R./ Gonon, Ph. (2006): Einführung in die Berufspädagogik. Opladen.
Bullinger, H.J. u.a. (1997): Wissensmanagement – Modelle und Strategien für die Praxis. In: Bürgel, H.D. (Hg): Wissensmanagement. Berlin, 21-39.
Crozier, M./ Friedberg, E. (1979): Macht und Organisation. Königstein.
Deming, E. (o.J.): 14 Principles. In: www.qualityregister.co.uk/14principles.html
EFQM (2003): Die Grundkonzepte der Exzellence. Brüssel.
English, L. (1999): DQ Point 12 Remove Barriers. In: DM Review Magazine. February.
Gardner, H./ Csikszentmihalyi, M./ Damon, W. (2001): Good Work. New York.
Giddens, A. (1988): Die Konstitution der Gesellschaft. Frankfurt.
Göhlich, M. (2007): Organisationales Lernen. In: Göhlich, M./ Wulf, Ch./ Zirfas, J. (Hg): Pädagogische Theorien des Lernens. Weinheim, 222-232.
Göhlich, M./ Zirfas, J. (2007): Pädagogik der Gastfreundschaft. In: Baader, M./ Bilstein, J./ Wulf, Ch. (Hg.): Freundschaft. Weinheim (im Erscheinen).
Harney, K. (1996): Skandalisierung/Entskandalisierung, Abwesenheit/Anwesenheit. In- und externe Tauschbeziehungen zwischen Hochschul- und Wirtschaftssystem am Beispiel der pädagogischen Unternehmensberatung. In: Combe, A./ Helsper, W. (Hg): Pädagogische Professionalität. Frankfurt, 758-779.
Jungk, R. (1952): Die Zukunft hat schon begonnen. München.
Mauss, M. (1990): Die Gabe. Form und Funktion des Austauschs in archaischen Gesellschaften. Frankfurt.
O'Shea, J./ Madigan, C. (1998): Berater mit beschränkter Haftung. Macht und Einfluss der Consulting-Firmen. München.
Petrautzki, N. (2005): Reorganisation einer Personalabteilung als Lernprozess. Magisterarbeit. Institut für Pädagogik der Universität Erlangen-Nürnberg.
Platon (2002): Politeia. In: ders.: Sämtliche Werke. Bd. 2. Reinbek, 195-537.

Rappe, C. (2006): Die Einarbeitung neuer Mitarbeiter als pädagogischer Prozess. Magisterarbeit. Institut für Pädagogik der Universität Erlangen-Nürnberg.

Rousseau, J.J. (1991): Emil oder über die Erziehung. Paderborn.

Schleiermacher, F. (1983): Pädagogische Schriften. Bd. 1. Frankfurt

Schottmann, K. (2007): Wissenstransfer zwischen Mitarbeitern unterschiedlicher Generationen. Magisterarbeit. Institut für Pädagogik der Universität Erlangen-Nürnberg.

Stiegler, C. (2004): Mentoring für Frauen. Magisterarbeit. Institut für Pädagogik der Universität Erlangen-Nürnberg.

Die Macht der Berater. Komplementarität im Rahmen von Organisationsberatung

Eckard König

Beratung versteht sich, gemäß der klassischen Formulierung von Dorothee Bang, als „Hilfe zur Selbsthilfe" (Bang 1958). Doch wie muss eine Beratungsbeziehung beschaffen sein, damit sie Hilfe zur Selbsthilfe ermöglicht? Ist es eine Beziehung, die vom Klienten definiert wird, der dem Berater sagt, wofür er Unterstützung benötigt, und der damit „Macht" über den Berater hat, vielleicht den Berater einkauft? Ist es eine Beziehung zwischen Gleichberechtigten? Oder ist es eine Beziehung, in der die Beraterin den Ton angibt oder möglicherweise sogar ihre Interessen gegenüber einem Klienten durchsetzt?

Im Folgenden soll die Frage der „Macht" von Beratern nicht aus einer beratungssoziologischen oder gesellschaftstheoretischen Perspektive diskutiert werden, sondern aus einer interaktionstheoretischen: Wie muss die Interaktion zwischen Berater und Klient beschaffen sein, damit sie Beratung im Sinne von „Hilfe zur Selbsthilfe" ermöglicht? Wie weit muss die Beraterin den Beratungsprozess steuern und damit den Klienten zu etwas veranlassen? Wie weit wird andererseits eine Beraterin von einem Klienten gesteuert?

1. Komplementarität bei Watzlawick und Haley

Einen theoretischen Rahmen für die Analyse der Beziehung zwischen Berater und Klient bietet die „Personale Systemtheorie" in der Tradition von Gregory Bateson (z.B. Ruesch/ Bateson 1995; vgl. auch König/ Volmer 2005). Paul Watzlawick, der das Systemmodell von Bateson in dem Buch „Menschliche Kommunikation" darstellt, führt zur Analyse der Beziehung zwischen Interaktionspartnern die Unterscheidung zwischen symmetrischer und komplementärer Interaktion ein:

> „Zwischenmenschliche Kommunikationsabläufe sind entweder symmetrisch oder komplementär, je nachdem, ob die Beziehung zwischen den Partnern auf Gleichheit oder Unterschiedlichkeit beruht" (Watzlawick u.a. 1969, 70).

„Symmetrische Interaktion" ist dabei durch „gleiches" oder „spiegelbildliches" Verhalten gekennzeichnet, komplementäre Interaktion als „unterschiedliches" bzw. „sich ergänzendes" Verhalten (Watzlawick u. a. 1969, 69f.), wobei zwischen superiorer (oder dominanter) und inferiorer Position unterschieden wird. Als Beispiele für komplementäre Interaktion werden u.a. die Beziehung zwischen Mutter und Kind, Arzt und Patient, Lehrer und Schüler aufgeführt. In der komplementären Beziehung zwischen Mutter und Kind hat die Mutter die superiore, das Kind die inferiore Position; entsprechend haben Arzt oder Lehrer die superiore, Patient oder Schüler die inferiore Position inne.

Nun ist diese Unterscheidung zwischen symmetrisch und komplementär bzw. zwischen superiorer und inferiorer Position zumindest unscharf und eröffnet zahlreiche Missverständnisse:

Eine erste Unklarheit liegt in der unscharfen Verwendung der Begriffe „gleich" und „unterschiedlich" bzw. „sich ergänzend". Man muss nicht das Beispiel von Glasersfeld (1987, 210) bemühen mit der Frage, ob ein Elefant und eine Feldmaus gleich oder unterschiedlich sind, um zu erkennen, dass es auf eine Beobachterperspektive ankommt, ob man zwei Verhaltensweisen als gleich oder ungleich betrachtet. Sicher haben Mutter und Kind unterschiedliche Verhaltensweisen, andererseits aber auch gleiche. Wie lässt sich körpersprachliches Verhalten als gleich oder ungleich bestimmen?

Eine zweite Unklarheit für die Diskussion liegt darin, dass nicht selten der Symmetriebegriff von Watzlawick und der Begriff der symmetrischen Kommunikation im Anschluss an Habermas verwechselt werden. Eine symmetrische Kommunikation im Sinne von Watzlawick hat aber wenig mit einer symmetrischen (d.h. herrschaftsfreien) Kommunikation im Sinne von Habermas zu tun: Eine „ideale", d.h. herrschaftsfreie Sprechsituation ist für Habermas gekennzeichnet durch eine „symmetrische Verteilung der Chancen bei der Wahl und der Ausübung von Sprechakten" (Habermas 1984, S. 121). Wenn sich zwei Kollegen in einer Besprechung anschreien, dann ist das gewiss keine herrschaftsfreie Kommunikation im Sinne von Habermas (jeder versucht, über den anderen Herrschaft auszuüben), wohl aber gleiches Verhalten und damit symmetrische Kommunikation im Sinne von Watzlawick.

Schließlich bleibt die Unterscheidung zwischen superiorer und inferiorer Position unscharf. Nach welchen Kriterien wird definiert, dass die Mutter die superiore Position hat? Heißt „superior", dass das Kind das Verhalten der Mutter ergänzt, aber nicht umgekehrt? Gibt es nicht (zumindest unserem Alltagsverständnis zufolge) auch Situationen, in denen ein Kind die „superiore" Position hat – etwa dann, wenn Mütter mit ihren Kindern nicht mehr zurecht kommen?

Jay Haley, neben Watzlawick seinerzeit ebenfalls Mitarbeiter in der damaligen Forschungsgruppe von Bateson, hat dann in dem Buch „Gemeinsamer Nenner Interaktion" die Unterscheidung zwischen symmetrisch und komplementär bzw. superior und inferior aufgegriffen, aber die Begriffe anders definiert. Für Haley ist das Kriterium die Frage, wer eine Beziehung definiert (Haley 1978, 25). Haley verdeutlicht dies an der Beziehung zwischen Mann und Frau:

> „Eine junge Frau mag es ablehnen, dass ein Mann seinen Arm um sie legt, aber sie wird dieses Verhalten nicht zurückweisen, wenn sie ihn vorher dazu aufgefordert hat. Wenn sie ihn dazu auffordert, hat sie die Kontrolle darüber, welches Verhalten gezeigt wird, und damit hat sie auch die Kontrolle über die Definition der Beziehung" (ebd., 21).

Eine komplementäre Beziehung ist also dadurch definiert, dass eine Person (die Person in der superioren Position) die Kontrolle über die Beziehung hat. Die Kontrolle über die Beziehung haben heißt aber, die Kontrolle darüber haben, „welches Verhalten gezeigt wird". Damit lassen sich auch die Beispiele genauer rekonstruieren: Die Frau hat die superiore Position, weil sie die Kontrolle darüber hat, ob der Mann seinen Arm um sie legt oder nicht. Eine Mutter ist nur dann in der superioren Position, wenn sie die Kontrolle darüber hat, welches Verhalten das Kind zeigt, d.h. wenn Handlungsanweisungen von ihr befolgt werden. Sie ist es aber nicht, wenn sie nicht die Kontrolle hat, wenn sich z.B. das Kind im Supermarkt auf den Boden wirft und schreit. Wenn die Handlungsanweisung „jetzt komm mit!" nicht befolgt wird, ist sie nicht in der superioren Position. Oder eine Lehrerin ist in der superioren Position nur dann, wenn Anweisungen von ihr wie z.B. „jetzt rechnet diese Aufgabe" befolgt werden.

Nach Watzlawick u.a. beruhen superiore und inferiore Position auf „gesellschaftlichen und kulturellen Kontexten". Das lässt sich gut an dem Beispiel von Arzt und Patient oder Lehrer und Schüler verdeutlichen. Die Komplementarität ist hier durch geltende soziale Regeln festgelegt. Die Lehrerin hat das Recht, Fragen zu stellen, der Arzt das Recht, Untersuchungen durchzuführen. Aber offenbar ist der Rückgriff auf geltende soziale Regeln nicht ausreichend, um Komplementarität in der konkreten Situation zu erklären. Sondern Komplementarität muss in der konkreten Situation auch durchgesetzt sein bzw. wird durch bestimmte Handlungen in Frage gestellt. Haley spricht hier von „Manövern" als „Botschaften, die Beziehungen in Frage stellen" (Haley 1978, 24) bzw. allgemeiner, die Komplementarität in der konkreten Situation definieren. D.h. jemand kann durch verbale oder nonverbale Maßnahmen jemanden zu einem bestimmten Verhalten veranlassen. Ein Schüler kann einen Lehrer dazu veranlassen, auf ihn einzugehen – und erreicht damit entgegen geltenden Regeln die superiore Position. Ein Mitarbeiter kann durch Hilflosigkeit einen Kollegen veranlassen, sich um ihn zu kümmern, oder jemand kann eine Aufforderung „überhören" und vermeidet damit die inferiore Position.

Das bedeutet, dass Komplementarität zwar zum einen durch Regeln bestimmt ist (wer hat das Recht, jemandem zu einem bestimmten Thema Anweisungen zu geben), andererseits aber erst in der konkreten Situation aufgrund verbaler bzw. nonverbaler Handlungsanweisungen und bestimmter „Dominanzmanöver" (Volmer 1990, 224ff.) bzw. „mikropolitischer Taktiken" (z.B. Neuberger 1995) über die Komplementarität entschieden wird.

Was bedeutet das nun für Organisationsberatung? Genauer: Wie weit ist Organisationsberatung durch Komplementaritätsregeln bestimmt, und wie wird die Komplementarität im konkreten Beratungsprozess ausgehandelt? Diese Fragen sollen in den folgenden Abschnitten diskutiert werden. Dabei wird zunächst ein Organisationsberatungskonzept (genauer: das Konzept der Systemischen Organisationsberatung von König/ Volmer 2000) daraufhin diskutiert, wie weit hier das Handeln durch Komplementaritätsregeln bestimmt ist. Der daran anschließende empirische Teil untersucht anhand des Protokolls eines Coachingprozesses die Komplementarität im konkreten Verlauf der Beratung.

2. Komplementaritätsregeln im Rahmen systemischer Organisationsberatung

Jay Haley ist der Erste gewesen, der das Thema „Komplementarität" in Therapie und Beratung diskutiert hat. Seine These ist, dass Therapie (und das Gleiche gilt dann auch für Beratung) überhaupt nur möglich ist, wenn der Therapeut in der superioren Situation ist, d.h. wenn er dem Klienten Anweisungen geben darf, die auch befolgt werden. Auf der anderen Seite steht die klassische Definition von Beratung als „Hilfe zur Selbsthilfe", bei der ausdrücklich „Nicht-Bevormundung" als Grundsatz dient. Wie lassen sich diese beiden Auffassungen verbinden?

Klienten kommen in der Regel mit recht unklaren Erwartungen in eine Beratung. Möglicherweise erwarten sie einen Expertenrat. Möglicherweise erwarten sie aber auch Unterstützung gegenüber einem Vorgesetzten. Damit ist ein Spektrum unterschiedlicher Komplementaritätsdefinitionen abgedeckt. Bei der Erwartung, einen Expertenrat zu erhalten, begibt sich der Klient in die inferiore Position. Er erwartet konkrete Handlungsanweisungen der Form „Gehen Sie so oder so vor!". Der Erwartung, in einer Konfliktberatung Unterstützung gegenüber einem Vorgesetzten oder einem Kollegen zu erhalten, ist jedoch eine andere Definition der Komplementarität vorausgesetzt. Der Klient erwartet, dass die Beraterin die (implizite) Handlungsanweisung „Unterstützen Sie mich gegenüber meinem Vorgesetzten!" befolgt. Er beansprucht somit für sich die superiore Position.

Angesichts solch unterschiedlicher und widersprüchlicher Erwartungen ist plausibel, dass Organisationsberatung besonderes Gewicht auf die Orientierungsphase in einem Beratungsgespräch legt, in der die Regeln des Beratungssystems festgelegt werden. Aufgabe ist, wie sich im Anschluss an Goffman (1977, 18ff.) formulieren lässt, die „Definition der Situation". Es muss „eine gemeinsame Definition der Situation als Beratung erzielt werden" (König/ Volmer 2000, 57), wobei die Definition der Situation darin besteht, dass bestimmte Regeln vereinbart werden, die das Handeln in dieser Situation leiten. Komplementaritätsregeln sind Teil der Definition der Situation. Das ist für alltägliche Situationen leicht nachvollziehbar. Eine Vorlesung in einer Hochschule ist durch einen „sozialen Rahmen" definiert, d.h. durch bestimmte Verhaltensregeln, die festlegen, was die Interaktionspartner tun dürfen und was nicht: Dazu gehört auch die Komplementaritätsregel, dass der Dozent den Gang der Vorlesung bestimmt, dass er den Teilnehmern die „Erlaubnis" geben kann, Fragen zu stellen, dass er aber auch das Recht hat, Fragen an die Studierenden zu stellen, dass er um Ruhe bitten darf usw. D.h. eine Vorlesung ist durch deutliche Komplementarität bestimmt, bei der der Dozent die superiore Position innehat.

Doch wie ist die Situation bei Systemischer Organisationsberatung (bzw. bei Beratung allgemein)? Offensichtlich komplizierter, indem die Beraterin zwar das Recht hat, bestimmte Handlungsanweisungen zu geben, aber offenbar nicht generell. Im Einzelnen:

Der Klient hat das Recht, das Thema für die Beratung festzulegen. Beratung heißt, den Klienten bei der Lösung seiner Probleme zu unterstützen. Die Beraterin ist hier in der inferioren Position.

Die Beraterin hat jedoch das Recht, Fragen zu stellen. Indem der Klient diese Fragen beantwortet, ist die Situation ebenfalls komplementär, der Klient jedoch in der inferioren Position.

Die Beraterin hat das Recht, Vorschläge zum Vorgehen zu machen, indem sie z.B. vorschlägt, eine konkrete Situation zu fokussieren, oder mit einem Symbol, einer Aufstellung oder einem anderen Verfahren zu bearbeiten. Sofern sich der Klient darauf einlässt, ist er wieder in einer inferioren Position, indem er beim weiteren Ablauf den Anweisungen der Beraterin zum Vorgehen folgt, sich z.B. in der Aufstellung an den zugewiesenen Platz stellt.

Der Klient hat das Recht, Empfehlungen (also Expertenberatung) zu verlangen. Im Rahmen systemischer Organisationsberatung ist Expertenberatung ein durchaus legitimer Bestandteil. Indem die Beraterin dem nachkommt, ist sie in der inferioren Position.

Die Beraterin, das ergibt sich aus dem Selbstverständnis von Beratung, hat nicht das Recht, dem Klienten Anweisungen darüber zu geben, was er tun soll.

Die Entscheidung bleibt bei dem Klienten. Auch diese Situation ist komplementär, der Klient ist in der superioren Position.

Ergebnis ist, dass Beratung offenbar eine komplementäre Situation darstellt, dass aber hierbei unterschiedliche Komplementarität vorliegt:

- Auf einer inhaltlichen Ebene ist der Klient in der superioren Position. Er legt das Thema fest, das dann die Beraterin bearbeitet. Er kann auch zwischen Prozess- und Expertenberatung entscheiden. Und er entscheidet schließlich, welche mögliche Lösung für ihn und seine Situation passt.
- Auf der Prozessebene dagegen ist die Beraterin in der superioren Position. Sie ist für die Steuerung des Beratungsprozesses zuständig und hat dabei die Aufgabe, Handlungsanweisungen zum Vorgehen zu geben.

Herbeigeführt wird diese Situation durch einen wechselseitigen Kontrakt in der Orientierungsphase, in der die Definition der Situation als Beratung vereinbart wird. Genauer: In diesem Kontrakt werden die Regeln unterschiedlicher Komplementarität festgelegt. Bis zu diesem Kontrakt sind die Regeln des Beratungsprozesses noch nicht in Kraft, sondern es ist eine Situation zwischen Gleichberechtigten, in der es darum geht, mögliche gemeinsame Regeln zu vereinbaren.

Störungen des Beratungsprozesses treten offenbar genau dann auf, wenn diese unterschiedlichen Formen von Komplementarität vermischt werden. Insbesondere drei Probleme können dabei auftreten:

- Ein erstes Problem besteht darin, dass die Beraterin bereits in der Anfangsphase Methoden einsetzt, die überhaupt erst auf der Basis der Definition als Beratung legitimiert sind, oder wenn der Kontrakt über die Definition der Situation nicht eindeutig ist.
- Ein zweites Problem ergibt sich, wenn die Komplementarität bezüglich des Beratungsprozesses nicht eindeutig geklärt ist, d.h. wenn die Steuerung des Beratungsprozesses nicht klar erfolgt – wobei es immer noch möglich ist, auch innerhalb des Beratungsprozesses zusätzliche Vereinbarungen über bestimmte Methoden zu treffen.
- Schließlich liegt oft das entscheidende Problem darin, dass die Beraterin versucht, die superiore Position im Rahmen einer Komplementarität auf der Inhaltsebene einzunehmen Das ist genau dann der Fall, wenn z.B. die Beraterin weiß, was das „eigentliche" Problem des Klienten ist, wenn sie die „wirkliche" Erklärung der Situation oder die richtige Lösung hat.

3. Komplementarität im Verlauf des Beratungsprozesses: ein Fallbeispiel

Doch wie wird Komplementarität im konkreten Verlauf der Beratung tatsächlich umgesetzt? Hierzu soll im folgenden ein Fallbeispiel eines Coachingprozesses dargestellt werden. Es handelt sich dabei um einen Coachingprozess, der im Rahmen einer Ausbildung in Systemischer Organisationsberatung aufgezeichnet wurde. Von daher ist er nicht „perfekt", aber er kann Probleme von Komplementarität gut verdeutlichen.

Der Klient ist Abteilungsleiter in einem Autozulieferer. Er ist mit seiner beruflichen Situation nicht zufrieden und braucht, wie er in einem Vorgespräch formuliert, „Unterstützung, um seine berufliche Situation zu ändern". Nach einigem Small Talk beginnt das Beratungsgespräch folgendermaßen:

Berater: „Die Vorgehensweise ist in 4 Etappen. Eine Orientierungsphase, da sprechen wir vorwiegend darüber, um welches Thema, worum es geht, und du definierst deine Ziele für die Beratungssitzung. Dann kommt die 2. Phase, wo du die Situation klarer sehen wirst. Also ich unterstütze dich dabei, deine Situation klarer zu sehen. In der Veränderungsphase geht es darum, wie du deine Situation ändern kannst.
Klient: „OK, jetzt diese..."
Berater: „...und die Abschluss-Phase, da geht es im Vordergrund darum, dass du dann konkrete Maßnahmen ableitest. Also eine To Do Liste"

Hier ist der Berater deutlich in der superioren Position. Er eröffnet das Gespräch. Dabei geht es offenbar darum, Regeln für das Beratungsgespräch festzulegen. Der Berater bringt die Strukturierung des Beratungsprozesses in vier Phasen (Orientierungsphase, Klärungsphase, Lösungs- oder Veränderungsphase und Abschlussphase: vgl. König/ Volmer 2000, 55 ff.) ein. Aber dafür, dass die Situation noch nicht als Beratung definiert ist, beansprucht er sehr deutlich die superiore Position – erkennbar nicht zuletzt daran, dass er den Kommentar des Klienten „ok, jetzt diese" unterbricht. Was hier fehlt, ist eine stärkere Steuerung durch Kontrakte wie etwa: „Ist es in Ordnung, dass ich dir das Vorgehen verdeutliche?". Das Gespräch geht folgendermaßen weiter:

Klient: „Und wenn wir jetzt von der Situation sprechen, was ist die Situation, die wir jetzt ansprechen: ist es jetzt Arbeitsverhältnisse, ist es meine persönlichen Umstände?...
Berater: „Erstmals ist es deine Wahl, ich muss natürlich einverstanden sein..."

Klient: Musst du da... sagen wir mal, muss ich dir erklären, was ich genau mache, dass du dich da hineindenken kannst, also welche Funktion ich hier verrichte, das ist halt, glaube ich, Teil von dem Ganzen..."

Berater: „Du brauchst mir nicht alle Details zu erzählen, natürlich will ich im Groben verstehen, ich kann mich hineindenken, aber ich konzentriere mich im Wesentlichen auf dein Prozess..."

Klient: „Nee, ich muss, glaube ich, einen allgemeinen Überblick geben, weil, sonst kannst du mir keine Hinweise geben..."

Berater: „Nee, das kannst du selber; ich bin eher Prozessberater, und du, du wirst sicher selber Ideen finden".

Klient: „denkst du"

Berater: „Nee, das kannst du selber"

Klient: „ok".

Offenbar werden hier die Regeln ausgehandelt, nach denen Beratung abläuft. Was beim Klienten deutlich wird, ist Unsicherheit bezüglich der Regeln. Wie viel soll er erzählen? Und: Muss er nicht erzählen, damit er auch Anregungen erhalten kann? Bezogen auf die Komplementaritätsstruktur versucht der Klient am Schluss dieser Phase die superiore Position zu erreichen. Er will Expertenberatung, und er will, dass ihm der Berater eben die gibt. Doch der Berater gibt die nicht. Das bedeutet im Blick auf die Komplementarität: Er lehnt die Handlungsaufforderungen ab. Das „ok" des Klienten stellt zwar einen Kontrakt dar – aber offenbar kann sich der Klient nur schwer darauf einlassen.

Was hier deutlich wird, ist die Vermischung von Komplementarität auf der Prozess- und der Inhaltsebene. Aufgabe des Beraters ist es, den Prozess zu steuern; Entscheidung des Klienten (im Verständnis systemischer Organisationsberatung) ist es, ob er Prozess- und Expertenberatung will.

Im weiteren Verlauf erzählt der Klient ausführlich seine Situation. Ein Auszug davon sei aufgeführt:

Klient: „Ich finde die Qualität von der Arbeit, teilweise auch von den Produkten, die wir liefern, da sind Probleme damit... und wie heute mich, frustriert es meine Kunden zum Beispiel, die kontaktieren mich halt, und die kriegen keine Antwort. Und ich z.B. auch: Gestern habe ich angerufen und nachgefragt, und ne, ne, deine E-Mail habe ich nicht gekriegt, du sollst die dahin schicken. Ich habe die dahin geschickt, und dann sagte er, ich gebe dir eine Antwort, und dann wieder angerufen, da war zu dem Zeitpunkt keiner im Büro, aber dann, ja hat er gesagt, er ruft zurück, und ich habe nichts gehört, und der Kunde hat keine Ahnung davon, also das ist halt so... wenn ich gucke, was ich täglich mache..., dass ich nur wieder E-Mails raus schicke was ich täglich mache…, dass ich nur wieder E-Mails raus schicke und sag, was ist jetzt, wieso kriege ich keine Antwort etc, und das ist ja frustrierend."

Gelegentlich fragt der Berater nach. Als der Klient berichtet, dass er zusammen mit einem Kollegen arbeitet, kommt die Frage: „Ist dein Kollege in derselben Position wie du?" – woraufhin der Klient ausführlich von seinem Kollegen erzählt.

Wie ist nun in diesem Abschnitt die Komplementarität bestimmt? Es fällt auf, dass der Klient recht lange erzählt, obwohl Thema und Ziel des Beratungsgesprächs noch nicht geklärt sind. Sicher ist es hilfreich, Klienten zu Beginn erzählen zu lassen. Klienten benötigen einige Zeit, um zum Thema zu kommen. Andererseits aber fehlt hier die Steuerung durch den Berater. Aufgabe des Beraters ist die Steuerung des Prozesses. Dafür benötigt er die superiore Position in einer komplementären Beziehung – nur so kann er den Klienten unterstützen, neue Lösungen für sein Problem zu finden. Übrigens ist auch die Frage „Ist dein Kollege in derselben Position wie du?" keine eindeutige Prozesssteuerung. Der Berater übernimmt zwar mit der Frage kurzzeitig die superiore Position. Aber er tut es im Rahmen des Themas, das der Klient gerade anspricht. Damit hat auf einer höheren Ebene auch hier der Klient die superiore Position in Bezug auf den Prozess.

Erst im weiteren Verlauf des Beratungsprozesses wird die Steuerung durch den Berater zunehmend eindeutiger. Er unterstützt den Kollegen dabei, das Beratungsziel zu formulieren: „ich will Hinweise bekommen, wie ich effizienter arbeiten kann". Er regt ihn an, eine positive Situation zu fokussieren, in der er effizient gearbeitet hat und aus dieser Situation Ideen für die Zukunft zu gewinnen. Das Beratungsgespräch schließt mit einem konkreten Handlungsplan für das weitere Vorgehen.

Hier wird die Unterscheidung zwischen den beiden Komplementaritätsebenen zunehmend eindeutiger. Der Berater ist in der superioren Position in Bezug auf die Steuerung des Prozesses; der Klient ist in der superioren Position in Bezug auf sein Thema und den Inhalt, d.h. er entscheidet, welche Lösung für ihn passend ist.

Man ist leicht geneigt, pauschal von „der Macht" des Beraters oder der Beraterin zu sprechen. Es scheint jedoch, dass ein derartiges „eindimensionales" Beratungsverständnis von Macht ein zu stark vereinfachtes Bild suggeriert. Eine Beraterin hat nicht einfach „Macht" über den Klienten oder darf keine Macht haben, sondern es ist im Blick auf die Komplementarität zu unterscheiden zwischen Prozessmacht und inhaltlicher Macht. Damit Beratung überhaupt möglich ist, muss eine Beraterin Prozessmacht besitzen, d.h. sie muss das Recht haben, den Beratungsprozess zu steuern. Damit andererseits Beratung auch „Beratung" (als Hilfe zur Selbsthilfe) bleibt und nicht unter der Hand zu Manipulation wird, darf sie keine inhaltliche Macht besitzen, d.h. den Klienten nicht zu inhaltlichen Handlungen veranlassen. Dabei gilt für Beratung das Gleiche wie für andere komplementäre Beziehungen: Die Komplementarität ist zum einen durch soziale Regeln festgelegt, die zu Beginn des Beratungsprozesses „auszuhandeln" sind – es mag durchaus sein, dass sich Klient oder Beraterin nicht auf diese Regeln einlassen und damit Beratung nicht zustande kommt. Zum anderen ist Komplementarität in der konkreten Situation umzusetzen. Dabei kann es sein, dass die Beraterin zu wenig den Prozess steuert und damit zu wenig „Macht" auf der Prozessebene ausübt; es kann aber ebenso sein, dass die Beraterin zu viel Macht auf der inhaltlichen Ebene ausübt, indem sie (mehr oder weniger direkt) den Klienten zu bestimmten inhaltlichen Handlungen veranlasst – und sei es letztlich dazu, der Beraterin neue Aufträge zu erteilen. Aber es scheint, dass Beratung dies mit anderen pädagogischen Situationen teilt. Eine pädagogische Beziehung erfordert immer „Macht" auf einer Prozessebene – jeder Lehrer kennt die Probleme, die dann entstehen, wenn er die Prozesssteuerung im Unterricht verliert. Zugleich erfordert Erziehung im Blick auf das klassische Prinzip der Mündigkeit und Autonomie den Verzicht auf Macht auf einer inhaltlichen Ebene.

Literatur

Bang, R. (1958): Hilfe zur Selbsthilfe für Klient und Sozialarbeiter. München.
Glasersfeld, E. v. (1987): Wissen, Sprache und Wirklichkeit. Braunschweig.
Habermas, J. (1984): Vorstudien und Ergänzungen zur Theorie des kommunikativen Handelns. Frankfurt.
Haley, J. (1978): Gemeinsamer Nenner Interaktion. München.
König, E./ Volmer, G. (2000): Systemische Organisationsberatung. Weinheim (7. Aufl.).
König, E./ Volmer, G. (2005): Systemisch denken und handeln. Weinheim.
Neuberger, O. (1995): Mikropolitik. Der alltägliche Aufbau und Einsatz von Macht in Organisationen. Stuttgart.
Ruesch, J./ Bateson, G. (1995): Kommunikation. Heidelberg.
Volmer, G. (1990): Autorität und Erziehung. Weinheim.

Beratung und Macht. Organisationsberatung aus mikropolitischer Perspektive[1]

Thomas Muhr

1. Macht in Beratungsprozessen

Was tun Organisationsberater, wenn sie beraten, und was ist Beratung eigentlich? Auf der Konzeptebene ist das selbstverständlich schon oft geklärt worden. Aber was ist davon zu halten, wenn man annimmt, dass Berater auf das treffen, was Küpper und Ortmann zugespitzt so beschreiben:

> „In Organisationen tobt das Leben. Weit von jenen anämischen Gebilden entfernt, die in der althergebrachten Forschung unter dem Namen ‚Organisationsstruktur' ihr schattenhaftes Dasein fristen und von oben bis unten vermessen werden, sind sie in Wirklichkeit Arenen heftiger Kämpfe, heimlicher Mauscheleien und gefährlicher Spiele mit wechselnden Spielern, Strategien, Regeln und Fronten. Der Leim, der sie zusammenhält, besteht aus partiellen Interessenkonvergenzen, Bündnissen und Koalitionen, aus side payments und Beiseitegeschafftem, aus Kollaboration und Resistance, vor allem aber: aus machtvoll ausgeübtem Druck und struktureller Gewalt (...)" (Küpper/ Ortmann 1992, 7).[2]

Darüber erfährt man wenig, wenn von Beratung die Rede ist. Es gehört zu den Eigentümlichkeiten der bisherigen Forschung über Organisationsberatung, dass es kaum ausführliche empirische Studien über Beratungsverläufe gibt, die aus einer kritisch-analytischen Perspektive geschrieben worden sind. Es liegen in deutscher Sprache erst zwei soziologische Arbeiten vor, die in teils aufwendigen Fallanalysen Beratungsprozesse in Organisationen untersucht haben, nämlich die Studien von Susanne Mingers (1996) und Hermann Iding (2000). Beiden geht es

---

[1] Bei diesem Text handelt es sich um die überarbeitete und gekürzte Fassung zweier Kapitel meiner Dissertation „Beratung und Macht" (2004).

[2] Und weniger bildlich gesprochen heißt das, dass jede Organisation aus zahlreichen und z. T. widersprüchlichen Interessen, Handlungsrationalitäten und folglich Verhaltensweisen besteht, die durch Macht, d. h. Austausch- und Aushandlungsbeziehungen integriert werden. Die Funktionsweise einer Organisation ist also nicht bloß Ausdruck ihrer technischen und ökonomischen Zwänge, sondern bezieht sich auch auf ihre lokale soziale Ordnung, deren Regulierungsmechanismen und Spielregeln die Handlungsstrategien der Akteure kanalisieren und die die Abstimmungs- und Aushandlungsprozesse zwischen ihnen strukturieren (vgl. Friedberg 2003b, 101).

auch darum, auf die „Doppelbödigkeit" (Mingers) von Beratung aufmerksam zu machen bzw. „hinter die Kulissen der Organisationsberatung" (Iding) zu sehen, und zwar aus der kritisch-analytischen Perspektive von Begleitforschern. Das unterscheidet sie ganz wesentlich von den zahlreichen Selbstbeschreibungen der Beratungsindustrie, wo vor allem die Seite des Gelingens und der Best Practices zur Sprache kommt (für viele andere stehend: Doppler/ Lauterburg 1997; Hammer/ Champy 1994).

An diese sich allmählich entwickelnde kritische Beratungsforschung versucht dieser Beitrag anzuknüpfen. Dabei geht es nicht um eine wohlfeile Kritik von Beratung und Beraterhandeln aus einer scheinbar auktorialen wissenschaftlichen Perspektive, die gut gerüstet mit den Erkenntnissen der neueren Organisationsforschung jedes interventionistische Handeln, wie es Beraterhandeln nun mal ist, oft nur noch mitleidig belächeln kann – als bloße „Poesie der Reformen" (Luhmann 2000, 330) etwa oder die Berater als „Merchants of Meaning" (Czarniawska-Joerges 1990) auf ihre Legitimierungsfunktion reduziert. Dass dies in manchem Fall so ist, sei hier gar nicht in Abrede gestellt; aber als Erklärung für beraterisches Handeln scheint mir das nicht auszureichen.

Gefragt ist eine stärkere Problemorientierung bei der Auseinandersetzung mit dem Thema Organisationsberatung, die weder die instrumentelle Sichtweise vieler Beratungskonzepte übernimmt noch einseitigem Skeptizismus das Wort redet. Was aber dann? Vielleicht macht dies die Abwandlung folgender Kapitelüberschrift im Hauptwerk Croziers und Friedbergs deutlicher, die ursprünglich so lautet: „Die Arbeiterselbstverwaltung ist ein Problem und keine Lösung" (dies. 1993, 281). Damit beziehen sie sich auf die nicht nur in Frankreich, sondern auch in Deutschland (im Rahmen des Programms zur Humanisierung der Arbeit) geführte Debatte, bei der die Hoffnungen auf die vorteilhaften Auswirkungen von Beteiligungsorientierung und Gruppenarbeit weitgehend enttäuscht worden sind (vgl. Howaldt 1996, 25ff; Fricke/ Notz/ Schuchardt 1982, 181). Übertragen auf den Fall Beratung heißt das: Auch Organisationsberatung ist keine einfache Lösung für die Schwierigkeiten organisierten Handelns, sondern muss aus mikropolitischer Sicht als ein Problem betrachtet werden. Dieser Perspektivenwechsel ist wichtig. Das allgegenwärtige Angebot externer Beratung bei Unternehmensschwierigkeiten aller Art garantiert nicht, dass diese sich im gemeinten Sinn des Auftraggebers, der Berater oder wem auch immer erledigen lassen. Darauf weisen die wenigen Studien und Expertenmeinungen hin, die sich kritisch mit dem Erfolg von Beratung beschäftigen; in vielen Fällen konstatieren sie nämlich ein Misslingen von Beratung, zumindest gemessen an den ursprünglichen Zielen des jeweiligen Beratungsvorhabens (vgl. Iding 2001; Kühl 2000). Gleichzeitig wird die Forderung laut, genauer hinzusehen, wie und aus welchen

Gründen Beratung scheitert bzw. anders als geplant verläuft (vgl. Wimmer 2001; Minssen 1998, 65f.).

Gelingen kann eine solche Problematisierung von Beratung, indem deutlich gemacht wird, dass sich im Verlauf einer externen Beratung eine spezifische lokale Ordnung einstellt, bei der Berater als Akteure ins Spiel kommen, wo Interessen eine Rolle spielen und machtvolles Handeln ebenso unausweichlich ist wie eine nur beschränkte Rationalität. Kurz gesagt: Der Banalisierung von Organisation (Friedberg 1995) folgt eine Banalisierung von Beratung, und das macht Beratung zugänglich für eine im engeren Sinne mikropolitische Analyse.[3] Damit ist das Programm für diesen Beitrag umrissen. Anhand der mikropolitischen Aufarbeitung der heterogenen Interessenlagen zentraler Akteure in einem Beratungsfall und der anschließenden Analyse eines fehlgeschlagenen betrieblichen Qualifizierungsprogramms soll eine realitätsadäquatere Bestimmung dessen, was Beratung aus der Perspektive einer mikropolitischen Organisationsanalyse ist bzw. sein kann, erfolgen.

2. Beratung als Spielball interessierter Akteure

Als zentral für das Verständnis von Beratungsprozessen erweist sich die Rekonstruktion der Hauptinteressen relevanter Akteure an Beratung. Tut man dies, wird deutlich, dass es bei Organisationsberatungen nicht nur, sondern immer nur auch um die Sache geht. Beratungsthemen und Beratungsanlässe haben keineswegs ein homogenes Ziel, sondern werden zum Spielball interessierter Akteure; und zu diesen zählen auch die Berater. Ihr Handeln erschöpft sich keineswegs in ‚wohlmeinender Allparteilichkeit'. Sie haben eigene Interessen im Spiel, die mit dem eigentlichen Beratungsauftrag nur bedingt zu tun haben, die sich aber auf den Verlauf der Beratung auswirken.

Wesentlich ist in diesem Zusammenhang die Forschungsfrage, welche tatsächlichen Konsequenzen ein Veränderungsprozess für die beteiligten Akteure hat. Diese Interessengebundenheit und die daraus entstehenden Interessenkonflikte der Akteure sind, so die These, ein ganz wesentlicher Bestandteil der Politisierung eines Beratungs- und Veränderungsprozesses. Der hier verwendete Interessenbegriff hat aber nichts zu tun mit individuellen Motivationen oder klischeehaften Funktions- und Rollenzuschreibungen der Akteure, so als ob

---

[3] Mit der Herausstellung von Macht und Politik bei Beratungsprozessen ist nicht der Anspruch auf ein Erklärungsmonopol verbunden; nicht alles kann auf Mikropolitik und Macht reduziert werden, aber vieles hat einen mikropolitischen Aspekt und scheint, gerade weil dieser bislang vernachlässigt worden ist, weiter zu führen, um die Schwierigkeiten von externer Organisationsberatung besser zu verstehen.

immer schon klar wäre, welche Interessen ein Manager, ein Berater, ein Vertriebsingenieur oder ein Betriebsratsvorsitzender haben muss (vgl. Friedberg 1995, 219). Darum geht es hier nicht, sondern um die je situationsspezifische Rekonstruktion von Akteursinteressen. Das heißt aber auch, dass die hier rekonstruierten Interessen nur fallspezifisch gelten und sich in anderen Beratungssituationen nur bedingt wiederfinden lassen werden. Aber: Mit interessierten Akteuren ist zu rechnen, in jedem Fall. Ein so verwendeter Interessenbegriff hat den Vorteil, dass er den Blick auf die konkreten Handlungs- und Beziehungsinteressen in einem Beratungsprozess lenkt. (Macht)Interessen drücken dabei den legitimen Wunsch der Akteure aus, handlungsfähig zu bleiben.

Das Veränderungsvorhaben im untersuchten Beratungsfall kann, formelhaft gesprochen, als sehr weitgehender Enthierarchisierungs- und Dezentralisierungsprozess verstanden werden. Die geplanten Veränderungen bedeuten, zumindest potentiell, eine Infragestellung nahezu aller etablierten Beziehungsmuster, Ressourcenverteilungen und Spielstrategien zwischen den betrieblichen Akteuren einerseits und eine Neupositionierung gegenüber den Beratern als neuen Mitspielern andererseits. Die Berater ihrerseits stehen vor der schwierigen Aufgabe, ihre Interessen gegenüber den betrieblichen Akteuren zu positionieren. Es zeigt sich, dass keine Akteursgruppe nur ein Interesse verfolgt, sondern immer ein Bündel von z. T. widerstreitenden Interessen im Spiel ist, was zu einer weitreichenden und unübersichtlichen Politisierung des Veränderungsprozesses führt.

Interessen der Geschäftsführung

Die beiden geschäftsführenden Gesellschafter haben große Pläne, gerade weil das Unternehmen in der Krise steckt. Sie wollen weg „vom täglichen Kleinklein" und „die verkrusteten Strukturen aufknacken" und zwar schnell. Rigoros setzen sie auf große Lösungen. Es werden Aufträge in einer Dimension akquiriert, die jeweils dem bisherigen Jahresumsatz des Unternehmens entsprechen. Jetzt müssen sehr schnell organisatorische Lösungen gefunden werden, um der zunehmenden Desorganisation Herr zu werden. Der hemdsärmelige Versuch des Geschäftsführers Vertrieb/ Technik, Gruppenarbeit quasi über Nacht einzuführen, lässt erkennen, dass sie es sehr eilig haben. Ihre Strategie kurz gefasst: Sie wollen einen kompletten Systemwechsel und setzen auf Beschleunigung. Hinter diesem scheinbar blinden Aktionismus verbirgt sich eine zentrale Ungewissheitszone: Wie ist der Bestand des Unternehmens kurzfristig zu sichern? Dieses Interesse an ‚großen Lösungen' ist, auch wenn es anders aussehen mag, kein voluntaristischer und freier Akt der Akteure im Management, sondern Reaktion auf die wahrgenommene existenzbedrohende Krise. Ob die Einführung von

Gruppenarbeit unter der Prämisse einer Existenzkrise des Unternehmens als Problemlösung geeignet erscheint, ist eine falsch gestellte Frage. Für die Geschäftsführung ist sie das lange Zeit, und Gruppenarbeit wird immer auch vor dem Hintergrund dieses Interesses gesehen und gehandhabt.

Die Geschäftsführer sind aber lange Zeit merkwürdig unbeteiligt bei der konkreten Umsetzung der Reorganisationsmaßnahmen. Sie überlassen die Initiative anderen. Wie ist dieses „wir haben das erstmal laufen lassen", dieses scheinbare Desinteresse mikropolitisch zu fassen? Auch hier gilt: Ebensowenig wie es kein Nicht-Entscheiden gibt, gibt es auch kein Nicht-Handeln. Zurückhaltung und Abwarten als Handlungsstrategien sind Ausdruck von Interesse. Aber welche Interessenlagen stehen bei den Geschäftsführern dahinter? Meine These: Der Wunsch nach Entlastung und der Wunsch, Situationen der Überforderung aus dem Weg zu gehen. Das Desinteresse an aktiver Teilnahme auf persönliche Unzulänglichkeiten zurückzuführen, greift zu kurz. Die operative Zurückhaltung der Geschäftsführung ist auch hier das Resultat der besonderen betrieblichen Handlungskonstellation. Es gibt im Unternehmen kaum noch eine eingespielte managerielle Infrastruktur. Bis auf den langjährigen technischen Leiter sind bei Beginn der Reorganisation alle Führungskräfte weniger als zweieinhalb Jahre in ihrer Leitungsfunktion: Das gilt sowohl für die Meister als auch die Vertriebs- und den Fertigungsleiter. Es hat erhebliche Fluktuation beim Führungspersonal gegeben, und diese setzt sich fort. Schon wenige Monate nach Beginn der Gruppenarbeit haben massive Auseinandersetzungen dazu geführt, dass nur noch der junge und unerfahrene Fertigungsleiter im Amt ist. Ansonsten sind alle Führungspositionen aufgelöst worden.

Was auf den ersten Blick aussieht wie die konsequente Umsetzung von Beteiligungsorientierung und offiziell als Auflösung autoritärer Leitungsstrukturen verstanden wird, hat ungeahnte Nebenfolgen für die Geschäftsführer. Sie sind auf einmal zuständig für alles. Sie sollen, das ist die Absprache mit den Beratern, vorübergehend ins operative Geschäft einsteigen, um die „weggebrochenen Führungsstrukturen" zu kompensieren. Eine kolossale Überforderung für die Geschäftsführer, die aber von keiner Seite zum Thema gemacht wird. Diese strukturinduzierte Überforderung mündet in ein systematisches Vermeidungsverhalten der Geschäftsführer. Sie lassen sich nur sehr sporadisch auf das eigentlich gebotene beteiligungs- und teamorientierte Management ein. Ihr Interesse ist Ent- und nicht zusätzliche Belastung. Und sie verfügen über die nötigen Machtressourcen, um sich diesen Zumutungen des Projekts zu entziehen.

Stellt man diese beiden Hauptinteressen der Geschäftsführer in Rechnung (nämlich Existenzsicherung und Entlastung), fragt man sich, wie viel Interesse sie an Beratern haben können, die als Organisationsentwickler ins Unternehmen kommen, ihrem Beratungsverständnis nach auf Qualifizierung und Training der

Beschäftigten zielen und mittel- bis langfristige Veränderungsziele verfolgen. Zugespitzt formuliert: wenig. Sie müssen angesichts ihrer Interessen an Beratern interessiert sein, die eher als Rationalisierer und Co-Manager agieren. Aber mit denen haben sie es offensichtlich nicht zu tun. Zahlreiche ihrer Strategien und Taktiken erscheinen in einem anderen Licht, wenn man sie vor dem gerade skizzierten Interessenhintergrund betrachtet. Die Art der Beziehungen, die sie mit den Beratern aufnehmen, kann ein Stück weit auch als Transformations- bzw. Vereinnahmungsinteresse verstanden werden. Die Berater sollen andere werden als sie sind. Das alles ist aber nicht bloß Kalkül der Geschäftsführer, sondern ergibt sich sukzessive und als Resultat der Wahrnehmung ihrer situationsinduzierten Interessen.

Interessen des Betriebsrats

Der Betriebsrat (und vor allem der Betriebsratsvorsitzende) zeigt sich schon bei den ersten Planungen des Gruppenarbeitsprojekts ungewöhnlich engagiert. Betrachtet man die Entstehungsgeschichte dieses Projekts genauer, dann zielt sein Interesse zunächst vor allem darauf, der Geschäftsführung nicht die Initiative bei der anstehenden Reorganisation zu überlassen. Bereits bei Bekannt werden der ersten Planungen macht sich der Betriebsrat für einen eigenen Gegenentwurf stark. Dass der Betriebsrat umgehend „auf dieses Thema aufspringt" und nicht auf die übliche ‚Blockadepolitik' verfällt, sondern sich stattdessen konzeptionell einbringt, weist darauf hin, dass er selbst auch an weitergehenden betrieblichen Veränderungen interessiert ist, aber eben keineswegs in enger Übereinstimmung mit der Geschäftsführung. Auch wenn es auf den ersten Blick so aussieht: Das scheinbar gemeinsame Thema Gruppenarbeit integriert die Interessenpositionen und Problemsichten der Betriebsparteien nicht, sondern schafft neue Anlässe für Interessenauseinandersetzungen. Die aktive Kontrolle über den Veränderungsprozess scheint ein ganz wesentliches Ziel der betrieblichen Interessenvertretung in diesem Fall zu sein. Auf Grund schlechter Erfahrungen mit zurückliegenden Rationalisierungsmaßnahmen will man die Einführung von Gruppenarbeit nicht allein dem Management überlassen. Diese tief sitzende Skepsis gegenüber der eigenen Geschäftsführung verweist gleichzeitig auf die prinzipielle Unsicherheit des Betriebsrats in Bezug auf die Transformierbarkeit des eigenen Unternehmens. Mit Aussagen wie „Ob das bei uns überhaupt eine Chance hat. Man muss sehr gut aufpassen, dass es nicht aus dem Ruder läuft." meint man vor allem das Verhalten der Geschäftsführer.

Der Betriebsrat ist es, der auf externe Beratung bei der Einführung von Gruppenarbeit drängt, und ihm gelingt es, die Auswahl der Berater maßgeblich mitzubestimmen. Dass ein Berater einer gewerkschaftsnahen Beratungsstelle bei der Geschäftsführung durchgesetzt werden kann, zeigt, über welchen Einfluss der Betriebsrat im Unternehmen verfügt. In den Verhandlungen mit der Geschäftsführung wird seine versteckte Drohung ernstgenommen, nämlich, dass die Einführung von Gruppenarbeit in den betriebsverfassungsrechtlich besonders geschützten Bereich der mitbestimmungspflichtigen Angelegenheiten falle und er sehr darauf achten werde, dass die Mitarbeiterinteressen berücksichtigt werden. Dass er bei früheren Konflikten nicht gezögert hat, die Einigungsstelle anzurufen, verleiht seinem Vorbehalt bei der Geschäftsführung besonderes Gewicht und ist mitausschlaggebend dafür, dass die Geschäftsführung einer Beratung durch die Beratungsstelle zustimmt. Gleichzeitig sichert sich der Betriebsrat damit quasi die Exklusivrechte an der Beratung. Er fungiert als Auftraggeber und Hauptansprechpartner für den/ die Berater. Und er hat ein starkes Interesse daran, dass das so bleibt; auch bei den später hinzugezogenen Beratern. Eine mehr als ungewöhnliche Entwicklung, wenn man das sonst übliche Beratungsmonopol des Managements in Betracht zieht (vgl. Ortmann u.a. 1990, 576; Klatt 1995).

Dass der Betriebsrat bereits bei der Auswahl des Beraters eingreift und danach bei der Planung und Gestaltung des Gruppenarbeitskonzepts federführend ist, bedeutet nicht nur, dass er sich auf eine bestimmte Richtung des Veränderungsprozesses festlegt, sondern auch, dass er selbst für diesen Prozess zunehmend verantwortlich ist bzw. verantwortlich gemacht wird. Die Ernennung des Betriebsratsvorsitzenden zum „Projektleiter Gruppenarbeit" macht dies besonders augenfällig. Ob diese Verantwortungsübernahme und Parteiergreifung des Betriebsrats und des Betriebsratsvorsitzenden zu einem Vabanquespiel wird, ist nicht eindeutig zu beantworten, zu uneindeutig und widersprüchlich sind die (Neben-)Folgen dieser neuen Handlungskonstellation: Nur, leichter wird die Arbeit des Betriebsrats dadurch nicht.[4] Der Betriebsrat ist zu einem sehr interessierten Befürworter des Veränderungsvorhabens avanciert. Gruppenarbeit wird jetzt auch zu einer Bewährungs- und Bestandsprobe für eine alternative Form betrieblicher Interessenvertretung. Ob sich diese neuen Doppelfunktionen und Doppelinteressen des Betriebsrats (Vertretung der Mitarbeiter; Promotion der Gruppenarbeit) miteinander vereinbaren lassen oder in unauflösliche Double Binds münden, bleibt abzuwarten. Nur soviel: Diese frühe Festlegung des Betriebsrats auf Gruppenarbeit und seine eigene aktive Rolle im Veränderungsprozess bleiben nicht folgenlos, beschränken und erweitern das Handlungspotential

---

[4] Vor allem Hermann Kotthoff hat in zahlreichen Arbeiten auf die Schwierigkeiten hingewiesen, denen Betriebsräte als Co-Manager in Veränderungsprozessen ausgesetzt sind (vgl. Kotthoff 1994, 1995, 1998). Ihm fällt es schwer, in dieser Doppelfunktion eine ausschließlich positive Entwicklung zu sehen und warnt vor interessenpolitischen Rückschritten.

des Betriebsrats gleichzeitig, verändern seinen Entscheidungs- und Handlungskorridor (vgl. Ortmann 1995; Faust u. a. 1994; Minssen 1991).

Interessen der Berater

Der Berater der gewerkschaftsnahen Beratungsstelle entwickelt ein Sonderinteresse an diesem Beratungsfall. Er engagiert sich deutlich stärker als üblich. Sein Arbeitseinsatz geht weit über das vereinbarte Beratungskontingent hinaus, und das hat seine Gründe: dieser Berater gilt als starker Befürworter einer neuen Geschäftsstrategie der Beratungsstelle, die darauf zielt, das Beratungsspektrum und den Kundenkreis zu erweitern und nicht mehr ausschließlich Betriebs- und Personalräte zu beraten, sondern sich als „Berater für den ganzen Prozess" anzubieten, der neben der bislang üblichen Expertenberatung auch die Prozessbegleitung bei betrieblichen Umstrukturierungen übernimmt. Die Einführung von Gruppenarbeit wird zu einem Präzedenzfall dieser neuen Geschäftsstrategie. Damit steht der Berater unter deutlichem Erfolgsdruck seines eigenen Unternehmens, das den Fortgang der Beratung genau beobachtet. Der Berater ‚muss' diesen Fall auch zu seiner Erfolgsgeschichte machen, kann ihn nicht routinemäßig bearbeiten und ist vor diesem Hintergrund alles andere als ein neutraler und qua professionellem Selbstverständnis interessenloser Akteur.

Für die wenig später hinzugezogenen Berater eines weiteren Beratungsunternehmens ist der Auftrag der erste Industrieauftrag. Vorher haben sie Einrichtungen der (beruflichen) Weiterbildung beraten. Der Beratungsauftrag bei einem Maschinenbauunternehmen bietet ihnen die Möglichkeit, ein neues Geschäftsfeld zu erschließen und sich so auch als Industrieberater einen Namen zu machen. Die neuen Berater firmieren erst seit wenigen Monaten als gemeinsames Beratungsunternehmen und waren bis dahin viele Jahre freiberuflich als Einzelberater tätig. Sie haben ein starkes Interesse daran, ihr neu gegründetes Unternehmen zu konsolidieren. Ein Auftrag wie dieser, der auf Grund öffentlicher Förderung über mehrere Jahre hinweg Einnahmen verspricht, ist in dieser Gründungssituation hochattraktiv. Dass dieses (Existenzsicherungs-)Interesse der Berater unterschwellig immer mitläuft, ist mit ausschlaggebend für ihr weiteres Beratungshandeln. Die Berater sind abhängig vom Fortgang der Beratung, sie verfügen zu diesem Zeitpunkt über keinen eigenen Kundenstamm oder zusätzliche Beratungsaufträge. Ein Abbruch der Beratung kommt vor diesem Hintergrund zu keinem Zeitpunkt in Frage.

Neben das Interesse der Berater an eigener Existenzsicherung tritt noch ein zweites maßgebliches (und in seiner scheinbaren Selbstverständlichkeit kaum zu entdeckendes) Interesse, das sich am ehesten über eine Frage erschließt: Wen können die Berater als Auftraggeber betrachten und welche Interessen leiten sich daraus für sie ab?

Die Situation ist unübersichtlich, das registrieren auch die Berater. „Wir sind auf einen fahrenden Zug aufgesprungen", so schätzen sie es ein, d.h.: andere Akteure haben bereits weitreichende Entscheidungen in diesem Veränderungsprozess getroffen, an denen die Berater nicht beteiligt waren, mit deren Konsequenzen sie es aber zu tun bekommen. Konkret: Der Gruppenarbeitsprozess ist ohne sie begonnen worden, und der Antrag auf öffentliche Förderung ist auch schon gestellt. Da bleibt nur wenig Spielraum für die neuen Berater. Dies führt dazu, dass ein ganz wesentlicher Schritt der Beratung, nämlich eine eigenständige Problem- und Situationsanalyse, unterbleibt. Sie adaptieren weitgehend die Problemsicht der Projektpromotoren, und das sind der Betriebsratsvorsitzende und der Berater der Beratungsstelle. Um im Geschäft zu bleiben, haben sie situationsbedingt kaum eine andere Wahl, als sich an den Interessen dieser augenscheinlich mächtigen Akteure zu orientieren. Sie schließen gleich zu Beginn der Beratung einen Pakt (der so nie offen ausgesprochen wird) und stellen sich sehr weitgehend in die Dienste dieser für sie einflussreichen Akteursgruppe. Diese Beziehung aufrechtzuerhalten und zu stabilisieren wird zu einem zentralen Moment ihrer beraterischen Tätigkeit. Mit diesem Interesse geben sie gleichzeitig andere Handlungs- bzw. Beziehungsoptionen auf bzw. erschweren diese.

Die Einlösung eines zentralen Credos beraterischen Tuns, nämlich Neutralität und Distanzwahrung, erweist sich aus machttheoretischer Perspektive jetzt als ausgesprochen schwer, besser gesagt: unrealistisch. Den Vereinnahmungsversuchen der betrieblichen Akteure ist kaum zu widerstehen; aber auch scheinbares Nichtstun/Abwarten/Distanzhalten spielt interessierten Akteuren in die Karten, kann mikropolitisch in Anschlag gebracht werden. Die Beratern stets drohende Vereinnahmung birgt Chancen und Risiken, ermöglicht und erschwert beraterisches Handeln. Die Balancierung dieses Problems von Nähe und Distanz zählt zu den zentralen Herausforderungen aktueller Beratungsforschung. Distanz und Neutralität von Beratern sind nicht vorauszusetzen, sondern das Ergebnis eines Aushandlungsprozesses. Ansätze, die umstandslos Neutralität als Voraussetzung beraterischen Handelns nennen, unterschätzen die Dynamik sozialer Situationen, von der sich auch Berater nicht qua Selbstverständnis freihalten können.

Man erkennt in diesem Fall, dass die Berater durchaus eigene Interessen haben, die sie zu Akteuren machen, welche auch ihr eigenes Spiel spielen, das nur mittelbar mit dem konkreten Beratungsfall verknüpft ist. Mikropolitisch betrachtet erweist es sich als Illusion, dass die Berater einzig das Kundeninteresse im Auge haben, wie es die Vertreter von normativen Ansätzen der Organisationsentwicklung annehmen (vgl. French/ Bell 1994, 95). Dass die Berater die genannten Interessen haben, bedeutet aber nicht, dass sie damit ‚schlechte' Berater wären. Wichtig ist nur zu erkennen, dass diese Interessen den Beratungsverlauf tangieren und Berater als interessierte Akteure verstanden werden müssen, denen es auch, aber eben nicht ausschließlich, um die Sache geht.

Dieser Extrakt der Interessenlagen der Veränderungspromotoren und Berater vermittelt einen Eindruck von der Ambiguität des Handlungsfeldes, in dem Beratung stattfindet. Dabei werden die Interessenlagen weiterer relevanter Akteure wie der Meister und des mittleren Managements als potentiellen Rationalisierungsverlierern bewusst ausgeblendet. Schon die heterogenen Interessenlagen der an betrieblichem Wandel interessierten Akteure zeigen, dass interessenpolitische Konflikte unausweichlich sind. Die Einführung von Gruppenarbeit ist alles andere als bloß eine Sachfrage, gerade für ihre Promotoren. Sie wird zu einem neuen Politikfeld zwischen interessierten Akteuren des Wandels. Die Reorganisationsinitiative schwimmt sozusagen auf einer Vielzahl von Interessenströmungen, die für die handelnden Akteure keineswegs vollständig kanalisierbar, beobachtbar und antizipierbar sind. Die Akteure bewegen sich, mit anderen Worten, in einer immer nur begrenzt verstehbaren (kalkulierbaren) Welt. Die vergleichende Analyse zeigt, dass die Akteure in dem Veränderungsprozess nahezu ständig mit Mehrdeutigkeiten und nicht intendierten Folgen ihres Handelns konfrontiert sind, deren Ausmaß und handlungsrelevante Konsequenzen sie nicht selten unterschätzen (vgl. Kühl 2001a, 281, 2001b, 387; Minssen 2001, 89).

Das Transparentmachen sowohl der unterschiedlichen Interessen an Beratung als auch das Thematisieren der Interessen der Berater selbst scheint mir ein Schlüssel zum Verständnis und zur Wirkungsweise von Beratungsprozessen zu sein.[5] Dem (irreführenden) Postulat der Neutralität und Sachlogik bei Beratungsprozessen sollte man ein Postulat der Interessiertheit und Parteilichkeit von Beratern und Veränderungspromotoren zur Seite stellen; bislang noch ein Tabuthema. Eben diese Tabuisierung führt dazu, dass man die Beherrschbarkeit des Wandels über- und seine politische Dynamik unterschätzt.

3. Qualifizierung aus mikropolitischer Perspektive

Qualifizierung, Schulung und Personalentwicklung stehen in diesem Fall ganz oben auf der Agenda der Berater. Ihr Konzept sieht die weitreichende Qualifizierung der Beschäftigten sowohl in fachlicher Hinsicht als auch in Bezug auf den Erwerb sozialer Kompetenzen vor. Offensichtlich gründete sich der gesamte

---

[5]   Damit ist kein idealistischer Aufklärungsanspruch verbunden, der der Illusion vollständiger Transparenz aufsitzt, sondern die Vorstellung einer realitätsadäquateren Situationsbeschreibung, die ggf. anschließbar sein kann an pragmatische Verfahren des Interessenausgleichs, wie sie etwa Herbold u. a. (1997) bei der Ansiedlung großtechnischer Anlagen erforscht haben.

Umstrukturierungsplan auf eine begleitende und intensive Personalentwicklung resp. Qualifizierung der Beschäftigten.

> „Zur Sicherstellung funktionierender flexibler Gruppenarbeitsstrukturen muss eine hohe Problemlösungskompetenz an allen Orten der betrieblichen Prozesskette vorhanden sein. Hierzu gehört als wesentliche Grundlage auch die Erfahrung gemeinsamen Lernens. Demzufolge gilt es Lernsequenzen zu organisieren, bei denen unterschiedliche Hierarchieebenen gemeinsame Problemlösungserfahrungen machen." (Dok. 2)

Vor diesem Hintergrund verstehen sich die Berater als „moderierende Prozessbegleiter", deren Aufgabe es sei,

> „alle Mitarbeiter in den Qualifizierungs- und Gruppenarbeitsprozess einzubinden, die beruflichen Kompetenzen der Beteiligten im Prozess der Organisationsentwicklung nutzbar zu machen, für dauerhafte Motivation und Identifikation der Mitarbeiter durch tatsächliche Mitgestaltungsmöglichkeiten zu sorgen, auftretende Konflikte transparent zu machen und methodische Instrumentarien zu ihrer Lösung anzubieten und Lernprozesse in einer Weise aufzuarbeiten, die individuelle Überforderung verhindern hilft" (Dok. 2).

Diese Herangehensweise der Berater steht ganz in der Tradition klassischer Organisationsentwicklung und ist immer noch ein häufig eingeschlagener Weg bei betrieblichen Veränderungsprozessen (vgl. Fatzer 1987; French/ Bell 1994, 126f.; Vincent 1999, 21ff.). Aber die Umsetzung dieses umfassenden Qualifizierungskonzepts gerät sehr früh ins Stocken und scheitert. Das Scheitern dieses ambitioniert formulierten Qualifizierungsprogramms ist darauf zurückzuführen, dass ein zentraler Zusammenhang nicht in den Blick genommen wird, nämlich der von Macht und Kompetenz. Ich werde versuchen, die komplexe Beziehung von Macht und Kompetenz ein Stück weit aufzuarbeiten. Kursorisch analysiere ich hierzu vier Episoden aus dem Fallgeschehen, die anzeigen, wie vielgestaltig Machtphänomene im Kontext organisationalen Lernens sind, oder anders gesagt, wie facettenreich die mikropolitische Wirklichkeit von Qualifizierung beschaffen ist.

Erstens: Die Berater, ihrem Selbstverständnis nach Trainer und Prozessbegleiter, die mit den Beschäftigten neue Handlungsweisen einüben und auf mögliche Konsequenzen hin reflektieren wollen, übernehmen während ihrer Teammoderation zusehends Managementaufgaben. Sie sind es, die die Entscheidungen in den Teams organisieren. Sie tun dies allerdings weniger, um neues selbstorganisiertes Entscheidungshandeln mit den Beschäftigten zu erproben, sondern um den Wegfall des mittleren Managements zu kompensieren. Angesichts drängender Großaufträge und eines latent gefährdeten Projektes sehen sie sich in der ersten Projektphase außerstande, ihrer professionellen Aufgabe nachzukommen, nämlich Trainings im sozialen und kommunikativen Bereich (wie Rollenklärung für Teamsprecher, Umgang mit Konflikten oder Problemlösung in der Gruppe) anzubieten. Mit ihrer praktischen und alltäglichen „Hilfestellung" in den Teams besetzen sie für einige Zeit eine zentrale Unsicherheitszone, die mit dem Wegfall des mittleren Managements vakant geworden ist, nämlich die Fähigkeit, koordiniertes Handeln zu ermöglichen. Aber die Besetzung dieser Unsicherheitszone durch die Berater bleibt nicht folgenlos: Zum einen findet das erhoffte erfahrungsgeleitete Lernen von neuen Kompetenzen bei den Beschäftigten nur unzureichend statt, da die Berater tendenziell Managementinteressen verfolgen und nicht die erforderliche ‚Muße' eines Organisationsentwicklers mitbringen, zum anderen geraten die Berater in eine Überforderungssituation, denn um wirkliche Managementaufgaben wahrnehmen zu können, fehlen ihnen sowohl entsprechende Sanktionsrechte als auch die erforderliche fachliche und betriebspolitische Kenntnis. Sie gleiten zusehends in einen Double Bind: Versuchen sie, sich aus dem Alltagsgeschäft herauszuhalten, müssen sie weiteres Chaos befürchten, engagieren sie sich noch stärker in ihrer Co-Managementrolle, bleiben die Lerneffekte in punkto Selbstorganisation weiter aus.

Als sich die Situation für die Berater im Zuge der ersten Entlassungswelle zuspitzt, ‚externalisieren' sie das Problem unzureichender Qualifizierung. Sie schließen sich der Kritik der Geschäftsführung an, die den Beschäftigten fehlende Eigenverantwortung, mangelhafte Selbstorganisation und fehlendes Fachwissen vorwirft, obwohl diese Vorwürfe eigentlich auf Management und Berater selbst zurückfallen. Es wird so getan, als ob die Qualifizierung stattgefunden habe – „die haben ihre Chance gehabt".

Auszubaden haben die unzureichende Qualifizierung die Beschäftigten. Zum einen erschwert ihnen das immer noch unsichere Wissen über Teamarbeit und Selbstorganisation – die erhebliche Verhaltensänderungen und Veränderungen in den Arbeitsabläufen verlangen – die weitere Erledigung ihrer Alltagsaufgaben. Zum anderen ergeben sich für die Beschäftigten immer neue Belastungen auf Grund von Planungsfehlern und Folgewirkungen der Teamarbeit, die sich zum Teil über die ganze Prozesskette hin auswirken (z.B. nicht geklärte Zuständigkeiten von Vertriebsinnen- und Vertriebsaußendienst). Die Bereitschaft der Beschäftigten, sich weiter auf das Risiko der Qualifizierung einzulassen, nimmt infolgedessen rapide ab, da sie einseitig die Kosten tragen müssen. Aus der vermeintlichen Hilfe zur Selbsthilfe der Berater entwickelt sich eine für alle Beteiligten zunehmend paralysierende Situation. Die „gutgemeinte Entmündigung" (Neuberger 1994, 268), zu der dieser Qualifizierungsversuch geführt hat, mündet in einer tiefsitzenden Skepsis der Beschäftigten gegenüber weiteren Qualifizierungsversuchen.

Zweitens: Qualifizierung impliziert auch den Kampf um knappe Ressourcen wie Zeit und Geld, was allzu oft ausgeblendet wird. Ein früher Versuch der Berater, das sich anbahnende Qualifizierungsfiasko abzuwenden, scheitert, denn die

Geschäftsführung zeigt sich nicht bereit, weitere Qualifizierungsmittel zur Verfügung zu stellen, stattdessen bringt sie massiv das Kostenargument ins Spiel. Bis auf wenige Ausnahmen finden über ein Jahr lang keine weiteren Schulungen und Trainings für die Arbeitsgruppen mehr statt. Es sollen hier nicht die finanziellen Schwierigkeiten des Unternehmens in Frage stellt werden, aber dieses Beharren auf dem Kostenaspekt von Qualifizierung hat auch eine mikropolitische Seite. Qualifizierung ist eben kein Selbstzweck, sondern steht im Dienste interessierter Akteure. Das zeigt der Ausgang der weiteren Qualifizierungsbemühungen der Berater. Nur ein Bruchteil der später eingeworbenen öffentlichen Qualifizierungsgelder entfällt auf gruppenarbeitsspezifische Trainings, obwohl hier enormer Bedarf besteht. Stattdessen bekommen Schulungen für ein parallel eingeführtes PPS-System eindeutigen Vorrang, was zeigt, woran die Geschäftsführung ein Interesse hat, nämlich an einer forcierten informationstechnischen Rationalisierung. Qualifizierungsbudgets sind ein eigenes Politikfeld, und ihre Verwendung hängt ab von der machtvoll durchgesetzten Situationseinschätzung relevanter Akteursgruppen und weniger von der Konstatierung eines ‚objektiven' Bedarfs (vgl. Ortmann u. a. 1990, 487).

Drittens: Dass Qualifizierungsfragen auch Machtfragen sind, wird nahezu vollständig von den Veränderungspromotoren ignoriert, selbst dann, wenn Qualifizierung, wie im Fall der CNC-Ausbildung, dazu dienen soll, die Vormachtstellung des bisher einzigen Programmierers aufzulösen. Die – immerhin bei der Geschäftsführung durchgesetzte – formale Ausbildung eines zweiten CNC-Programmierers leibt praktisch folgenlos. Der neue Programmierer bringt es auf den Punkt: „Der hat mich da nicht reinkommen lassen." und weist darauf hin, dass die tatsächliche Beherrschung der Anlage und Abläufe in einem Ausbildungskurs nicht zu erlernen sei und ein gezieltes Einarbeiten nicht stattfinde: „Konnte ich den ja nicht zu zwingen." Offensichtlich kann bzw. will dies niemand, denn die Ausnahmestellung des CNC-Programmierers bleibt unangetastet und ist nach wie vor ein Engpass im Fertigungsablauf. Alle Fertigungsteams müssen sich mit seiner undurchschaubaren und für sie unkoordinierten Bearbeitung der CNC-Teile zufrieden geben. Mikropolitisch betrachtet, ist die Strategie der Veränderungspromotoren, das Wissensmonopol der CNC-Programmierung über die formale CNC-Ausbildung eines zweiten Mitarbeiters aufzubrechen, naiv. Die Vormachtstellung der CNC-Programmierung gründet auf ihrer Relevanz in einer spezifischen lokalen Ordnung, und ohne Kenntnis dieses konkreten Handlungssystems verpufft jede formale Qualifizierung.

Viertens: Die mangelhafte Umsetzung der Gruppensprecherrolle führen die Berater auf persönliche Defizite und Ängste der Mitarbeiter zurück. Aus Sicht einer strategischen Organisationsanalyse erscheint das Vermeidungsverhalten der Mitarbeiter, diese Rolle zu übernehmen, aber als durchaus (begrenzt) rational. In nahezu allen Bereichen werden von den Mitarbeitern neue Verhaltensweisen erwartet, ohne dass in geeigneter Weise darauf eingegangen wird, welche Folgen sie haben und an welche Bedingungen sie geknüpft sind. Gruppenarbeit in dem hier vorgesehenen Ausmaß ist alles andere als selbstverständlich und erzeugt bei den Betroffenen, insbesondere den Gruppensprechern, erhebliche Handlungsunsicherheiten. Die in Konzeptpapieren formulierten Erwartungen und Anforderungen an Gruppensprecher bleiben abstrakt und verschwommen. „Wir sollen uns verhalten wie kleine Unternehmer. Aber wie das genau aussieht und was das für mich heißt, das sagt einem keiner", resümiert ein Vertriebsmitarbeiter und deutet an, dass das, was von den Veränderungspromotoren als berufliche Chance und Herausforderung wahrgenommen bzw. dargestellt wird, auch als Überforderung und Überlastung empfunden werden kann, gegen die man sich zur Wehr setzt. Es fehlt der notwendige organisatorische Rahmen, der es den Gruppensprechern ermöglichen würde, ihre neue Rolle gefahrlos auszuprobieren. Sie befürchten, als „Aushilfsmanager" verschlissen zu werden. Und gegen diese Vereinnahmung setzen sie sich zur Wehr, indem sie ihr Gruppensprecheramt nur pro forma ausüben.

Der schleppende Verlauf dieses konkreten Qualifizierungsprozesses wird also erst dann verständlich, wenn man die Machtgebundenheit von Qualifizierung thematisiert und Macht als Hindernis und als Bedingung von Lernen berücksichtigt. Charakteristisch für diesen Qualifizierungsprozess ist, dass er über keine ausreichende Kenntnis des konkreten Handlungssystems verfügt. Er erschöpft sich in einem Spiel von Aktion und Reaktion, in dem jeglicher Impuls zur Veränderung nach und nach verloren geht. Das ‚System' passt sich nur durch kompensatorische Angleichungen an, die den Sinn jeglicher Qualifizierung bzw. des Lernprozesses konterkarieren (vgl. Friedberg 2003a).

Qualifizierung zielt, wenn sie wirksam sein will, auf Verhaltensänderung, und die ist nur sehr schwer zu realisieren, wenn man die spezifischen Handlungszwänge der Akteure nicht berücksichtigt. In dieser Hinsicht scheint der von mir untersuchte Beratungsprozess mehr oder weniger blind zu sein, denn die restringierenden Handlungszwänge werden nur sehr randständig zum Gegenstand von Verhandlungen über Qualifizierung. Offensichtlich können (oder wollen) die Berater diesen Zusammenhang nicht sehen, was auch damit zusammenhängen mag, dass die klassische Forderung nach Qualifizierung für sie auch ein Machtmittel ist. Insofern ist ein Festhalten an diesem permanent scheiternden Qualifizierungsverfahren durchaus rational, erhält es ihnen doch Legitimierungs- und Handlungsoptionen und dient so ihren Interessen.[6]

---

[6] Mikropolitisch ist durchaus begründbar, dass das Scheitern des Qualifizierungsprozesses von ihnen auch deshalb latent gehalten wird (werden muss), weil andernfalls ihre Beraterfunktion, die zu einem erheblichen Teil auf klassische Qualifizierung/Training setzt, auf den Prüfstand

Das eigentliche Problem bei betrieblichen Qualifizierungen besteht also darin, dass hier alle Akteure zusammen lernen müssen. Und diese Ausgangsbedingung stellt besondere Anforderungen und ist nicht zu vergleichen mit individuellem Lernen:[7]

> „Um in der Lage zu sein, ein neues Spielmodell zu erarbeiten, beizubehalten und festzulegen, oder um die betroffenen Akteure zum Erwerb kollektiver, die Übernahme des neuen Spiels voraussetzenden und auch bestimmenden Fähigkeiten in die Lage zu versetzen, muss man nicht nur mit Interessen und Machtverhältnissen brechen, sondern auch mit affektiven Schutzmechanismen und intellektuellen Modellen." (Crozier/ Friedberg 1993, 249)

Jetzt könnte man annehmen, dass die Einführung von Gruppenarbeit gerade in Bezug auf das Angebot neuer intellektueller Modelle gute Voraussetzungen biete. Tatsächlich liegt aber das Manko in einer zu schematischen Verknüpfung von Qualifizierungsmaßnahmen und Veränderungskonzept. Mit anderen Worten: Die Qualifizierungsansätze erscheinen passend für das Konzept, aber berücksichtigen nur unzureichend die tatsächliche innerbetriebliche Handlungskonstellation und bieten kaum Ansatzpunkte für kollektives Lernen im Sinne einer gemeinsamen Erprobung neuer sozialer Praxis und eines Bruchs mit etablierten, im alten System durchaus rationalen Handlungsweisen. Crozier und Friedberg verweisen in diesem Zusammenhang noch auf einen weiteren interessanten Punkt, der eng mit dem gerade erwähnten mikropolitischen Bias von Qualifizierung verbunden ist. Ihre These lautet: Die Lernfähigkeit eines Handlungssystems hängt sowohl von seinem materiellen als auch von seinem relationalen und institutionellen Reichtum ab. Damit Qualifizierung bzw. Lernen im gerade vorgestellten Sinn möglich wird, braucht das System Spielraum („slack"). Nur ein beziehungsreiches bzw. redundantes System kann sich den Bruch eines oder mehrerer Selbsterhaltungsmechanismen leisten, ohne dass dies unmittelbar zu Regression führt (vgl. Crozier/ Friedberg 1993, 249ff.).[8]

Im untersuchten Fall ist dieser Spielraum offensichtlich sehr begrenzt. Die von den Veränderungspromotoren angestrengten Brüche mit der etablierten Praxis (wie radikale Dehierarchisierung oder unternehmensweite Einführung von

---

[7] gestellt worden wäre. So bleibt Qualifizierung als (wenn auch unrealistische) Veränderungschance am Horizont.
Kollektives Lernen hier verstanden als ein Prozess, bei dem die Akteure eines Handlungssystems neue Spielmodelle mit ihren affektiven, kognitiven und relationellen Komponenten lernen, also für sich neu erfinden und festlegen (vgl. Crozier/ Friedberg 1993, 248).

[8] Selbsterhaltungsmechanismen hier verstanden als die etablierten organisierten Handlungsweisen (wie zum Beispiel die Organisation der CNC-Programmierung/Fertigung), die den Akteuren eine bestimmte Rationalität abverlangen und damit andere Handlungsweisen blockieren. Sie ermöglichen es, mit anderen Worten, bestimmte Probleme zu lösen, bilden aber aus eben diesem Grund auch ein Hemmnis für kollektives Lernen.

Gruppenarbeit) können nicht kompensiert werden, indem redundante Handlungssysteme die nötige Funktionsfähigkeit sicherstellen, so dass sich an anderer Stelle ein kollektiver Lernprozess vollziehen könnte. Die erhoffte Verhaltensänderung der Akteure durch Qualifizierung bleibt angesichts knapper Ressourcen in weiten Teilen aus. Ein einfaches Mehr an Qualifizierung, wie es den Beratern vorschwebt, reicht nicht aus, um die bestehenden Lernblockaden zu überwinden. Die hier vorgestellte mikropolitische Sicht auf Qualifizierungsprozesse bedeutet eine Absage an all jene Aus- und Weiterbildungskonzepte, die einem instrumentellen Lernmodell folgend von einer einfachen Übertragbarkeit von Kompetenzen ausgehen, denn gerade die Übertragung bzw. Aneignung von Kompetenzen ist machtbesetzt und alles andere als selbstverständlich.

Das kann man auch auf Berater münzen. Wie alle anderen Akteure auch, tauschen sie im Rahmen von Beratung mit den anderen Akteuren Problemlösungsfähigkeiten aus. Auch für sie gilt, dass sie darauf angewiesen sind, ein Problem zu haben, für das sie kompetent sind (bzw. erscheinen) und für das sie sich den anderen Akteuren als Problemlöser ‚verkaufen' können. Besteht dieses Problem nicht mehr, verlieren sie ihren Akteursstatus und kommen als Tausch- und Verhandlungspartner nicht mehr in Frage. Insofern besteht bei den Beratern das Interesse, das Qualifizierungsproblem bzw. den Beratungsbedarf nicht ein für allemal zu lösen. Gemeinhin nimmt man an, dass sich die Berater das Transparentmachen ihrer Problemlösungskompetenz über eine entsprechende Honorarzahlung entgelten lassen. Was aber, wenn die Berater, wie in diesem Fall, ein ganzes Bündel von Interessen verfolgen, das sich mit der Honorarzahlung allein nicht befriedigen lässt? Dann werden Beratungsprozesse zu Verhandlungsprozessen, in denen immer auch, aber nicht nur, das Interesse der Klienten im Vordergrund steht.

Vor diesem Hintergrund stellt sich die Frage, wie eine mikropolitische Aspekte berücksichtigende Qualifizierung in Veränderungsprozessen dann aussehen kann?

Ortmann u. a. (1990, 486f.) schlagen vor, allerdings mit Blick auf die Einführung moderner Informationstechnik, bei der Konzipierung innerbetrieblicher Fort- und Weiterbildung auch an so etwas wie Qualifizierung in mikropolitischer Hinsicht zu denken, gerade dann, wenn es um kollektives Lernen im Zuge weitreichender betrieblicher Transformationsprozesse geht. Erst wenn Akteure – zum Beispiel durch mikropolitisch tragfähige Anreizstrukturen – an einer breiten Qualifizierung interessiert werden können, wird sie an Relevanz gewinnen. Damit ist nicht gemeint, dass eine mikropolitisch aufgeklärte Qualifizierung das Problem der Macht aus der Welt schaffen könnte. Aber die Akteure könnten durch die Reflexion der mikropolitischen Verfasstheit bestimmter Handlungskonstellationen als Kollektiv lernen, ihre Probleme und Interessenlagen neu zu definieren und auf diese Weise das Spiel ihrer konflikthaften Zusammenarbeit neu und offener zu gestalten – auch hier im Sinne einer Wette auf noch nicht genutzte Potentiale (vgl. Friedberg 1995, 386). Kollektives Lernen via mikropolitischer Reflexion bleibt aber auch hier eine vom Scheitern bedrohte Option, den Interaktionsprozess der Akteure in eine neue, „viablere" (Ortmann 1995) Richtung zu lenken (vgl. Friedberg 2003a, 100).

4. Fazit

Eine solche mikropolitische Sichtweise, darauf kam es mir an, bewahrt vor allzu funktionalistischen und (sozial)technologisch vereinfachten Interpretationen von Beratung in/von Organisationen, die bislang sowohl das Selbst- als auch das Fremdverständnis von Beratung prägen. Die hier, in Anlehnung an Friedbergs Banalisierung von Organisation, vorgeschlagene Banalisierung von Beratung heißt dann zuzugestehen, dass sich während eines Beratungsprozesses zunächst einmal genau die sozialen Prozesse abspielen, die auch für andere organisierte Handlungssysteme kennzeichnend sind. Prinzipiell unterscheidet sich Beratung nicht von anderen sozialen Ordnungen. Umstandslos eine „Reflexivitätssteigerung durch Organisationsberatung?" (Springer 1997) – Springer setzt hier immerhin ein Fragezeichen – anzunehmen, ist vor dem Hintergrund des hier untersuchten Beratungsfalles fragwürdig.

Der sich hier verfestigende Eindruck ist, dass Beratung bislang kein ausgeprägtes Sensorium für die zentralen machtpolitischen Aspekte von organisationaler Veränderung hat. Das gilt sowohl für die Wahrnehmung der ‚Klientenorganisation' als mikropolitischer Arena als auch für die Konzeption von Beratung als immer auch machtvollem Handeln (vgl. Kühl 2001c; Iding 2001). Nach alldem wird verständlich, dass es bis auf weiteres durchaus konstruktiv sein kann, die Beratung von Unternehmen als Problem zu betrachten und nicht vorschnell in der Beratung von Unternehmen die Lösung organisationaler Probleme zu sehen. Gelingende Beratung ist voraussetzungsvoll, wenn mit ihr tatsächliche Verhaltensänderung und, damit verbunden, Veränderungen in der Spiellogik eines Handlungssystems erreicht werden sollen. Minssen (1998, 68) spricht in einem ähnlichen Zusammenhang von gelingender Beratung als eher unwahrscheinlichem Fall. Vor welchen Herausforderungen und Schwierigkeiten Beratung tatsächlich steht, hat die hier vorgelegte mikropolitische Analyse einer konventionellen Organisationsentwicklung gezeigt, wo mikropolitisch ‚naive' Reformer auf ‚naive' Berater getroffen sind. Ihr unrealistischer Veränderungsoptimismus und ihre Unterschätzung der sozialen Komplexität und Konflikthaltigkeit ihres Reformvorhabens haben zu Krisen geführt, die organisationales Lernen weitgehend ausgeschlossen haben. Auch wenn der beschriebene Beratungsverlauf sich wie ein grotesker Sonderfall ausnimmt, ist die These nicht allzu gewagt, dass zahlreiche Reformprojekte einen ähnlich kritischen Verlauf nehmen. Unternehmens- und Beratungskrisen dieser Art scheinen alltäglicher zu sein als bislang angenommen und das Scheitern der dann in Anschlag gebrachten normativen ‚Krisenbewältigungsszenarien' ist mittlerweile ein offenes Geheimnis (vgl. Kühl 2000; Kühl 1998).

Zusammengefasst beinhaltet eine mikropolitische Betrachtung von Beratung ein Plädoyer für mehr Reflexivität, was die soziale Verfasstheit von Unternehmen und ihre Beratung betrifft (vgl. Moldaschl 2001). Eine solche Sichtweise führt zu einer bescheideneren, aber auch realistischeren Einschätzung der Möglichkeiten und Grenzen einer (auch mikropolitisch aufgeklärten) Beratung von Unternehmen, macht sie doch die unumgängliche Kontingenz eines solchen Vorhabens deutlich und berücksichtigt die Autonomie der Akteure und die besonderen Spielregeln eines sozialen Feldes. Denn es gilt nach wie vor: „Die Schwierigkeit dabei ist, dass man lernen muss, in unbestimmten Wechselbeziehungen, in provisorischen und fließenden Strukturen, in unklaren, verschwommenen und mehrdeutigen Grenzen zu denken, dass man auch – und vielleicht vor allem – dazu gezwungen ist, den begrenzten Charakter unseres Wissens zu akzeptieren." (Friedberg 1995, 326) Ob in diesem Sinne eine neue Managementbzw. Beratungslogik entsteht, wie Crozier (1992, 1996) glaubt, bleibt abzuwarten. Noch befindet sie sich in den Anfängen, und die „Idee des Individuums" (Brunsson 1993) als rationalem Akteur, so unrealistisch sie auch sein mag, strahlt immer noch eine enorme Anziehungskraft aus. Es gehört schon einiges dazu, einen Beratungsprozess ‚bloß' als eine Wette auf die Nutzung von bisher noch nicht genutzten Kompetenzen und Ressourcen zu betrachten, wenn vermeintlich klare Lösungen gefragt sind.

Literatur

Brunsson, N. (1993): Organizational Individuality and Rationality as Reform Content, in: N. Brunsson/ J. P. Olsen (Hg.): The Reforming Organization, London, 60-87.

Crozier, M. (1992): Entsteht eine neue Managementlogik?, in: Journal für Sozialforschung, Jg. 32, 131-140.

Crozier, M. (1996): Bounded Rationality, Hyper-Rationalization and the Use of Social Science Knowledge, in: M. Warglien/ M. Masuch (Hg.): The Logic of Organizational Disorder, Berlin, 193-198.

Crozier, M./ Friedberg, E. (1993): Die Zwänge kollektiven Handelns. Über Macht und Organisation, Frankfurt/Main.

Czarniawska-Joerges, B. (1990): Merchants of Meaning. Management Consulting in the Swedish Public Sector, in: B. A. Turner (Hg.): Organizational Symbolism, Berlin, S. 139-150.

Doppler, K./ Lauterburg, C. (1997): Change Management. Den Unternehmenswandel gestalten, 6. Aufl., Frankfurt/Main.

Fatzer, G. (1987): Ganzheitliches Lernen. Humanistische Pädagogik und Organisationsentwicklung, Paderborn.

Faust, M./ Jauch, P./ Brünnecke, K./ Deutschmann, C. (1994): Dezentralisierung von Unternehmen. Bürokratie- und Hierarchieabbau und die Rolle betrieblicher Arbeitspolitik, München.

French, W./ Bell, C. (1994): Organisationsentwicklung. Sozialwissenschaftliche Strategien zur Organisationsveränderung, 4. Aufl., Stuttgart.

Fricke, E./ Notz, G./ Schuchardt, W. (1982): Beteiligung im Humanisierungsprogramm. Zwischenbilanz 1974-1980, Bonn.

Friedberg, E. (1995): Ordnung und Macht. Dynamiken organisierten Handelns, Frankfurt/Main.

Friedberg, E. (2003a): Mikropolitik und Organisationelles Lernen, in: H. Brentel/ H. Klemisch/ H. Rohn (Hg.): Lernendes Unternehmen. Konzepte und Instrumente für eine zukunftsfähige Unternehmens- und Organisationsentwicklung, Wiesbaden, 97-108.

Friedberg, E. (2003b): Macht und Veränderung in Organisationen, in: G. Sandner/ U. Schönbauer (Hg.): Unternehmensreorganisation und Arbeitnehmerinteressenvertretung. Analysen und Strategien nach den Managementskandalen, Wien, 101-132.

Hammer, M./ Champy, J. (1994): Business Reengineering. Die Radikalkur für das Unternehmen, Frankfurt/Main.

Herbold, R./ Kämper, E./ Krohn, W./ Vorwerk, V. (1997): Innovation in partizipativen Akteursfigurationen. Abfallwirtschaft im Spannungsfeld von Technik, Normung und Akzeptanz, in: M. Birke/ C. Burschel/ M. Schwarz (Hg.): Handbuch Umweltschutz und Organisation, München, 434-464.

Howaldt, J. (1996). Industriesoziologie und Organisationsberatung. Einführung von Gruppenarbeit in der Automobil- und Chemieindustrie. Zwei Beispiele, Frankfurt/Main.

Iding, H. (2000): Hinter den Kulissen der Organisationsberatung. Qualitative Fallstudien von Beratungsprozessen im Krankenhaus, Opladen.

Iding, H. (2001): Hinter den Kulissen der Organisationsberatung. Macht als zentrales Thema soziologischer Beratungsforschung, in: N. Degele/ T. Münch/ H. J. Pongratz/ N. J. Saam (Hg.): Soziologische Beratungsforschung. Perspektiven für Theorie und Praxis in der Organisationsberatung, Opladen, 71-86.

Klatt, R. (1995): Moderne Betriebsratsarbeit im Großbetrieb – Ein Fallbeispiel, in: Arbeit, Jg. 4, 388-407.

Kotthoff, H. (1994): Betriebsräte und Bürgerstatus. Wandel und Kontinuität betrieblicher Mitbestimmung, München.

Kotthoff, H. (1995): Betriebsräte und betriebliche Reorganisation. Zur Modernisierung eines 'alten Hasen', in: Arbeit, Jg. 4, 425-447.

Kotthoff, H. (1998): Mitbestimmung in Zeiten interessenpolitischer Rückschritte. Betriebsräte zwischen Beteiligungsofferte und 'gnadenlosem Kostensenkungsdiktat', in: Industrielle Beziehungen, Jg. 5, 76-100.

Kühl, S. (1998): Von der Suche nach Rationalität zur Arbeit an Dilemmata und Paradoxen. Ansätze für eine Organisationsberatung in widersprüchlichen Kontexten, in: J. Howaldt/ R. Kopp (Hg.): Sozialwissenschaftliche Organisationsberatung. Auf der Suche nach einem spezifischen Beratungsverständnis, Berlin, 303-322.

Kühl, S. (2000): „Rationalitätslücken" als Ansatzpunkt der Organisationsberatung, unveröffentlichtes Manuskript.

Kühl, S. (2001a): Zentralisierung durch Dezentralisierung. Paradoxe Effekte bei Führungsgruppen, in: Kölner Zeitschrift für Soziologie und Sozialpsychologie, Jg. 53, 467-496.

Kühl, S. (2001b): Die Heimtücke der eigenen Organisationsgeschichte. Paradoxien auf dem Weg zum dezentralisierten Unternehmen, in: Soziale Welt, Jg. 52, 383-402.

Kühl, S. (2001c): Professionalität ohne Profession. Das Ende des Traums von der Organisationsent-wicklung als eigenständiger Profession und Konsequenzen für die soziologische Beratungsdis-kussion, in: N. Degele/ T. Münch/ H. J. Pongratz/ N. J. Saam (Hg.): Soziologische Beratungs-forschung. Perspektiven für Theorie und Praxis in der Organisationsberatung, Opladen, 209-237.

Küpper, W./ Ortmann, G. (1992): Mikropolitik. Rationalität, Macht und Spiele in Organisationen, Opladen.

Luhmann, N. (2000): Organisation und Entscheidung, Opladen.

Mingers, S. (1996): Systemische Organisationsberatung. Eine Konfrontation von Theorie und Praxis, Frankfurt/Main.

Minssen, H. (1991): Rationalisierung in der betrieblichen Arena. Akteure zwischen inneren und äußeren Anforderungen, Berlin.

Minssen, H. (1998): Soziologie und Organisationsberatung – Notizen zu einem komplizierten Ver-hältnis, in: J. Howaldt/ R. Kopp (Hg.): Sozialwissenschaftliche Organisationsberatung. Auf der Suche nach einem spezifischen Beratungsverständnis, Berlin, 53-72.

Minssen, H. (2001): Kooperation und Konflikt – der Fall Gruppenarbeit, in: J. Abel/ H. J. Sperling (Hg.): Umbrüche und Kontinuitäten. Perspektiven nationaler und internationaler Arbeitsbezie-hungen, München, 83-100.

Moldaschl, M. (2001): Reflexive Beratung. Zu einer Theorie des Beratungshandelns jenseits des strategischen und des systemischen Modells, Vortragsmanuskript.

Muhr, T. (2004): Beratung und Macht. Mikropolitische Fallstudie einer Organisationsberatung, Bielefeld.

Neuberger, O. (1994): Personalentwicklung, 2. Aufl., Stuttgart.

Ortmann, G. (1995): Formen der Produktion. Organisation und Rekursivität, Opladen.

Ortmann, G./ Windeler, A./ Becker, A./ Schulz, H.-J. (1990): Computer und Macht in Organisatio-nen. Mikropolitische Analysen, Opladen.

Springer, R. (1997): Reflexivitätssteigerung durch Organisationsberatung? Zur Aufgabe und Rolle der Industriesoziologie im industriellen Transformationsprozeß. In: Arbeit, Jg. 6, 33-49.

Vincent, J.-M. (1999): Qualifizierung für Gruppenarbeit in kleinen und mittleren Unternehmen. Ein Leitfaden für Personal- und Bildungsverantwortliche, Bielefeld.

Wimmer, R. (2001): Organisationsberatung – eine 'unmögliche' Dienstleistung, in: T. M. Bardmann/ T. Groth (Hg.): Zirkuläre Positionen 3. Organisation, Management und Beratung, Wiesbaden, 197-220.

Mythos, Mode, Machtmodell. Konzepte der Organisationsberatung als pädagogisches Wissen am Markt

Susanne Maria Weber

1. Die Untersuchung des Pädagogischen Wissens

Eine Untersuchung der Zusammenhänge zwischen Beratung, organisationalem Lernen und Macht kann an ganz unterschiedlichen Punkten ansetzen. Der folgende Beitrag schlägt drei aufeinander bezogene und ineinander greifende Rekonstruktionen dieses Verhältnisses vor, indem er sich dem Gegenstand von der Seite des pädagogischen Wissens her nähert. Dieses wird erstens in seiner Funktionsweise als den Moden am Markt der Organisationsentwicklung und Beratung unterworfen verortet und zweitens in seinem Wirkungsmodus als Ritual- und Mythenwissen auf der Ebene der Organisationstransformation genauer bestimmt. Diese beiden Perspektiven erlauben jedoch nicht bereits, die Frage nach dem Verhältnis von pädagogischem Wissen und Macht aus einer diskursanalytischen Perspektive zu beantworten. Mit Hilfe der Foucaultschen Gouvernementalitätsanalyse kann das pädagogische Wissen als Regierungs-, Normalisierungs- und Subjektivierungswissen genauer bestimmt werden (Weber/ Maurer 2006).

Eine solche Rekonstruktion des Verhältnisses von Beratung, Macht und organisationalem Lernen schließt an den Bemühungen um reflexive und kritische Zugänge zu normativen pädagogischen Konzepten an. Sie knüpft an der bereits Anfang der 1990er Jahre formulierten Forderung an, das pädagogische Wissen analytisch zu untersuchen. Oelkers und Tenorth (1991) definieren pädagogisches Wissen als

„jene nach Themen und Focus von anderem Wissen unterscheidbaren, symbolisch repräsentierbaren Sinnstrukturen, die Erziehungs- und Bildungsverhältnisse jeder Art implizit oder explizit organisieren, dabei eine zeitliche, sachliche und soziale Schematisierung einer Praxis erzeugen, die als „pädagogisch" selbst bezeichnet wird und so auch durch Beobachter beschreibbar ist. Über pädagogisches Wissen läßt sich der Sinn dieser Praxis gemäß der ihr eigenen Rationalität verstehen und auch im Blick auf Funktionen und Effekte analysieren; das Ergebnis solcher Anstrengungen läßt sich sogleich von dieser Praxis ablösen, als Text kodifizieren und selbständig tradieren und erörtern. Das gesamte Feld ist nie einheitlich strukturiert und kann entsprechend nur plural beschrieben werden. Die Ränder des Feldes sind vage, weil sich die Grenzen nur locker fügen lassen" (Oelkers/ Tenorth 1991, 29).

Dem plural verfassten und uneinheitlicher werdenden Feld des Pädagogischen geht auch Kade (1997) nach und kennzeichnet die über das institutionell verfasste System pädagogischer Institutionen hinausgehende Entgrenzung und Universalisierung des pädagogischen Wissens. Neue pädagogische Arrangements lassen die Gestalt des Pädagogischen vielfältiger werden. Statt „eindeutiger Orientierungen und stabiler Handlungsmuster" treten hier „dynamische Gemengelagen von Gewissheit und Ungewissheit, von Wissen und Nichtwissen, von Sicherheit und Unsicherheit" auf (Helsper/ Hörster/ Kade 2003, 18). Die Forderung einer sich reflexiv verstehenden Erziehungswissenschaft lautet daher, das Pädagogische in „widersprüchlich strukturierten Feldern" zu untersuchen, die zur „Problemvorgabe und Kennzeichen pädagogisch-orientierender Gestaltung und erziehungswissenschaftlicher Reflexion" (ebd., 8) werden.

Ein solches widersprüchliches Feld stellt auch der Markt der Organisationsberatung dar (Weber 2005a). Insbesondere das Feld der prozessorientierten Organisationsentwicklung und systemischen Organisationsberatung nimmt pädagogische Denkfiguren in universalisierter Weise auf und prozessiert sie in Beratungskonzepte und Methoden. Dass es sich hier um pädagogisches Wissen handelt, wird offensichtlich bereits angesichts der Leitbegriffe führender Konzepte in diesem Bereich, die das „Lernen" bereits im Titel mitführen – so etwa der Ansatz „der lernenden Organisation" (Senge 1990, 1997). Wie sich zeigt, ist das pädagogische Wissen am Markt der Vernutzung und Alterung anheim gestellt. Die einander abwechselnden und ablösenden Moden der Beratung dynamisieren und temporalisieren seine Existenz.

2. Pädagogisches Wissen in den Moden des Beratungsmarktes

Mit der prozessualen Rekonstruktion der Managementmoden und Managementwellen am Beratermarkt beschäftigt sich Stefan Kühl (2000, 40f.). Er vertritt den Ansatz des „Produktlebenszyklus" von Managementwissen und beschreibt den Prozess der – zunehmend schnelllebiger werdenden – Alterung, Abnutzung und Transformation folgendermaßen: Zu Beginn einer neuen Managementmode etabliert sich ein Unternehmensmodell in der Form des Glaubens. „Anfangs ist es durch Lobpreisungen, Erfolgsgeschichten und Rezepte so abgesichert, dass jede grundlegende Kritik als Ketzerei betrachtet wird. Wer es wagt, in der Anfangsphase auf die blinden Flecken des neuen, als rational erscheinenden Unternehmensmodells hinzuweisen, wird in der Regel ignoriert oder diskriminiert". Allerdings nützt sich das Modell durch den Einsatz in der Praxis ab. „Die Originalität geht verloren. Die anfangs überschwänglichen Hoffnungen werden enttäuscht und das Modell verliert an Glanz. In dieser Phase ist Kritik willkommen und fällt leicht." Nun werden die Unsicherheiten, die eingangs ausgeblendet wurden, um das Unternehmensmodell als rational präsentieren zu können, ausgeleuchtet. Damit zerbricht das „alternde Unternehmensmodell" und wird ersetzt durch eine neue Mode. Der Beratermarkt und die Protagonisten dieser Wissensproduktionsmaschinerie wie Manager, Berater, Buchautoren, Wirtschaftsjournalisten und Kongressveranstalter wenden erhebliche Energie dafür auf, neue Trends zu setzen und „immer auf der Schaumkrone dieser Managementwellen zu surfen" und so „die Energie eines Organisationsleitbildes" voll nutzen zu können. Zwar könne man versuchen, „Modewellen zu verlängern", allerdings empfehle es sich, auslaufende Wellen zu verlassen und an die Spitze der nächsten Welle zu kommen (ebd.).

Am Beispiel der Großgruppenverfahren als Methoden der Organisationsentwicklung und systemischer Organisationsberatung lässt sich zeigen, dass dieser Zyklus auch für das pädagogisch und institutionell entgrenzte Wissen der Beratungsmethoden gilt (Weber 2005a). Diese treten Mitte der 90er Jahre als „neues Wissen" in den Markt der Organisationsberatung ein. Großgruppenverfahren wie „Open Space", „Zukunftskonferenz" und „RTSC" verstehen sich explizit als „Lernlaboratorien" für komplexe Lernprozesse und stellen unterscheidbare methodische Angebote und Arrangements dar. Als partizipative Lern- und Transformationsarrangements werden sie im Feld der humanistisch und systemisch orientierten Organisationsentwicklung und Prozessberatung rezipiert. Die oben angeführte Definition pädagogischen Wissens wird hier eingelöst, insofern sie Angebote sozialen Sinns repräsentieren und diesen in systematischer Weise bearbeiten. Sie sind in eine beschreibbare zeitliche, sachliche und soziale Strukturierung und Schematisierung eingebunden, die sich auf ihre Funktionen und Effekte hin untersuchen lässt. Großgruppenverfahren finden allerdings nicht mehr in rein institutionell-pädagogischen Kontexten statt, sondern werden in den unterschiedlichsten Organisationszusammenhängen angewandt. Im Rahmen einer Transformations-, Wissens- und Lerngesellschaft erlangen sie generalisierte und universalisierte Relevanz als Verfahren der Organisationsberatung und Organisationstransformation.

Die Verfahren können nicht nur selbst als pädagogisches Wissen gelten, sondern betten sich auch in eine pädagogische Argumentationsfigur und ein pädagogisches Modell des Organisierens und organisationalen Wandels ein, nämlich den vielfach bekannten Ansatz der „lernenden Organisation". Im Folgenden wird das Verhältnis von Großgruppenverfahren und dem Ansatz der „Lernenden Organisation" als das Verhältnis von „organisationalem Mythos" und dem ihn konkretisierenden „Ritual" rekonstruiert werden (Weber 2005a). Mit Blick auf den Produktlebenszyklus der Moden am Beratungsmarkt (Kühl 2000) funktionieren diese insbesondere auch über den Modus der Mythisierung „neuen" bzw. als

„neu" markierten Beratungswissens am Markt. Einerseits wird also das „neue" Wissen in den Beratungsmoden des Marktes überhöht und als „Heilswissen" mythisiert, andererseits lässt sich auch der Funktionsmodus des pädagogischen Wissens als mythisch-rituell umreißen.

3. Die „Lernende Organisation" als Mythos des Organisierens

Nach Kühl (2000, 40) tritt neues Beratungswissen am Markt generell in der Form des Glaubens auf und erhält den Status eines säkularreligiösen Heilswissens, das durch Lobpreisung und durch Erfolgsgeschichten abgesichert wird. Neuberger (1995) und Kieser (1996, 1997) untersuchen die Bedeutungskerne solcher mit Vertrauensvorschuss ausgestatteter Modelle. Sie schlagen vor, die Mythen der Führung, des Organisierens und der Organisationstheorien zu untersuchen, ohne diese aber ideologiekritisch „entlarven" zu wollen. Sie gehen nicht von einem aufdeckbaren „falschen Wissen" aus. Neuberger (1995) schlägt stattdessen einen Mythosbegriff im ursprünglichen Sinn einer tradierten heiligen Geschichte vor. In so verstandenen Mythen werden letzte Fragen in anthropomorphisierender Form beantwortet und als unbegreiflich-überwältigend verklärt (ebd., 1582).

Kieser (1997) zeigt die Funktionalität mythischer Gehalte für Managementwissen und Organisationstheorie auf und stellt Mythen – sowie ihre Konkretisierungen der Metaphern und Rituale – in den Zusammenhang hoher Aufgabenunsicherheit (ebd., 251). Hier erfüllten Mythen die Funktionen der Wirklichkeitsdeutung wie der Legitimation und Identitätsstiftung, der Modellierung von Handeln und der Kanalisierung von Entscheidungen. Mythen werden somit als produktiv angesehen, da sie eine neue Art des Sehens bereitstellten, von herrschenden Denkmustern befreiten und neue Ansichten ermöglichten (Neuberger 1995, 1584).

Der Ansatz der „lernenden Organisation" nach Peter Senge (1990, 1997) lässt sich in diesem Sinne als pädagogischer „Mythos des Organisierens" fassen, da die hier formulierten Lösungsversprechen erfolgreichen Organisierens, die impliziten Weltsichten und -interpretationen im Zentrum pädagogischer Diskurse anknüpfen. Die Prinzipien der Selbstorganisation, Gemeinschaftsbildung und Dialog entsprechen den Kernanliegen pädagogischen Denkens und auch Senges Vision geht vom Sozialen als Basis des Organisierens aus: „That is, it emphasizes the primacy of human relations, focusing on trust, caring, comradeship and humanity (Cragan/ Shields 1995, in: Jackson 2001, 119). Subjekte sollen persönliche Fähigkeiten entwickeln, Organisationskontexte sollen persönliche Entwicklung unterstützen (Personal Mastery). Organisationsentwicklung soll die inneren

Bilder der Welt reflektieren und sehen, wie sie unsere Handlungsweisen und Wünsche prägen (Mentale Modelle). In der „lernenden Organisation" soll „Commitment" und wechselseitige Verantwortung in der Gruppe aufgebaut werden (Geteilte Vision). Kollektive Denk- und Reflexionsfähigkeiten sollen so transformiert werden, dass Gruppen intelligenter handeln können (Teamlernen) und es sollen Wege des Denkens und Sprechens über das Verhalten von Systemen (Systemdenken) gefunden werden, die Systeme effektiver zu machen und mehr im Gleichklang mit den natürlichen und ökonomischen Prozessen zu handeln.

Die „Lernende Organisation" stellt den ideellen und normativen Boden für die Verfahren systemischer Organisationsberatung her, die Mitte der 1990er Jahre als Heilsversprechen „schnellen Wandels" mythisiert werden. Die Akzeptanz des Organisationsmythos organisationalen Lernens ermöglicht den Großgruppenverfahren, als die materielle Praxis dieses Organisationsmodells Geltung zu erlangen.

4. „Schneller Wandel" – Die Großgruppenverfahren als Heilsversprechen und Rituale der Transformation

Ab Mitte der 90er Jahre werden Verfahren wie „Open Space", „Zukunftskonferenz" oder „RTSC" am deutschsprachigen systemisch orientierten Beratermarkt bekannter. Sie gelten als Verfahren, die Partizipation im großen Stil erlauben (zur Bonsen 1995; Königswieser/ Keil 2000). Ihr Einsatz wird besonders dann empfohlen, wenn komplexe Frage- und Problemstellungen vorliegen, die von Einzelnen nicht gelöst werden können und für deren Lösung viele Menschen als WissensträgerInnen einbezogen werden müssen. Indem die Alltagserfahrungen und das Wissen aller Beteiligten integriert werden, zielen Großgruppenverfahren auf die Förderung der Kommunikation, auf die Fruchtbarmachung impliziten Wissens und die Beteiligung aller (Weber 2000b, 2002, 2005a, b). Zentrale Qualitäten der Großgruppenverfahren werden darin gesehen, dass sie Ressourcen hervorbringen, dass sie sich selbst organisierende Systeme energetisieren und dass sie Menschen unterschiedlichster Hierarchieebenen, Bereiche und Zuständigkeiten motivieren. Sie gelten als Verfahren für effektives Wissensmanagement und soziales Lernen, als stärkend für individuelle und kollektive Verantwortung sowie die gemeinsame Entwicklung kreativer neuer Lösungen. Großgruppenverfahren werden in der US-amerikanischen Literatur, auf die auch im deutschen Sprachraum zurückgegriffen wird, paradigmatisch neue Qualitäten zugeschrieben. Dies wird in der folgenden Gegenüberstellung des „alten" und des „neuen" Paradigmas bei Bunker/ Alban (1997) deutlich.

Altes Paradigma:	Neues Paradigma:
Sequentieller Wandel	Simultaner Wandel
Teilsysteme in einem Raum	Das ganze offene System in einem Raum
Arbeit an Einzelthemen	Zielentwicklung offen für Beiträge von allen
Oft problemorientiert	Zielorientiert
Diagnose des Umfelds durch Wenige (Projektteams, BeraterInnen...)	Diagnose der Organisation durch alle
Kontrollorientiert	Aufgabe von Kontrolle im engen Sinne, Gewinn von Kontrolle durch Kontextsteuerung
Langsamer Wandel	Schneller Wandel

Tab. 1: Übersicht des „alten" und „neuen" Paradigmas (Bunker/ Alban 1997, 9)

Als Kennzeichen der Großgruppenverfahren im systemischen Paradigma wird gesehen, dass sie lösungs- und zielorientiert statt defizit- und problemorientiert ansetzen. Sie zielen darauf ab, möglichst viele Personen in die Ermittlung der „Ist"-Situation einzubeziehen und ebenso viele Personen auch für die Ermittlung der „Soll"-Situation zu berücksichtigen. Es werde nicht direkte Kontrolle, sondern Kontextsteuerung ausgeübt. Auf diese Weise lasse sich „schneller Wandel" erzielen – so der mit Großgruppenverfahren verbundene Anspruch.

Dem Kriterium der Mythisierung neuen Wissens als Heilswissen entspricht die Gegenüberstellung „alter" und unzulänglicher gegen „neuer", „guter" und „verheißungsvoller" Modelle. So steht das gute neue Beratungswissen zum Zeitpunkt seiner Einführung als Verheißung „schnellen Wandels" von Systemen im Raum. Die oben genannten Dimensionen von Peter Senges „Lernender Organisation" finden sich hier in methodisierter Form wieder: So zeigt sich das Kriterium der „persönlichen Entwicklung" („personal mastery") in den Prozess- und Strukturannahmen der Großgruppenverfahren. So gilt die Gruppe bzw. jeder Einzelne als verantwortlich für das Gelingen der Veranstaltung. Die von Senge eingebrachte Dimension der „mentalen Modelle" wird methodisch-didaktisch aufgegriffen im Grundprinzip der Perspektivität und der Sichtbarmachung unterschiedlicher Rekonstruktionen von Welt. Die Dimension der „geteilten Vision" wird methodisch unterstützt durch nicht zu straffe Interventionsdesigns, die Selbstorganisation und dialogisches Lernen zulassen. Die Dimension des „Teamlernens" wird in den Großgruppenverfahren methodisch angelegt im Sinne forschenden Erkundens. Die Dimension des „Systemdenkens" soll befördert werden durch den dialogischen Austausch des gesamten Systems und die Fokussierung auf Lösungen und Zukunft statt auf Probleme und Vergangenheit.

Böhme (2004) fasst Mythen als Ausdrucksgestalten eines organisationskulturell Imaginären (ebd., 232) und als „Geltungsquelle von Idealkonstruktionen eines krisenfreien Anderen" (ebd., 233). Großgruppenverfahren als Übergangsrituale lassen sich dann fassen als Spielräume für die Arbeit am Mythos der lernenden Organisation. Als rituelle Handlungen machen sie die Imaginationen des Mythos mimetisch erfahrbar. Mittels ihrer performativen Ritualpraxis inszenieren und konstituieren Großgruppenverfahren das Neue, die Gemeinschaft, den dialogischen Prozess. Mythos und Rituale der Organisationstransformation stehen damit in einem wechselseitigen Verweisungszusammenhang (Kieser 1996, 29). In diesem Sinne sind Großgruppenverfahren kultische Handlungen, die auf vorreflexive Weise Reflexivität bearbeiten. Sie sind nicht nur performative Inszenierungen von Gemeinschaft und mythische Vergewisserungsstrategien gegen die Ungewissheit der Welt, sondern auch produktive Rituale des Übergangs und der Innovation. Die Verfahren sind generativ im Hinblick auf die Herstellung von Neuem, sie sind konjunktiv im Sinne ihrer gemeinschaftsbildenden Funktion und sie sind konstitutive Transformationsrituale für die Herstellung neuer Geltungszusammenhänge. Als funktionale Inszenierungen geht es hier um Zuschauen und Teilnehmen gleichzeitig. Als kulturelle Aufführungen und Arrangements sind Großgruppenverfahren Makro-Rituale, die expressiv und symbolisch das neue, gute Modell des Organisierens räumlich in Szene setzen und explizit theatral inszenieren. Sie sind instrumentell – auch, indem sie den Raum zum Nicht-Instrumentellen öffnen. Sie gewinnen ihre Besonderheit nicht durch eine repetitive, sondern eine singuläre, herausgehobene Qualität. Sie weisen Dramaturgie hinsichtlich ihrer Konstruktion, Akteure, Rollen und Abläufe auf. Sie sind öffentlich, indem sie Öffentlichkeiten schaffen und mit Öffentlichkeiten arbeiten. Sie sind operational, indem sie den Mythos des Organisierens in Inszenierungen und symbolische Praxen übersetzen. Sie sind institutionell, insofern sie im Rahmen von organisationalen und institutionellen Veränderungsprozessen eingesetzt werden. Sie inszenieren in performativen Praxen kollektiv geteiltes Wissen und bringen auf diese Weise kollektiv geteilte Handlungspraxis hervor. Sie inszenieren und konstituieren gemeinschaftliche Ordnung. Sie bieten und entwerfen neue Modelle für Selbstinterpretation und kollektive Herstellung neuer Selbstbeschreibungen. In ihrem herausgehobenen Charakter sind sie ostentativ, da sie nicht der Alltagssituation entsprechen (Kolenaty/ Weber 2003), sondern als Übergangsräume (Weber 2005a) einen spezifischen Ausnahmestatus der Differenz symbolisieren und bearbeiten. Sie „rahmen" den Fluss der Zeit in spezifische intentionale Entscheidungssituationen und sie gestalten Übergänge auf der Makro-Ebene kollektiver Kulturen und Strategien. Sie sind eingebunden in Machtbeziehungen und strukturieren soziale Wirklichkeit. Gerade die performative und inszenatorische Praxis von Großgruppenverfahren ist geeignet, soziale Ordnungen und Hierarchien zu re-inszenieren und zu re-organisieren. Ihre Aufführung bedarf des rituellen Wissens ihrer „Regisseure", der OrganisationsberaterInnen. Die hier stattfindende Differenzbearbeitung bezieht sich auf die Differenzen der Systemangehörigen, der Systemteile und der verschiedenen Handlungssysteme, die zu einem neuen System werden sollen. Differenz bezieht sich im zeitlichen Sinne auf die Differenz zwischen Gegenwart und Zukunft, zwischen Organisation und dem neuen – mythischen – Modell des Organisierens.

Bezogen auf den Funktionsmodus als pädagogisches Wissen, lassen sich die Verfahren als Makrorituale der Organisationstransformation fassen (eingehend dazu siehe Weber 2005a, b), die den Mythos der lernenden Organisation in soziale und performative Praxis übertragen. Diese Praxis wird in allen gesellschaftlichen Handlungssituationen komplexer Transformation universell methodisiert einsetzbar.

5. Aufgesang und Abgesang pädagogischen Wissens am Markt

Im Kontext des allgemeinen Trends zur Beratungsgesellschaft und des damit einhergehenden Booms der Organisationsberatung (Ittermann 1998; Fauser 1993) nimmt das „neue Beratungswissen" ab Mitte der 1990er Jahre eine rasante Entwicklung (Weber 2005 a, b). Nutzung und Anwendung der Großgruppenverfahren findet in allen gesellschaftlichen Handlungsfeldern statt und weitet sich im deutschen Sprachraum aus (Weber 2005 a, b). Wie in Trend-Erhebungen über mehrere Jahre empirisch gezeigt werden konnte, hat das pädagogische Methoden-Wissen Erfolg. Am Markt der Konzepte und Interventionsmoden (Neuberger 1987) wird es identifizierbar und vermarktbar. Allerdings ist es im Zyklus der Wissensgenerierung, Wissensreformulierung und -transformation selbst dem Wissensverfall und der Veralltäglichung ausgesetzt. Was quantitativ als „Erfolgsstory" der breiten Diffusion und Anwendung zu lesen ist, erweist sich als dem Risiko qualitativer Diffusität ausgesetzt. (Weber 2005b).

So zeichnet sich allmählich ab, wie die Verfahren den Zenit kollektiver Aufmerksamkeit am Beratungsmarkt überschreiten und im Rahmen des Produktlebenszyklus nun allmählich ins Stadium des Zweifels eintreten. Hier wird das ehemalige Heils-Wissen der Überprüfung und Evaluation ausgesetzt, der Einzelfall und seine Evaluierbarkeit kommen in den Blick. Die Prozessevaluation des Verfahrens Zukunftskonferenz im Rahmen eines komplexen Transformationsprojektes regionaler Vernetzung zeigt nun deutlich, dass die Verfahren in komplexen Transformationsprozessen an ihre Grenzen stoßen, insofern sie keine Garantien für Transformationserfolg bieten können (Weber 2005 a). Werden sie nicht eingebettet in einen konsistenten Prozess komplexen Organisierens, politischer Unterstützung, Willenserklärungen und Taten regionaler Akteure, bleibt das Übergangsritual seines Kontexts entkleidet und nicht in einen konsistenten

Prozess pädagogischen Organisierens eingebettet, kann Transformation nicht garantiert werden. Im Kontext regionaler Transformation droht „Governance failure". Verschwinden die Verfahren damit im Nichts und tritt neues Modewissen an ihre Stelle? Im Rahmen des hier untersuchten Produktlebenszyklus wird deutlich, dass sich die Transformationsmode der Großgruppenverfahren in die neue, komplexere Mode regionaler Vernetzung und „governance" einbetten lässt. Ein neues Modell integriert die einzelnen Verfahren in ein komplexeres Regulierungsmodell.

Pädagogisches Wissen erweist sich somit als der Marktmacht unterworfen. Als Modus der pädagogischen Intervention konnten inszenatorische und rituelle Praxen identifiziert werden. Welche Erträge kann über diese Ergebnisse hinaus eine Analyse des pädagogischen Wissens als Regierungspraxis bieten? Eine gouvernementalitätsanalytische Perspektive untersucht den Zusammenhang von Beratung, organisationalem Lernen und Macht, indem nach dem Zusammenhang von Regierung, Normalisierung und Subjektivierung gefragt wird.

6. Rationalisierungen untersuchen: Ein pädagogischer Modus des Regierens

Im Gegensatz zu direkt auf Gesellschaft durchgreifenden Zugängen, wie wir sie bislang verfolgt haben und wie sie auch der oben eingeführten Definition des pädagogischen Wissens entsprechen, arbeitet eine gouvernementalitätstheoretische Perspektive im Anschluss an Foucault von einer epistemologischen Denkrichtung aus und untersucht diskursives Wissen als Machtwissen, das sich innerhalb von Dispositiven, also von Wissen verfügenden und „Platz anweisenden" Wissens bildet. Ein solches Diskurswissen ist durchaus sozialwissenschaftlich relevant, liegt aber auf einer anderen Ebene als die sozialwissenschaftliche Analyse von Wissen und Macht. Diesen grundlegend anderen Zugang verdeutlicht Foucault (1988, 66).

> „Die Kritik der auf Geisteskranke oder Verrückte ausgeübten Macht kann nicht auf die psychiatrischen Institutionen beschränkt bleiben: auch können sich jene, die die Strafmacht in Frage stellen, nicht mit der Denunziation der Gefängnisse als totaler Institution begnügen. Die Frage lautet: Wie werden solche Machtbeziehungen rationalisiert? Danach zu fragen ist der einzige Wege, der andere Institutionen daran hindert, mit denselben Zielen und denselben Wirkungen an ihre Stelle zu treten."

Foucaults Diskursbegriff bezieht sich damit auf die „diskursive Praxis" einer geregelten Produktion von Aussagen sowie das durch die Regeln charakterisierte Ordnungssystem selbst und nicht primär auf das institutionelle Handeln gesellschaftlicher Akteure und damit auf z.B. auf Strategien der Sozialintegration. Mit der Gouvernementalitätsperspektive wird die Analyse der „Führungen" ins Zentrum gestellt.

> „Die Menschen regieren: das war sie an die Hand nehmen, sie zu ihrem Heil geleiten – mithilfe einer detaillierten Führungstechnik, die eine Menge Wissen implizierte: Wissen über das Individuum, das man führte; Wissen über die Wahrheit, zu der man führte..." (Foucault 1992, 50)

Mit dem Begriff der Gouvernementalité (2004 ab, b) führt Foucault eine „neue Dimension in seine Machtanalyse ein, die es ermöglicht, Machtbeziehungen unter dem Blickwinkel von „Führung" zu untersuchen. Der Begriff der „Regierung" stellt ein Bindeglied zwischen strategischen Machtbeziehungen und Herrschaftszuständen" dar, vermittelt zwischen Macht und Subjektivität und bietet drittens ein wichtiges Analyse-Instrument zur Untersuchung der von Foucault immer wieder herausgestellten Macht-Wissen-Komplexe (Lemke/ Krasmann/ Bröckling 2000, 8).

> „Regierung verweist also auf zahlreiche und unterschiedliche Handlungsformen und Praxisfelder, die in vielfältiger Weise auf die Lenkung; Kontrolle, Leitung von Individuen und Kollektiven zielen und gleichermaßen Formen der Selbstführung wie Techniken der Fremdführung umfassen" (Foucault in Lemke/ Krasmann/ Bröckling 2000, 10).

Regierungspraktiken können an Körper, Organismus, Disziplin ansetzen ebenso wie an den Wünschen, dem Wollen der Subjekte. Als normalisierendes Wissen können sie von der Gesamtheit der Bevölkerung her wirken und das „Normale" und seine „Abweichungen" entlang der Normalitätsgrade regulieren. Das hier wirksam werdende Regierungswissen prallt nicht an den Subjekten ab, sondern wird als subjektivierende Praxis wirksam.

Mit einer solchen Analyseperspektive kommt das Pädagogische Wissen als Rationalisierung in den Blick. Die Programmatik der Organisationsentwicklung wird so als eine der „Oberflächen des Auftauchens eines Diskurses" lesbar. Eine eingehendere Untersuchung des Beratungswissens lässt einen pädagogischen Modus der Regierung erkennbar werden, eine normalisierende Praxis, die ausgehend von leitenden Bildern nachfolgen lässt und nicht mehr vorgibt sowie Subjektivierung hin zum Modell des „Unternehmers seiner und ihrer selbst" hin anlegt. In den sich in Organisationsentwicklungskonzepten aktualisierenden Wissensfiguren der „Autonomie", „Gruppe" und „Entwicklung des Selbst" lässt sich ein pädagogisches Wissen als Regierungspraxis rekonstruieren, das dem Modus des „Förderns und Entwickelns" entspricht (Weber 1998, 2000a, 2005c, 2006 a, b), wie die folgende Übersicht zeigt.

Organisa-tionstyp	Praxis	Modus	Gestalt	Das Pädago-gische	Kategorie Geschlecht	Das Sub-jekt
Bürokratie /"Staats-raison"	Der Befehl	Formalismus und Recht	Pyramide	Ausführen	Marginalisieren und ausgliedern	Befehls-empfänger
Clan/ „Policey"	Der Rat-schlag	Gemeinschaft und Moral	Kreis	Einfügen	Integrieren und marginalisieren	Herden-mitglied
Markt/ „Liberalis-mus"	Der Ansporn	Wettbewerb und Nutzen	Netz	Fördern und Entwickeln	Definieren und nutzen	Unternehmer seiner selbst

In der Geschichte der Gouvernementalité hat Foucault insbesondere drei Formen von Regierung untersucht: die Staatsräson, die „Policey" und den Liberalismus, deren Modus, Praxis und pädagogische Rationalisierungen in der vorliegenden Tabelle umrissen werden. Das in Organisationsentwicklung zur Geltung kommende pädagogische Wissen lässt sich damit als Marktwissen bestimmen, in dem das „Fördern und Entwickeln" die Steigerung der Leistungsfähigkeit zum Gegenstand hat und als subjektivierende Praxis den „Unternehmer seiner selbst" hervorbringt. Wie hier nur anzudeuten war, können die mit der Foucaultschen Gouvernementalitätsanalyse herausarbeitbaren Rationalisierungen Geltung beanspruchen – auch über die Moden des Marktes hinaus.

Literatur:

Bunker, B. B./ Alban, B. T. (1997): Large Group Interventions. Engaging the Whole System for Rapid Change. San Francisco.

Bröckling, U./ Krasmann, S./ Lemke, Th. (Hg.) (2000): Gouvernementalität der Gegenwart. Studien zur Ökonomisierung des Sozialen. Frankfurt/M.

Böhme, J. (2004): Die mythische Dimension in schulischen Ritualen: Rekonstruktion und Theoretisierung einer gescheiterten Performance. In: Wulf, Ch./ Zirfas, J. (Hg.): Beiheft Zeitschrift für Erziehungswissenschaft, 231-250.

Fauser, P. (1993): Beratung – Mythos oder Rationalitätsgewinn? In: Schönig, W./ Brunner, Ewald J. (Hg.): Organisationen beraten. Impulse für Theorie und Praxis. Freiburg., 181-208.

Foucault, M. (1988): Für eine Kritik der politischen Vernunft. In: lettre international, Berlin, 58-66.

Foucault, M. (1992): Was ist Kritik. Berlin.

Foucault, M. (2004a): Geschichte der Gouvernementalität. Band I. Sicherheit, Territorium, Bevölkerung. Frankfurt a.M.

Foucault, M. (2004b): Geschichte der Gouvernementalität. Band II. Die Geburt der Biopolitik. Frankfurt a.m.

Ittermann, P. (1998): Unternehmensberatung. Umrisse einer Wachstumsbranche. In: Howaldt, J./ Kopp, R. (Hg.): Sozialwissenschaftliche Organisationsberatung. Berlin, 183-200.

Gessner, W. (2003): Wissenschaft oder Mode? Das Dilemma der Managementkonzeptionen. In: Organisationsentwicklung. Heft Nr. 2/2003, 4-11.

Helsper, W./ Hörster, R./ Kade, J. (2003b): Einleitung: Ungewissheit im Modernisierungsprozess pädagogischer Felder. In: dies. (Hg.): Ungewissheit. Pädagogische Felder im Modernisierungsprozess. Weilerswist, 7- 20.

Jackson, B. (2001): Management Gurus and Management Fashions. A Dramatistic Inquiry. Routledge. London; New York.

Kade, J.(1997): Vermittelbar/nicht vermittelbar: Vermitteln: Aneignen. Prozess der Systembildung des Pädagogischen. In: Lenzen, D./ Luhmann, N. (Hg.): Weiterbildung im Erziehungssystem. Frankfurt a.M., 30-70.

Kieser, A. (1996): Moden und Mythen des Organisierens. In: Die Betriebswirtschaft. Jg. 56. Heft Nr. 1/1996, 21-39.

Kieser, A. (1997): Moden und Mythen des Theoretisierens über die Organisation. In: Scholz, Ch. (Hg.): Individualisierung als Paradigma. Stuttgart, 235-259.

Kolenaty, E./ Weber, S. (2003): Open Space trifft Organisation. Von Dilemmata und Übergängen zum polyvalenten Raum: In: Organisationsentwicklung. Heft Nr. 2/2003, 48-59.

Königswieser, R./ Keil, M. (Hg.) (2000): Das Feuer der großen Gruppen. Konzepte, Designs, Praxisbeispiele für Großveranstaltungen. Stuttgart.

Kühl, S. (2000): Das Regenmacher-Phänomen. Widersprüche und Aberglaube im Konzept der lernenden Organisation. Frankfurt a.m.; New York.

Lemke, Th./ Krasmann, S./ Bröckling, U. (2000): Gouvernementalität, Neoliberalismus und Selbsttechnologien. Eine Einleitung. In: Bröckling, U./ Krasmann, S./ Lemke, Th. (Hg.) (2000): Gouvernementalität der Gegenwart. Studien zur Ökonomisierung des Sozialen. Frankfurt a.M., 7-40.

Neuberger, O. (1995): Moden und Mythen der Führung. In: Kieser, A u.a. (Hg.): Handwörterbuch der Führung. Handwörterbuch der Führung. Stuttgart, 1495-1510.

Oelkers, J./ Tenorth, H.-E. (Hg.) (1991): Pädagogisches Wissen als Orientierung und Problem. In: Oelkers, J./ Tenorth, H.-E. (Hg.): Pädagogisches Wissen. Sonderheft der Zeitschrift für Pädagogik. 27. Beiheft. Weinheim; Basel, 13-35.

Senge, P. M. (1997): Die fünfte Disziplin. Kunst und Praxis der lernenden Organisation. Stuttgart. 4. Auflage. (1990).

Weber, S. M. (1998): Organisationsentwicklung und Frauenförderung. Eine empirische Analyse in drei Organisationstypen der privaten Wirtschaft. Königstein.

Weber, S. M. (2000a): Fördern und Entwickeln. Institutionelle Veränderungsstrategien und normalisierendes Wissen. In: Zeitschrift für Erziehungswissenschaft 3. Opladen, 411-428.

Weber, S. M. (2000b): Power to the people!? Selbstorganisation, Systemlernen und Strategiebildung mit großen Gruppen. In: Sozialwissenschaftliche Literaturrundschau Heft 41, 63-89.

Weber, S. M. (2002): Vernetzungsprozesse gestalten. Erfahrungen aus der Beraterpraxis mit Großgruppen und Organisationen. Wiesbaden.

Weber, S. M. (2005a): Rituale der Transformation. Großgruppenverfahren als pädagogisches Wissen am Markt. Habilitationsschrift.

Weber, S. M. (2005b): The dangers of success: The transition of Large Group Interventions from Innovation to Normalization in German-speaking Countries. In: Alban, B./ Bunker, B. (Ed.): Special Issue on Large Group Interventions. Journal of Applied Behavioral Science, 111-121.

Weber, S. M. (2005c): Selbstoptimierende Subjekte, Labor-Gesellschaft, Markt-Universität. Ein Essay aus gouvernementalitätstheoretischer Perspektive. In: Dzierzbicka, A./ Kubac, R./ Sattler, E. (Hg.): Bildung Riskiert. Erziehungswissenschaftliche Markierungen. Wien, 237-244.

Weber, S. M. (2006a): Gouvernementalität der „Schulgemeinde". Zwischen experimenteller Demokratie und Improvisationstechnologie". In: Weber, S./ Maurer, S. (Hg.): Gouvernementalität und Erziehungswissenschaft. VS Verlag. Wiesbaden, 77-100.

Weber, S. (2006b): Der „Intrapreneur" und die „Mutter". Pädagogische Gouvernementalität am Kreuzungspunkt von Ökonomie und Bevölkerung. In: Weber, Susanne und Maurer, Susanne (Hg.): Gouvernementalität und Erziehungswissenschaft. VS Verlag. Wiesbaden, 139-162.

Weber, S. M./ Maurer, S. (Hg.) (2006): Gouvernementalität und Erziehungswissenschaft. VS Verlag. Wiesbaden.

zur Bonsen, M. (1995): Simultaneous Change – Schneller Wandel mit großen Gruppen. In: Organisationsentwicklung Heft Nr. 4/1995, 30-43.

Personalentwicklung und Organisationslernen

Personalentwicklung als Quelle der Macht. Ergebnisse aus einer Untersuchung von Mitarbeitergesprächen

Ines Sausele

Mit Michel Foucault könnte man Personalentwicklung analog zur Disziplin als „Machtmechanismus" bezeichnen, über den ein Unternehmen die Individuen zu kontrollieren vermag (vgl. Foucault 2005, 228). In seinem Vortrag „Die Maschen der Macht" von 1976 beschreibt Foucault Disziplin als „Techniken der Individualisierung von Macht. Wie kann man jemanden überwachen, sein Verhalten und seine Eignung kontrollieren, seine Leistung steigern, seine Fähigkeiten verbessern? Wie kann man ihn an den Platz stellen, an dem er am nützlichsten ist? Darum geht es bei der Disziplin" (ebd.). Und eben darum geht es auch der Personalentwicklung als dem Teil betrieblicher Abläufe und Strategien, der auf die Verbesserung der Kompetenzen der Mitarbeiterschaft durch Lernen ausgerichtet ist. Dazu gehört, das spezifische Potential eines Mitarbeiters zu erkennen, ihn durch den Einsatz adäquater Maßnahmen zu fördern und schließlich auch ihn entsprechend seiner Kompetenzen einzusetzen (vgl. Neuberger 1991, 3f.). Dadurch werden gleichzeitig Rahmenbedingungen und Voraussetzungen für strategieumsetzendes und organisationales Lernen geschaffen.

Im Zuge von Technisierung und Spezialisierung wird der einzelne Mitarbeiter mit seinen spezifischen Kompetenzen kostbar für ein Unternehmen und deshalb erhaltenswert (vgl. Foucault 2005, 229). Personalentwicklung ist somit nicht nur eine Möglichkeit für ein Unternehmen, seine Mitarbeiter zu kontrollieren und effektiv einzusetzen, was für Foucault einen wesentlichen Grund für den Einsatz von Macht in westlichen kapitalistischen Gesellschaften überhaupt darstellt (vgl. ebd., 227f.); auch die Individuen in der Organisation profitieren von ihr: Aus Sicht der Führungskraft bedeutet Personalentwicklung eine Erhöhung oder zumindest den Erhalt der Funktionsfähigkeit der Bereiche und sichert so den Einfluss der Führungskräfte auf das Unternehmensgeschehen. Der Mitarbeiter erfährt durch einen Zugewinn an Wissen und Kompetenz, bspw. durch erfolgreiche Teilnahme an Weiterbildungsmaßnahmen, einen Zuwachs an Macht, denn, so Foucault, „[v]on jedem, der etwas weiß, können wir sagen, dass er Macht ausübt" (ebd., 239).

Im Folgenden wird am Beispiel der Analyse von Mitarbeitergesprächen gezeigt, wie der Zusammenhang von Personalentwicklung und Macht bzw. Qualifikation und Macht in einer pädagogisch-sozialen Einrichtung sowie einem Wirtschaftsunternehmen in Erscheinung tritt und welche Konsequenzen sich daraus für Lern- und Entwicklungsprozesse der beteiligten Akteure und der Organisation als Ganzer ergeben. Dazu wird zunächst der theoretische Bezugsrahmen zu den Themen Macht und Beratung (1) skizziert und ein Überblick über die Herkunft des zugrunde liegenden empirischen Materials (2) gegeben. Dieses wird schließlich in zwei Schritten vorgestellt: zunächst erfolgt die Erläuterung der organisatorischen Regeln und Verfahren im Hinblick auf Weiterbildung (3), um im Anschluss daran zeigen zu können, wie die Spielräume (4), die innerhalb dieser formalen Vorgaben entstehen, genutzt werden. Daraus werden die Konsequenzen für Lernprozesse in und von den Organisationen abgeleitet (5).

1. Handlungsspielräume

Jeder Akteur in einer Organisation verfügt über einen Handlungsspielraum, durch den er Macht über andere Akteure ausüben kann. Michel Crozier und Erhard Friedberg bezeichnen diesen Handlungsspielraum auch als Kontrolle über eine Ungewissheitszone (vgl. Crozier/ Friedberg 1993, 56). Eine der vier Hauptquellen von Macht in Organisationen sehen Crozier/ Friedberg in der „Expertise", also im „Besitz einer nur schwer ersetzbaren funktionalen Fähigkeit oder Spezialisierung" (ebd., 51). Weitere Machtquellen sind zweitens die Kontrolle über die Beziehungen zwischen einer Organisation und ihrer Umwelt und drittens die Kontrolle von Informationen und Kommunikationskanälen. Wie groß die Macht der einzelnen Akteure ist, hängt zum einen von den organisatorischen Regeln und Verfahren ab, die Crozier/ Friedberg als vierte Hauptquelle von Macht beschreiben (vgl. ebd., 53), und zum anderen davon, wie gut oder geschickt die Akteure die Ungewissheitszonen, die durch diese Regeln neu entstehen für sich zu nutzen wissen (vgl. ebd., 54).

Eine Chance auf einen Zugewinn von Macht haben also Mitarbeiter, die durch die Teilnahme an Personalentwicklungsmaßnahmen die Möglichkeit haben, ihre Kompetenzen zu erweitern. Macht im Sinne einer Kontrolle über Ungewissheitszonen haben gerade deshalb aber auch die Personalverantwortlichen, die den Mitarbeitern den Zugang zu Personalentwicklungsmaßnahmen ermöglichen können – oder diesen verweigern.

Je nach Organisationsform und Produktionstechnik verlaufen formale Kommunikations- und Informationsprozesse unterschiedlich (Rosenstiel 2000, 287). In hierarchisch geprägten Organisationen ist es in aller Regel die Führungskraft, die einen Wissensvorsprung gegenüber ihren Mitarbeitern hat und strukturell in der besseren Position ist. Aber auch innerhalb von Teams können einzelne Mitarbeiter ihr bspw. durch Erfahrung gewonnenes Wissen über Arbeitsprozesse oder über die Organisation für sich behalten oder es so einsetzen, dass ihr Einfluss in der Organisation gesichert bleibt. Das Zurückhalten von Informationen kann die eigene Macht erhöhen, behindert aber individuelle und organisationale Lernprozesse (Argyris/ Schön 2002, 32ff.).

Beratung im Kontext von Personalentwicklung sollte – sowohl aus der Sicht des Mitarbeiters, als auch aus der Sicht der Organisation – ressourcenorientiert sein (vgl. Nestmann 1997, 28). Ziel ist es, durch die Initiation von Lernprozessen, die Qualifikationsbasis des Mitarbeiters zu vergrößern und dadurch die Handlungsmöglichkeiten des Mitarbeiters zu erweitern.

Auch das traditionell pädagogische Verständnis von Beratung als „kritischer Aufklärung" sieht Beratung eine Erweiterung von Handlungsspielräumen: Die Ratsuchenden, so die Annahme aus den Arbeiten von Müller und Mollenhauer (1965), erwarten keine Vorschriften und Maßnahmen, sondern sind zu „selbständiger Entscheidung und Lebensführung fähig" (ebd., 27). Sie erhoffen sich Anregungen, Orientierungen und die Möglichkeit zur Selbstreflexion (vgl. ebd., 30f.). Die ethische Grundbindung an die Aspekte der Freiheit und Mündigkeit sind hier zentral (vgl. Gröning 2006, 20). Das vor diesem Hintergrund im (pädagogischen) Diskurs über Beratung ohnehin kritisch diskutierte Verhältnis von Berater und Ratsuchendem (vgl. ebd., 22) erfährt im betrieblichen Kontext eine besondere Zuspitzung: Wem ist der Vorgesetzte als Personalentwickler oder Berater verpflichtet – dem Mitarbeiter oder dem Betrieb? Soll Beratung, wie im traditionellen Verständnis der Fall, ausschließlich dem Wohle des Klienten dienen, so muss in dem Maße, in dem Führungskräften eine Orientierung an eigenen oder betrieblichen Interessen unterstellt wird, auch die Beraterrolle der Führungskraft in Frage gestellt werden.

2. Gespräche

Die Mitarbeitergespräche, anhand derer hier der Zusammenhang zwischen Personalentwicklung und Macht dargestellt wird, bilden die empirische Basis einer Untersuchung zum Thema „Personalentwicklung als pädagogische Praxis" an der Universität Erlangen (vgl. Sausele 2005). Eine pädagogisch-soziale Einrichtung und ein Wirtschaftsunternehmen werden im Hinblick auf die Bedeutung pädagogischer Prinzipien bei der Planung und Durchführung von Personalentwicklungsmaßnahmen gegenübergestellt.

Bei der pädagogisch-sozialen Einrichtung handelt es sich um einen unabhängigen diakonischen Träger in Süddeutschland mit insgesamt ca. 6.000 Mitarbeitern. Er betreibt Sozialstationen, Krankenhäuser, Einrichtungen in der Alten- und Behindertenhilfe und allgemein- und berufsbildende Schulen. Das Vergleichsunternehmen ist ein seit jeher familiengeführter Fertigungsbetrieb, der mit Produktentwicklung und ganzheitlichen Systemlösungen wirbt und weltweit operiert. Am Stammsitz des Unternehmens, ebenfalls in Süddeutschland, arbeiten ca. 7.000 Mitarbeiter.

Die Mitarbeitergespräche[9] finden jährlich zwischen dem Mitarbeiter und seinem direkten Vorgesetzten statt. Es werden Zielvereinbarungen für das kommende Jahr getroffen und Maßnahmen zur Unterstützung des Mitarbeiters, also auch Fort- und Weiterbildungsmaßnahmen, festgelegt. Die Mitarbeitergespräche können als Schnittstelle individuellen und organisationalen Lernens betrachtet werden. Die Führungskraft fungiert hier nicht nur als fachlich und disziplinarisch Vorgesetzter, sondern gleichzeitig auch als Berater und Personalentwickler, dessen Aufgabe es ist, die persönlichen Ziele des Mitarbeiters, seine Entwicklung innerhalb der Organisation und betriebliche Interessen aufeinander abzustimmen.

Die über dreißig Gespräche wurden auf der Basis der Dokumentarischen Methode (Bohnsack et al. 2001) daraufhin untersucht, inwieweit die in ihnen deutlich werdenden Muster der jeweiligen Organisation Lernprozesse befördern oder behindern bzw. inwieweit in ihnen bzw. durch sie eine gezielte Unterstützung individueller und organisationaler Lernprozesse stattfindet.

Im Zusammenhang mit den Themen Macht und Führung kann bspw. für die soziale Einrichtung eine Kluft zwischen Führungsanspruch und Führungswirklichkeit im Hinblick auf einen kooperativen Führungsstil in Abgrenzung zu einem autoritären Führungsstil festgestellt werden. Letzterer kann als offene Darstellung, als Performanz (Wulf u.a. 2001, 16), formaler Machtverhältnisse verstanden werden und ist (vermutlich deshalb) innerhalb des untersuchten Sozialunternehmens nicht gerne gesehen. Gleichzeitig kann an vielen Stellen eine Überformung formaler Regeln durch informelle Muster und das offene In-Frage-Stellen von Entscheidungen aufgezeigt werden, was gerade für das Hineinwachsen von neuen Führungskräften in ihre neue Rolle eine (Lern-)Behinderung darstellt und organisationalen Wandel erschweren kann.

---

[9] Soweit es sich nicht um konkrete Personen aus dem zugrunde liegenden empirischen Material handelt wird zur besseren Lesbarkeit auf die Nennung männlicher und weiblicher Formen verzichtet. In den Gesprächsbeispielen steht w für weiblich, m für männlich, F für Führungskraft und M für Mitarbeiter. P steht für die pädagogisch-soziale Einrichtung, W für das Wirtschaftunternehmen.

Im Wirtschaftsunternehmen sind die formalen Machtstrukturen kein offenes Geheimnis. Das Handeln der Einzelnen wird durch technische und normative Verfahrensregeln, Prozesse genannt, angeleitet. Die Vorgänge werden schriftlich dokumentiert und von höherer Ebene kontrolliert, so dass im Weber'schen Sinne die personenunabhängige Kontinuität aller Abläufe gewährleistet ist (vgl. Weber 1964, 704f.).

3. Organisatorische Regeln und Verfahren

Für den Zusammenhang von Personalentwicklung und Macht ist zunächst interessant, wie die beiden untersuchten Organisationen die Teilnahme an Weiterbildungsmaßnahmen regeln bzw. sicherstellen und welche Spielräume den einzelnen Akteuren durch die strukturellen Rahmenbedingungen bleiben.

In der pädagogischen Einrichtung verfügt jeder Mitarbeiter über ein Fortbildungskontingent, das ihm die Teilnahme an Fort- und Weiterbildungsveranstaltungen zusichert, sofern die Einrichtung in der Lage ist, „den Mitarbeiter für die Dauer der Fort- und Weiterbildungsveranstaltung vom Dienst freizustellen, ohne dass der Arbeitsablauf in der Einrichtung erheblich beeinträchtigt oder gefährdet wird" (Fortbildungsprogramm 2005, 142). Im Rahmen des Mitarbeitergesprächs können Weiterbildungsveranstaltungen diskutiert und als Zielvereinbarung formuliert bzw. zur Unterstützung einer solchen festgehalten werden. Dies ist zwar nicht verpflichtend, wird aber in allen Gesprächen wahrgenommen.

Im Wirtschaftsunternehmen gibt es kein festes Budget für den einzelnen Mitarbeiter. Dort laufen die Kosten für Fort- und Weiterbildung über den Abteilungsetat. Die Verantwortung für die Bedarfsermittlung, Planung und Anmeldung und damit auch die Kontrolle über den Zugang zu Weiterbildungsmaßnahmen liegt in den Händen der Vorgesetzten. Dem Mitarbeitergespräch liegt ein Kompetenzkatalog zugrunde, anhand dessen das Anforderungsprofil der Stelle mit dem Qualifikationsprofil des Mitarbeiters abgeglichen wird. Davon ausgehend entscheidet der Vorgesetzte, an welcher Weiterbildungsveranstaltung der Mitarbeiter teilnimmt. Mitunter werden Mitarbeiter auch schon vor dem Mitarbeitergespräch zu einer Veranstaltung angemeldet.

In der Diakonie schützen diese klaren Vorgaben den Mitarbeiter, wie Crozier/ Friedberg (1993, 54) beschreiben, vor der Willkür seines Vorgesetzten und sichern ihm in einem bestimmten Umfang die Teilnahme an Weiterbildungsveranstaltungen zu. Trotzdem hat der Vorgesetzte die Möglichkeit, eben jene Spielräume zu nutzen, die durch organisatorische Regelungen neu entstehen, indem er bspw. argumentieren könnte, dass die schwierige Situation am Arbeitsplatz des

Mitarbeiters keine Freistellung vom Dienst zulässt. Durch zeitliche und finanzielle Vorgaben wird allerdings auch ein fester Rahmen gesetzt, der nicht oder nur in Ausnahmefällen überschritten werden kann.

Die Vorgesetzten im Wirtschaftsunternehmen haben mehr Einfluss auf die Entscheidung, ob und welche Weiterbildungsveranstaltungen von den Mitarbeitern besucht werden. In Abhängigkeit vom Abteilungsbudget besteht die Möglichkeit, auch kostspieligere Maßnahmen zu unterstützen. Durch den zugrunde liegenden Kompetenzkatalog kann eine sehr zielgenaue Weiterqualifizierung der Mitarbeiter stattfinden.

4. Spielräume nutzen

Wie die oben beschriebenen organisationsspezifischen Regelungen von den Akteuren ausgestaltet werden, soll an einigen Beispielen gezeigt werden:

So nutzt eine Führungskraft in der pädagogisch-sozialen Einrichtung ihre Machtposition, die sie durch die Kontrolle über eine sog. Unsicherheitsquelle hat – nämlich die Entscheidung darüber, ob die Abwesenheit des Mitarbeiters die Arbeitsabläufe in der Einrichtung beeinträchtigt – zugunsten des Mitarbeiters. Sie rät dem Mitarbeiter, der wegen der sehr knappen Besetzung in seiner Arbeitsgruppe auf eine Seminarteilnahme verzichten will,

> F2 (w): […] dass Se da, grad sich da auch noch in eigenen Angelegenheiten, ich sag jetzt mal, erst recht fortbilden sollten, damit Se vielleicht Ihre Fachlichkeit auch einfach stützen, weil so wenn Sie immer bloß irgendein Loch stopfen und selber des Gfühl ham, Sie können nichts für sich persönlich oder fachlich tun, dann wird's vielleicht noch schwieriger, […] und ich bin dafür, dass mer sich auch, oder Sie sich in, auch in diesen schwierigen Zeiten weiter fortbilden, weil des is vielleicht eins der Dinge, wo mer bissl so reflektieren kann auch, also da […]
> (P II, 2,40-49)

Die Führungskraft schreibt der „Fachlichkeit" des Mitarbeiters hohe Bedeutung zu. Gerade in Zeiten von Personalkürzungen kann der Mitarbeiter durch eine erweiterte Qualifikation seinen Arbeitsplatz erhalten bzw. seinen Marktwert erhöhen. Durch den Abstand von der alltäglichen Situation bietet sich außerdem die Möglichkeit zu „reflektieren" und sich Anregungen für die eigene Arbeit zu holen, was zum Anspruch an das eigene professionelle Selbstverständnis gehört. Neben der erweiterten Qualifikation des Mitarbeiters könnte sich die Zufriedenheit, die von der Möglichkeit, persönliche und fachliche Interessen verfolgen zu können, erwartet wird, auch positiv auf das Klima in der Einrichtung auswirken.

Was auf der einen Seite als Chance wahrgenommen werden kann, kann auf der anderen Seite auch als Zwang erlebt werden: In der pädagogisch-sozialen Einrichtung existiert ein Seminarzyklus für neue Führungskräfte, der Veranstaltungen zu Führungs- und Managementthemen enthält. Die verpflichtende Teilnahme an diesen Veranstaltungen wird von einigen Mitarbeitern sehr kritisch eingeschätzt:

> M3 (w): [...] ich finde, dass einen das sonst eigentlich von der eigentlichen Kompetenz, die man hat, verdummt, des is krass ausgedrückt, aber, ehm, ich weiß noch nicht, wie des praktisch dann funktionieren kann, des, also des Fortbildungs- eh, Kontingent is ja vollständig ausgeschöpft mit all den Pflichten, wo man da einberufen wird, in diesen Kurs für Leitende, ehm, bin ich mal gespannt, wie des dann läuft. (P III, 5,11-17)

Die Führungskraft empfindet das Kursprogramm, das sie bei der Übernahme ihrer neuen Leitungsaufgaben begleiten soll, als Zwang bzw. als Einschränkung. Sie fühlt sich gegen ihren Willen „einberufen". Ihre „eigentliche Kompetenz" sieht sie in ihrer Fachkompetenz, die sie sich auch oder gerade in der Leitungsposition bewahren möchte. Der Kurs für Leitende wird von ihr als überdimensioniert wahrgenommen und behindert in ihren Augen ihre Weiterentwicklung auf fachlicher Ebene. Nachdem ihr nicht die institutionellen Rahmenbedingungen geboten werden, ergreift sie selbst die Initiative und nimmt in ihrer Freizeit auf eigene Kosten an einer fachlichen Fortbildung teil. Tatsächlich wird hier die gewohnte Autonomie und Eigenverantwortung der Mitarbeiter im Hinblick auf Weiterbildungsveranstaltungen, die auch in anderen Gesprächen zum Ausdruck kommt, beschnitten. Ein informelles Muster (eigenverantwortliche Weiterbildung) wird von einer formalen Regelung (Pflichtfortbildung) überlagert. Ihr Vorgesetzter räumt allerdings ein:

> F3 (m): [...] dann kann mer durchaus sagen, aufgrund der Tatsache, dass die Fortbildung für neue Leitende in den ersten drei Jahren Pflichtfortbildung ist, ehm, wird halt da das Fortbildungskontingent überschritten, muss mer halt speziell beantragen, aber das ist dann schon auch möglich, also das wär für mein Empfinden die schlechteste aller Lösungen, entweder auf fachliche Fortbildungen zu verzichten oder zu sagen, na, dann zahl ich's halt selber, eh, weil des is ja schon auch im Interesse der Diakonie [Eigenname], dass du fachliche Fortbildungen machst. M (w): @ Ja, sollte es wenigstens sein.@
> (P III, 5,23-29)

Damit setzt der Vorgesetzte zur Rettung des offenbar bekannten und anerkannten Musters an, das die Mitarbeiterin mit ihrer ironischen Entgegnung in Frage stellt, nämlich des hohen Stellenwerts der fachlichen Fortbildung, der dem professionellen Selbstverständnis der Mitarbeiter zugrunde liegt. Gleichzeitig zeigt er der Mitarbeiterin eine Möglichkeit auf, die formalen Regelungen zugunsten der angestrebten fachlichen Weiterqualifizierung zu umgehen.

Wie wirkmächtig dieses, anscheinend halb-offizielle, Muster der eigenverantwortlichen Weiterbildung ist, zeigt sich daran, wie vorsichtig die Vorgesetzten in der Diakonie sind, wenn es darum geht, konkrete Themen für Weiterbildungsveranstaltungen vorzuschlagen:

> F5 (m): [...] oder, oder gibt's noch ehm, anderes, also sozial-administrativ, diese ganze Überschrift, wo du sagst, bin ich noch unsicher, möcht ich noch was machen? (1) Also in, welche, welche Richtung suchst du da jetzt auch schon Fortbildung? Was, was müsste die Überschrift sein? (5) Also des, des geht los mit, also will ich dir jetzt nicht sagen, dass du des unbedingt bräuchtest, aber des könnte, könnte ja auch der Bereich sein, wo ich jetzt mal einfach annehm, ich kenn jetzt die Ausbildung Heilpädagoge nich so genau, aber dieses ganze Sachenorganisationswesen, eh, Institutions- eh –geschichten, Selbst- eh Selbstmanagement, Selbstorganisation.
> (P V, 15,33-17,15)

Dieser Vorgesetzte fragt auffallend umständlich mit vielen, teilweise langen Pausen, ob sich seine Mitarbeiterin gerne im sozial-administrativen Bereich weiterbilden möchte. Er nimmt aufgrund ihrer Erstausbildung und ihrer aktuellen Tätigkeit an, dass das Thema für sie relevant sein könnte, scheut sich aber davor, ihr das Thema für eine Fortbildung nahe zu legen oder gar vorzugeben. Möglicherweise würde er damit gegen das sich in der pädagogisch-sozialen Einrichtung abzeichnende Muster verstoßen, dass sich die Mitarbeiter eigenverantwortlich weiterbilden und ihren Weiterbildungsbedarf selbst diagnostizieren.

Im Wirtschaftsunternehmen gibt es keine Pflichtveranstaltung für neue Führungskräfte, aber auch dort gibt es ein Seminar für Mitarbeiter, die neu in einer Führungsposition sind:

> F7 (m): [...] ich hab parallel, ham mer scho mal kurz drüber gsprochen, mit der Personalabteilung, ham mer a eigenes Seminar [...], wird a von der Personalabteilung ghalten, wo's letztendlich über den kompletten Lebenslauf vo an Mitarbeiter geht, vom Einstellen bis, im schlimmsten Fall, zum Entlassen und alles, was dazwischen is. [Für d]ieses Seminar hab ich Sie jetzt vormerken [lassen], da werns dann dieses Jahr, im Laufe dieses Jahres a Einladung von der Personalabteilung bekommen.
> (W VII, 3,1-22)

Den Mitarbeitern werden hier ganz selbstverständlich Weiterbildungsveranstaltungen vorgegeben. Die Vorschläge kommen überwiegend von den Vorgesetzten. Sie treten als Experten in Erscheinung, die zwar offensichtlich das Wohl ihrer Mitarbeiter im Blick haben; sie regen diese aber selten dazu an, über ihre eigenen Bedürfnisse nachzudenken, was mit Rückbezug auf den Vorwurf der Klientelifizierung und Entmündigung im pädagogischen Diskurs zur Beratung (Gröning 2006, 11) auch kritisch betrachtet werden könnte.

Ebenso wenig wie in der pädagogisch-sozialen Einrichtung die Vorschläge der Mitarbeiter auf Einwände der Vorgesetzten stoßen, widersprechen im Wirtschaftsunternehmen die Mitarbeiter den Vorgaben ihrer Vorgesetzten. Der Umgang mit offen ausgespielten Machtverhältnissen scheint hier nicht zu irritieren oder auf Widerstand zu stoßen, was in diesem Zusammenhang gleichzeitig bedeutet, dass es maßgeblich in den Händen der Vorgesetzten liegt, ob und wie sich ihre Mitarbeiter weiterentwickeln. Die Eigeninitiative der Mitarbeiter über die Stelle betreffende Qualifikationen hinaus ist nicht gefragt: Vorgesetzte und Mitarbeiter halten sich konsequent an den Kompetenzkatalog, der dem Mitarbeitergespräch zugrunde liegt. Nur an einer Stelle in den Gesprächen gibt es eine konsequente Abweichung vom Bogen, nämlich bei der Frage nach vom Mitarbeiter freiwillig initiierten Maßnahmen, wie Literaturstudium. Dieser Punkt wird, obwohl im Katalog enthalten, nur von einer einzigen Führungskraft angesprochen und auch hier nur, um die empfundene Bedeutungslosigkeit zu betonen: „Irgendwelches (1) Literaturstudium, wo ich bei soch, ff, was interessiert mich, wenn du a Lit- a Literaturstudium nebenbei machen tust" (W II, 5,14-15). Der Vorgesetzte äußert sich sehr unspezifisch und suchend. Damit schwächt er das Bezeichnete ab und signalisiert ein deutliches Desinteresse, was kaum Anreiz für die Mitarbeiterin sein wird, ihre Weiterbildung zukünftig selbst in die Hand zu nehmen.

Wie oben bereits angedeutet, muss Beratung sich nicht selten dem Vorwurf der Entmündigung stellen (vgl. Gröning 2006, 28) und sich fragen lassen, welchen Interessen sie dient. Gerade unter dem Vorsatz, dem Klienten nichts Schlechtes anzutun (vgl. ebd., 22f.), wird aber auch immer wieder das Spannungsverhältnis deutlich, in dem Beratung stattfindet:

> F2 (m): Aber da ich ja, kann mer ruhig, da ich's ja gut mit dir mein, (1) ne, eh, wer ich mir auch erlauben, auch meine Meinung dazu zu sagen. [...] wenn du intern eine Stelle a-, eh, angeboten bekommst oder du bewirbst dich um eine Stelle, dass ich sag, weil ich doch a baar Wochen länger dabei bin, und ich vielleicht die Leute kenne und dich kenne, meinen, des is dann subjektiv, ne, meinen Eindruck, eh, eh, oder meinen Tip dir geb. Sag ich, Irene, mach des, is in Ordnung oder mach des nicht. Ob du des dann machst, des is ja deine Sache, nur, ich denke, wennst du von a baar Leuten, wo du weißt, Mensch, des, sag mer mal so, des Urteil, oder sag mer mal so, der Tip, des mana die bestimmt net bös, dass du dir des mit anhörst.
> (W II, 3,47-4,6)

Beratung legitimiert sich durch ein Mehr an Erfahrung, durch die Kenntnis der individuellen und organisationalen Voraussetzungen und durch die Prämisse, damit etwas Gutes für die Mitarbeiterin erreichen zu wollen. In der Pause in der ersten Zeile schwingt mit, dass dies aber nicht selbstverständlich ist, vielmehr dass der Vorgesetzte das Wohl seiner Mitarbeiterin auch ignorieren könnte, um entweder im eigenen Interesse oder im Interesse des Unternehmens zu handeln. Beratung wird vom Vorgesetzten aber in jedem Fall als subjektiver Ratschlag betrachtet, den es von der Mitarbeiterin erst zu reflektieren gilt. Die Mitarbeiterin kann selbst entscheiden, ob sie sich daran orientieren möchte. Anders als bei der Frage der Weiterbildung im Rahmen einer aktuellen Stelle ist im Falle der Karriereplanung die Entscheidung der Mitarbeiterin gefragt.

5. (Organisationale) Lernprozesse

Die vorherrschenden Muster in den beiden Unternehmen im Umgang mit Personalentwicklung und auf Weiterbildung bezogene Beratung sollen nun abschließend unter dem Gesichtspunkt des Lernens betrachtet werden: Crozier/ Friedberg gehen von einem Wandel der Kräfteverhältnisse aus, „wenn sich eine bessere Fähigkeit in einer neuen Organisationsform zu bewähren beginnt" (1993, 247). Ein Wandel in den Kräfteverhältnissen trägt dagegen nicht zwangsläufig zur Entwicklung neuer Fähigkeiten oder Veränderung der Spielregeln oder, wie man auch sagen könnte: der organisationalen Muster (vgl. Göhlich 2001, 208), bei. In der Kontrolle über den Zugang zu Weiterbildungsveranstaltungen liegt folglich auch die Kontrolle über die Machtverhältnisse. Im Wirtschaftsunternehmen liegt diese, stärker als es in der sozialen Einrichtung der Fall zu sein scheint, in den Händen der Führungskräfte. Ihre formal gegebene übergeordnete Position sowie ihre Funktion als Personalentwickler und die damit verbundenen „Beratungsmacht" wird, soweit dies auf der Basis der Gespräche zu beurteilen ist, akzeptiert und auch auf informeller Ebene nicht in Frage gestellt. Die große Gefahr des Missbrauchs von Macht liegt für Crozier/ Friedberg aber nicht darin, „daß ein Akteur eine Initiative ergreift, sondern darin, daß man ihm diese Möglichkeit nimmt, und zwar dadurch, daß bestimmte Akteure oder höhere Instanzen das Monopol der Initiative de facto an sich reißen" (Crozier/ Friedberg 1993, 276). Die organisatorischen Regelungen und Verfahren im Wirtschaftsunternehmen und deren praktische Ausgestaltung ermutigen, wie oben gezeigt werden konnte, die Mitarbeiter kaum, im Hinblick auf ihre Weiterentwicklung die Initiative zu ergreifen. Dadurch entgeht dem Unternehmen aus der Sicht Crozier/ Friedbergs die Chance, „das Sozialgefüge [zu] beleben, die Gefahr des Elitismus [zu] verringern und das Ganze flüssiger [zu] gestalten" (ebd., 277) und damit auch eine Chance für organisationale Lernprozesse.

Für die Beteiligten bedeutet organisationales Lernen auch immer die Gefahr einer Veränderung der Machtstrukturen. Ein letztes Beispiel aus dem Wirtschaftsunternehmen soll dies verdeutlichen:

F2 (m): [...] Eh, um des deutlich zu machen, da wiederhol ich mi vielleicht, ne, eh, ich lass damit eine meiner besten Leute weg, (4) ne, und des mach i, auf der anen Seite will ich ja, dass ich, wiederum aus meiner Erfahrung, mein früherer Chef hat des gmacht, (1) ne, hat er gsagt, anerseits könnt er sich links und rechts ane auf'n Backn gebn, dass er mich weg lässt, weil er a riesn großes Loch reißt, ne, aber ich konn net egoistisch sein und sogn, [...] mein Standpunkt oder meine Stellung do sind wichtig, ne, und dazu brauch ich den, und den lass ich jetzt net hochkommen, nur damit ich gut da steh, ich Erfolg hab, ich, wasst scho, dieses Ich Ich, ne, sondern Team, ne.
(W2, 4,36-44)

Der Vorgesetzte beschreibt die Gratwanderung zwischen der Orientierung am eigenen Interesse bzw. dem Interesse seiner Abteilung und den Interessen seiner Mitarbeiterin bzw. der Gesamtorganisation. Der Mitarbeiterin zu einer besseren Position zu verhelfen, sie dabei zu unterstützen, weiter zu kommen und an Einfluss im Unternehmen zu gewinnen, schadet unter Umständen seiner eigenen Stellung im Unternehmen. Gleichzeitig erfährt das Unternehmen als Ganzes einen Zugewinn, weil eine Mitarbeiterin, die sich mit ihren spezifischen Fähigkeiten in der Organisation bereits bewährt hat, ihr Wissen nun auch in einer anderen Abteilung einsetzen kann. Der Vorgesetzte stellt in dem Gesprächsausschnitt einerseits seine Großzügigkeit und sein Wohlwollen der Mitarbeiterin gegenüber zur Schau; andererseits demonstriert er seine, wie er meint, unter Entbehrungen geleistete Solidarität dem Unternehmen gegenüber.

Diese Verpflichtung gegenüber dem Unternehmen zeigt sich auch in der peinlich genauen Einhaltung der Vorgaben für das Mitarbeitergespräch. Der aus dem Abgleich von Soll- und Ist-Profil abgeleitete Weiterbildungsbedarf reagiert zielgenau auf den, zumindest angenommenen, aktuellen Bedarf des Unternehmens, denn dieses gibt das Stellenprofil vor. Dagegen scheint für die Mitarbeiter in der pädagogisch-sozialen Einrichtung die Verpflichtung stärker im Erhalt ihrer Fachkompetenz bzw. ihrer Professionalität zu liegen und nur mittelbar darüber mit der konkreten Stelle in der Organisation verbunden zu sein.

Durch das Einhalten der formalen Strukturen und hierarchischen Ordnungen im Wirtschaftsunternehmen bleibt unter Umständen die Eigeninitiative der Mitarbeiter auf der Strecke; gleichzeitig kann hier sehr effizient auf den aktuellen Qualifikationsbedarf des Mitarbeiters bzw. der Abteilung eingegangen werden. Das Verhalten der Führungskräfte in der pädagogisch-sozialen Einrichtung fördert die eigenständigen Suchbewegungen der Mitarbeiter und deren Verantwortung für ihre fachliche Qualifikation, von der die ganze Organisation profitieren kann: Die Mitarbeiter bringen neue Impulse in ihre Tätigkeit ein und erschließen damit möglicherweise neues Potential bei sich und in der gesamten Einrichtung, die zwar nicht geplant aber trotzdem bereichernd sein können. In dem Anspruch der Mitarbeiter, sich eigenverantwortlich weiterzubilden, existiert ein organisationales Muster, das wirkmächtiger zu sein scheint als die Macht, die durch die

Einrichtungshierarchie gegeben ist. Im Zusammenhang mit dem in den Gesprächen festgestellten permanenten Hinterfragen von Strukturen und Entscheidungen gewährt dies allerdings keine Garantie darauf, dass Qualifikationen, die ein Mitarbeiter im Moment in einer Position benötigen würde, tatsächlich auch erworben werden. Individuelle Lernprozesse laufen dadurch unter Umständen weniger zielgerichtet ab, wodurch auch das Erreichen organisationaler Ziele gefährdet wird.

Literatur

Argyris, Ch./ Schön, D. (2002): Die lernende Organisation. Grundlagen, Methode, Praxis. Stuttgart. 2. Auflage.

Becker, M. (2002): Personalentwicklung. Bildung, Förderung und Organisationsentwicklung in Theorie und Praxis. Stuttgart, 3. Auflage.

Bohnsack, R./ Nentwig-Gesemann, I./ Nohl, A.-M. (2001): Einführung. In: Dies. (Hg.): Die dokumentarische Methode und ihre Forschungspraxis. Grundlagen qualitativer Sozialforschung. Opladen 2001.

Crozier, M./ Friedberg, E. (1993): Die Zwänge kollektiven Handelns. Über Macht und Organisation. Frankfurt am Main.

Foucault, M. (2005): Die Maschen der Macht. In: Foucault, Michel: Analytik der Macht. Frankfurt a. M., 220-239.

Gröning, K. (2006): Pädagogische Beratung. Konzeptionen und Positionen. Wiesbaden.

Göhlich, M. (2001): System, Handeln, Lernen unterstützen. Weinheim.

Mollenhauer, K. (1965): Das pädagogische Phänomen Beratung. In: Mollenhauer, K./ Müller, C. W. (Hg.): Führung und Beratung in pädagogischer Sicht. Heidelberg, 25-41.

Nestmann, F. (1997): Beratung als Ressourcenförderung. In: Nestmann, F. (Hg.): Beratung. Bausteine für eine interdisziplinäre Wissenschaft und Praxis. Tübingen, 15-38.

Neuberger, O. (1994): Personalentwicklung. Stuttgart. 2. Auflage.

von Rosenstiel, L. (2000): Grundlagen der Organisationspsychologie. 4. Auflage.

Sausele, I. (2005): Personalentwicklung als pädagogisches Handeln. Erste Hinweise aus einer empirischen Studie. In: Göhlich, Michael/ Hopf, Caroline/ Sausele, Ines (Hg.): Pädagogische Organisationsforschung. Wiesbaden, 93-113.

Weber, M. (1964): Wirtschaft und Gesellschaft. Bd. 2, Köln.

Wulf, Ch./ Göhlich, M./ Zirfas, J. (2001): Sprache, Macht und Handeln – Aspekte des Performativen. In: Wulf, Ch./ Göhlich, M./ Zirfas, J.: Grundlagen des Performativen. Eine Einführung in die Zusammenhänge von Sprache, Macht und Handeln. Weinheim, 9-24.

Organisationale Lernprozesse und Machtquellen. Eine Fallstudie

Miriam Barnat

1. Der Fall

Gesellschaftliche Veränderungen wie Individualisierung, Pluralisierung der Lebensstile und Auflösung der klassischen gesellschaftlichen Milieus wirken sich auch auf die Non-Profit-Organisationen aus (vgl. Zimmer/ Priller 2004, 211): Ihnen fehlen die Mitglieder. Rosenbladt zeigt im Freiwilligen-Survey (2001) auf, dass Menschen immer noch Interesse daran haben, sich in ihrer Freizeit ehrenamtlich zu engagieren. In einer Gesellschaft aber, die dem Einzelnen zunehmende Flexibilität und Mobilität abverlangt, möchte man sich nicht sein Leben lang für einen Zweck engagieren oder an eine wohltätige Organisation binden, nicht zuletzt, weil die eigenen Lebensumstände dies erschweren (vgl. Klages 2001, Bock 2002). Projekt- und damit auch erfolgsbezogenes Engagement, das nach einer vorher bestimmten Zeit wieder endet, damit man sich anderen interessanten Projekten zuwenden kann, sind die Formen von Engagement, die sich potenzielle Freiwillige von heute wünschen.

Der Bund für Umwelt und Naturschutz Deutschland e.V. – kurz BUND – ist einer der größten Umweltverbände Deutschlands[10]. Die veränderten Anforderungen der potenziellen Freiwilligen stellen für den Umweltverband eine Herausforderung dar. Neben der Stagnation von Spenden verzeichnet der BUND eine abnehmende Zahl von aktiven Mitgliedern[11] (BUND 2002). Da im BUND die Arbeit hauptsächlich von Mitgliedern und nicht von Hauptamtlichen getragen wird, muss er sich der Herausforderung stellen, eine Veränderung des Umgangs mit seinen Mitgliedern zu etablieren. Um sich mit der veränderten Situation auseinander zu setzen, werden seit 2004 auf verschiedenen Ebenen des Verbandes organisationale Lernprozesse angestoßen.

---

[10] Er hat knapp 400.000 Mitglieder und Förderer (vgl. BUND 2006).

[11] Im Folgenden werden Mitglieder von aktiven Mitgliedern unterschieden: Während Erstere ausschließlich monetäre Beiträge entrichten, widmen Letztere auch Zeit, sie engagieren sich. Das bedeutet, dass sie z.B. Führungsaufgaben im Verband übernehmen, praktischen Naturschutz ausüben oder eher politische Arbeit durchführen. Für eine genauere Beschreibung der Möglichkeiten sich zu engagieren, siehe: www.bund.net

In Übereinstimmung mit dem Begriff des sozialen Lernens (Elkjaer 2003) und dem der Community of Practice (Lave/ Wenger 1991) wird organisationales Lernen hier als Änderung von Praktiken und Routinen verstanden.[12] Die Begriffe Praxis bzw. Routine zeigen an, dass soziales Handeln und auch Wissen als in räumlicher, zeitlicher und sozialer Dimension eingebettet verstanden werden muss. Dies geht einher mit der Ablehnung der Vorstellung von Lernen als Transfer von Inhalten von einem kognitiven System in ein anderes.[13]

Verschiedene Aktivitäten des BUND zielen auf die Veränderung der Praktiken von BUND-Akteuren, vor allem in Hinblick auf die Gewinnung und Aktivierung von Mitgliedern. So wird 2004 auf Gesamtverbandsebene ein Leitbild-Findungsprozess initiiert. In vielen Gremien und mit verschiedenen Arbeitsgruppen entwickeln sowohl Haupt- als auch Ehrenamtliche Leitsätze für die Entwicklung des Verbandes. „Ziel ist es, eine Orientierung für die Entwicklung unseres Verbandes in den nächsten zehn Jahren zu geben und unser Selbstverständnis vor dem Hintergrund der gesellschaftlichen Entwicklung festzulegen" (BUND 2005). Daneben sind auch kleinere Maßnahmen zu finden, wie z.B. die Einstellung von Mitarbeitern mit Kenntnissen über Kundenbindung sowie Freiwilligenmanagement[14]. Der Verband befindet sich zum Zeitpunkt der Studie im Prozess des organisationalen Lernens. Wie erfolgreich dieser vollendet wird, ist allerdings noch nicht abzusehen. Diese Situation ermöglicht eine Beobachtung des Lernprozesses im Verlauf.

2.   Die Fragestellung der Studie

Dies ist die Ausgangslage für die vorliegende Fallstudie. Im Mittelpunkt des Interesses steht dabei der Zusammenhang zwischen Macht und Organisationslernen. Die Schwierigkeit einer solchen Studie liegt darin, dass, wie bereits Foucault es (1977) formuliert, Macht verhüllt, unsichtbar ist. Die Grundausrichtung der Studie ist daher zunächst eine methodische: Wie kann man Macht in Prozessen organisationalen Lernens identifizieren (vgl. Barnat 2005)? Daneben ergibt

---

[12]   „Learning is a relational activity, not an individual process of thought. This view changes the locus of the learning process from that of the mind of the individual to the participation patterns of individual members of organizations in which learning takes place." (Elkjaer 2003, 43)

[13]   Für einen Überblick über die Integration dieser Perspektive in Ansätze organisationalen Lernens sowie eine sozialtheoretische Einordnung siehe Florian/Fley (2004).

[14]   Freiwilligenmanagement ist ein Konzept, das freiwilliges Engagement in Organisationen unterstützen soll. Durch angemessene Planung und Koordination von Engagement sollen Bedingungen geschaffen werden, die den veränderten Bedürfnissen der Freiwilligen entsprechen (vgl. Biedermann 2000).

sich die Frage, welche Rückschlüsse sich von den Machtverhältnissen auf den Prozess des organisationalen Lernens ziehen lassen.

Ausgehend von der Machtkonzeption von Crozier und Friedberg (1979) wird Macht als die Kontrolle von Unsicherheitsquellen verstanden. Dies ist ein positionaler Ausgangspunkt der Analyse: Welche Einfluss- bzw. Handlungsmöglichkeiten wer hat, ergibt sich aus der Position in der Organisation (vgl. ebd.). Es stellt sich vor allem aus Perspektive eines externen Beobachters dann die Frage, wie man analysieren kann, welche Akteure welche Machtquellen kontrollieren. Ortmann et al. (1990) führen an, dass sich auch in Deutungsmustern Hinweise auf Machtquellen bzw. -strukturen ausdrücken. Noch klarer verweist White (1992) darauf, dass Stories, also Erzählungen bzw. Situationsdeutungen, als Mittel im Kampf um Kontrolle genutzt werden. Die Studie basiert auf der Annahme, dass die Akteure in ihren Schilderungen der Lernsituation (in ihren Stories) Machtquellen legitimieren und Zugriffsweisen auf diese andeuten. Analysiert werden daher in der vorliegenden Studie die Deutungen der aktuellen Situation der Organisation durch die Mitglieder der Organisation. Die für diesen Zweck konzipierte Methode eines halbstandardisierten Leitfaden-Interviews wird im Folgenden als Story-Telling-Analyse bezeichnet. Die Fallstudie bietet so einerseits einen Beitrag zur empirischen Forschung, die sich wenig mit dem Zusammenhang von Organisationslernen und Macht befasst hat (vgl. Berthoin-Antal et al. 2001). Andererseits wird zugleich eine neue Methode erprobt: Das Instrument der Story-Telling-Analyse wird daraufhin untersucht, wie es sich eignet, Macht sichtbar zu machen.

3. Ergebnisse I: Organisationslernen im BUND

Befragt wurden zehn Mitglieder des Umweltverbandes BUND, die teilweise in den Landesverbänden, teilweise auf Bundesverbandsebene tätig sind. Ziel war es, unterschiedliche Perspektiven zu berücksichtigen, daher wurden sowohl Haupt- als auch Ehrenamtliche befragt, die alle sehr unterschiedliche Funktionen im Verband bekleideten. Von Interesse war ein Abgleich von Handlungsräumen der Befragten[15] einerseits mit den in den Deutungsmuster der Organisation versteckten Machtquellen andererseits.

Die verschiedenen Erzählungen wurden zu drei Typen zusammengefasst, die jeweils unterschiedliche Haltungen gegenüber dem Wandel zeigten. Erst da wurden die Aussagen in ihrer Beziehung zu bestehenden und möglichen Machtquellen untersucht. Es folgen die Ergebnisse der empirischen Untersuchung:

---

[15] Die Handlungsräume wurden einerseits in den Interviews abgefragt, andererseits waren sie durch teilnehmende Beobachtung bereits bekannt (vgl. Barnat 2005).

Die drei Typen von Erzählern werden durch die Namen ‚Strategische Innovatoren', ‚Bewahrer' und ‚Operative Innovatoren' charakterisiert.

Strategische Innovatoren stehen dem Lernprozess der Organisation positiv gegenüber. Sie sehen den Verband in einer Krise, die durch interne Veränderungen überwunden werden kann. Die *Strategischen Innovatoren* argumentieren, dass die Organisation nicht für die veränderten Rahmenbedingungen gewappnet sei. Zum Beispiel durch einen Verweis auf einen anderen Umweltverband stellen sie fest, dass es prinzipiell möglich sei, sich anzupassen. Die Veränderungen, die sie als wünschenswert beschreiben, sind tendenziell ganzheitlich und umfassen mehrere Ebenen der Organisation.

Bewahrer hingegen beschreiben veränderte Rahmenbedingungen, die sich tendenziell negativ auf den BUND auswirken, sehen aber keine Möglichkeit, am Verband etwas zu verändern. Die bestehenden Ressourcenverhältnisse lassen ihrer Ansicht nach keine Veränderungen zu. Insgesamt äußern sie sich wesentlich positiver zu der Lage des Verbandes als die *Strategischen Innovatoren*. Fragt man sie nach Problemen, führen sie einige spezielle Aspekte auf, eine Notwendigkeit für einen umfassenden Wandel sehen sie allerdings nicht. Sie sind davon überzeugt, dass die Probleme nicht BUND-spezifisch und damit nicht durch interne Veränderungsprozesse zu beheben sind.

Operative Innovatoren wollen den Verband zwar verändern, aber nicht auf strategische Weise. Die Probleme, die sie für den Verband sehen, werden ebenfalls nicht als BUND-spezifisch gesehen. Anders als die *Bewahrer* sind sie aber der Meinung, dass sich etwas verändern muss. Allerdings fehlt eine ganzheitliche Betrachtungsweise. Die beiden diesem Typ zugeordneten Befragten stellen heraus, dass sie bereits mit dem Wandel befasst seien. Einen über ihre Tätigkeit hinausgehenden Wandel halten sie nicht für notwenig bzw. machbar.

4.   Ergebnisse II: Die Machtquellen

Nach Crozier und Friedberg (1979) ist Macht die Möglichkeit, auf andere einzuwirken und sie wird in Organisationen durch die Kontrolle von relevanten Unsicherheitszonen generiert. Sie unterscheiden dabei vier große Machtquellen:

> „solche, die aus der Beherrschung eines spezifischen Sachwissens und der funktionalen Spezialisierung herrühren; solche, die an die Beziehungen zwischen einer Organisation und ihrer Umwelt oder besser ihren Umweltsegmenten, gebunden sind; solche die aus der Kontrolle

von Informationen und Kommunikationskanälen herrühren; solche schließlich, die sich aus dem Vorhandensein allgemeiner organisatorischer Regeln ergeben" (Crozier/ Friedberg 1979, 50).

Die Unsicherheit einer Situation kann diesem Verständnis nach z.B. durch Expertise verringert werden: Wenn mit bewährten Mitteln keine Mitglieder mehr aktiviert werden können, bedeutet das eine Unsicherheit für den Verband, weil sein Fortbestand ohne aktive Mitglieder nicht gesichert ist. Wissen zum Thema Freiwilligenmanagement, das sich in anderen Organisationen bereits bewährt hat, kann diese Unsicherheit, wie man heutzutage Mitglieder aktiviert, reduzieren. Jemand, der eine oder auch mehrere dieser Unsicherheitsquellen (für andere Organisationsmitglieder oder für die Organisation) kontrollieren kann, hat damit zumindest das Potenzial auf andere einzuwirken, und zwar je mehr, desto wichtiger seine Unsicherheitsquelle ist. Die Möglichkeitsräume für eigenes Handeln können sich dadurch ausweiten. Dieses Verständnis von Macht wird durch die folgenden Ergebnisse der Fallstudie erläutert.

Die Machtquelle ‚Expertenwissen' wird in einem Interview mit einem *Strategischen Innovator* angesprochen. In dem Fall handelt es sich um das Expertenwissen zur Außendarstellung des Verbandes. Das negative Wachstum der Mitgliederzahlen sei ein Imageproblem, da ein Wettbewerber es geschafft habe, trotz des gesellschaftlichen Wandels mehr Mitglieder zu werben. Der Befragte stellt das Expertenwissen im Bereich Marketing als Lösung dar. Er plädiert dafür, diesem Wissen eine größere Rolle in der Organisation zuzuweisen. Das lässt sich als Versuch auffassen, eine Unsicherheitsquelle für den Verband wichtiger zu machen. Diejenigen, die – wie der Befragte – diese Unsicherheitsquelle für den Verband kontrollieren, könnten so an Macht gewinnen.

Die Aussagen eines Befragten zu Wirtschaftskooperationen, im Verband ein Streitthema seit langer Zeit, betreffen die Unsicherheitsquelle der finanziellen Ressourceneinnahmen, die durch bestimmte externe Beziehungen kontrolliert werden könnte. Ein *Strategischer Innovator* weist darauf hin, dass der BUND sich „entdogmatisieren"[16] (Barnat 2005, 23) und in diesem Prozess auch die Einschätzung zu Bündnispartnern überdenken müsse. Er ist der Meinung, dass der Verband mehr Wirtschaftskooperationen eingehen solle. Wird der Vorschlag realisiert, bedeutet das möglicherweise eine neue Machtquelle in der Organisation. Diejenigen, die für die Pflege der Beziehungen zu den entsprechenden Wirtschaftsunternehmen zuständig sind, können aus dieser Ressource eine Verstärkung ihrer Position in der Organisation ziehen. Auch ein *Bewahrer* widmet sich in seinen Darstellungen der potenziellen Machtquelle der Beziehungen der Or-

---

[16] Kooperationen mit Wirtschaftsorganisationen stellen für einen politischen Verband ein Problem bezüglich der Unabhängigkeit dar.

ganisation zu ihrer Umwelt. Er führt die Bedeutung der Lobbyarbeit für den Verband aus. Lobbyarbeit bedeutet, mit den verantwortlichen Kommunal-, Landes-, Bundes- und auch Europapolitikern sowie anderen Stakeholdern Beziehungen herzustellen und zu pflegen. Der Bewahrer, seinerseits sehr erfolgreich in der Lobbyarbeit, weist in seinen Aussagen auf die Wichtigkeit derselben für die Aufgabenerfüllung hin.

Die Machtquelle der organisatorischen Regeln wird in einem anderen Interview thematisiert. Der Befragte, ein *Strategischer Innovator* plädiert dafür, Gremien abzuschaffen, da die „Vereinsmeierei" Menschen davon abhalte, sich im Verband zu engagieren. Niemand habe Lust, sich in endlosen Sitzungen um Geschäftsordnungsanträge zu streiten. Die Gremien im Verband stellen die Mitsprachemöglichkeiten der Ehrenamtlichen dar, denen in dem Verband die Führungsaufgabe obliegt. Ein Vorschlag zur Reduzierung dieser Gremien bedeutet weniger Beteiligung der Ehrenamtlichen. Dies bedeutet gleichzeitig die Erweiterung der Handlungsspielräume betroffener Hauptamtlicher, wie es der befragte strategische Innovator einer ist.

Auch ein Hinweis auf die Kontrolle der Informations- und Kommunikationsmedien findet sich in den Interviews. Ein *Bewahrer* schildert die Kommunikation mit übergeordneten Einheiten als relativ einseitig. Er erwähnt lobend, dass in dieser Hinsicht gerade eine Veränderung stattfinden würde: Durch die zunehmende Nutzung des Internets sei die Kommunikation innerhalb des Verbandes, vor allem auch die von Einheiten auf gleicher Ebene wesentlich erleichtert worden, so der Befragte. Allerdings sei dies noch so neu, dass er noch nicht abschätzen könne, wie gut es funktioniere. Beschrieben wird hier eine Veränderung der Kontrolle der Unsicherheitsquelle des Informationsflusses. Die bisher fehlende Möglichkeit, Informations- und Kommunikationskanäle einfach zu nutzen, ist eine Beschränkung der Einflussmöglichkeiten. Bevor das Internet eingesetzt wurde, kontrollierten den Informationsfluss zu der übergeordneten Einheit – dem Landesvorstand – diejenigen, die räumlich nahe an ihr leben und so z.B. an allen Gremiensitzungen teilnehmen können. In einer durch das Internet erleichterten Kommunikation wird diese Kontrolle aufgegeben und der eigene Einfluss im Verhältnis zu vorher vergrößert, so die Hoffnung des *Bewahrers*.

Eine weitere von mehreren Befragten angesprochene potenzielle Machtquelle ist mit der grundlegenden Terminologie von Crozier und Friedberg nicht adäquat zu beschreiben. Auch die Mitglieder selbst und hier vor allem die aktiven Mitglieder sind eine Unsicherheitsquelle. Bisher bestand im Verband tendenziell die Einstellung, dass Umweltschutz auf vielfältige Art das Ziel des BUND sei und man alle Ressourcen dafür verwenden müsse. Es bedurfte bereits einen langen Diskussionsprozess, bis entschieden werden konnte, dass professionelle Marketingmethoden angewendet werden können, um Spenden zu generieren, weil diese wiederum Geld kosten. Um dem Problem Herr zu werden, dass die Aktivitäten des BUND durch Ehrenamtliche getragen werden, ist es Teil des aktuellen Lernprozesses, dass die Gewinnung von Menschen für den Umweltschutz ebenfalls sicherzustellen ist. Viele der Gruppen des BUND bestehen bereits seit langer Zeit und sind z.B. der Ansicht, Umweltschutz an sich wäre eine so wichtige Sache, dass gute Menschen sich quasi von selbst dafür engagieren müssten. Dass von der Zeit, die sie für Umweltschutz aufbringen, ein Teil in die Anwerbung neuer Umweltschützer investiert werden könnte, ist vielen fremd. Hier besteht aus Perspektive der Gesamtorganisation ein kulturelles Problem. Andererseits [17] gibt es auch keine Kontrollen dieser Unsicherheiten auf struktureller Ebene: Auch die hauptamtlichen Strukturen berücksichtigen keine Stellen für die Akquise oder Betreuung von Mitgliedern; eine Art Personalstelle für Ehrenamtliche gibt es nicht. Den Personen, die systematisch und immer wieder Menschen aktivieren können, sich zu engagieren steht, somit ein Einflusspotenzial zur Verfügung.

Illustrieren lässt sich das an einem Beispiel aus der Fallstudie. Die zwei Befragten, die als *Operative Innovatoren* charakterisiert wurden, sind mit der Betreuung und Akquise der aktiven Mitglieder eines Teils des BUND befasst. Diese Mitglieder werden von den Befragten als besonders wichtig dargestellt, weil sie die Arbeit des BUND tragen und auch die Kontaktstelle für potenzielle neue Mitglieder sind. Die Gewinnung von aktiven Mitgliedern, also solchen, die nicht nur spenden, sondern sich auch engagieren (vgl. Fußnote 2), stellt eine große Unsicherheitsquelle für den Verband dar, deren Wichtigkeit von den Interviewpartnern unterstrichen wird.

Gleichzeitig scheinen die Befragten keine Vergrößerung ihres Budgets zu wollen. An keiner Stelle ihres Interviews verweisen sie darauf, dass es notwendig wäre, mehr Geld oder Personal zur Verfügung zu stellen, damit ihre Aufgabe erledigt werden kann. Nach einer Rückfrage seitens des Interviewers, ob sie nicht mehr Ressourcen bräuchten, um ihre Arbeit zu verbessern, weisen sie darauf hin, dass es keine Ressourcen mehr zu verteilen gäbe, und sich diese Frage daher auch nicht stelle. Zudem verweisen sie auf die bereits optimale Ausnutzung der knappen Ressourcen. Die beiden Befragten versuchen aber nicht, auf die Umstände, also z.B. auf die Ressourcenverteilung einzuwirken.

Auch hier sieht man wieder eine Verbindung zwischen der dargestellten Gewichtung der Probleme, der Machtquellen und dem Handlungsraum der Personen, von denen diese Äußerungen stammen. Die Befragten haben Einfluss auf die Mitglieder hinsichtlich der Aktivierung neuer Mitglieder. Dies zeigt z.B. folgende Schilderung:

---

[17]   ;Folgerichtig' wäre vielleicht sogar angemessener, da die Mittelverwendung auch von den aktiven Ehrenamtlichen maßgeblich mit entschieden wird.

„Also ich hatte da neulich so ein Schlüsselerlebnis neulich bei einer Kreisgruppe, [...] da ging es auch darum, wie geht man auf neue Leute zu, wenn Neue mitmachen wollen in der Gruppen und da ist für mich eben wichtig dass man mit einer großen Offenheit auf neue Leute zugeht und deren Themen genauso selbstverständlich respektiert, wie man das von seinen eigenen Themen ja auch erwartet. Und da kam so als Antwort, ja aber wenn dann neue Leute kommen, die haben ja völlig falsche Vorstellungen" (Barnat 2005, 28).

Der *Operative Innovator* beklagt hier, dass der Aktive die Vorstellung von neuen Mitgliedern als falsch charakterisiert. Er versteht es als seine Aufgabe, die Einstellung der bereits aktiven Mitglieder so zu verändern, dass neue Aktive gerne mitmachen möchten. Der andere *Operative Innovator* spezialisiert sich auf den Aspekt der Vermittlung zwischen alten und jungen Menschen im Verband. Dabei ist es sein Ziel, die Einstellung und das Verhalten der älteren Menschen so zu beeinflussen, dass eine zufrieden stellende Zusammenarbeit zwischen den Generationen begünstigt wird.

Beide Befragten bilden die Schnittstellen ihres Landesverbandes zu den Mitgliedern. Ihre Aufgabe ist die Betreuung bzw. Unterstützung von Aktiven mit der Absicht, neue Aktive zu gewinnen. Man kann sie als erste Ausläufer des Lernprozesses verstehen. Die Kontrolle über die Unsicherheitsquelle „aktive Mitglieder" ist eine Quelle von Macht, die im Moment hauptsächlich den *Operativen Innovatoren* zur Verfügung steht. Eine Veränderung der Konstellation um diese Machtquelle, z.B. durch andere Mitarbeiter oder strukturelle Veränderungen, wird von den Befragten abgelehnt. Ihrer Ansicht nach genügen die von ihnen durchgeführten Aktivitäten, die hauptsächlich in der Überzeugung bereits aktiver Mitglieder besteht, mehr Verständnis für neue Mitglieder zu haben und auch selbst welche zu werben.

5. Fazit der Fallstudie

Fragt man Organisationsmitglieder danach, wie sich ihnen die Lage einer Organisation darstellt und wo man welchen Wandel beobachten kann, werden in ihren Antworten zugleich Machtquellen legitimiert. In neun von zehn Fällen kann festgestellt werden, dass die Unsicherheitsquellen, denen die Befragten in der Zukunft des Verbandes eine wichtige Rolle zuweisen, in Zusammenhang mit ihren Handlungsräumen stehen. Sie schreiben in ihren Aussagen so die Legitimation ihrer Position in die Zukunft fort bzw. versuchen sie auszubauen.[18] Dies ist

---

[18] Da die Studie sich ausschließlich mit Aussagen über *mögliche* Lernprozesse befasst, ist nicht direkt zu schließen, welche Haltung die Akteure im *realen* Lernprozess einnehmen. Es lässt sich vermuten, dass diejenigen, die keinen oder zumindest keinen ganzheitlichen Wandel als

das erste Ergebnis der Fallstudie. Organisationales Lernen stellt sich als ein Kampf um die Deutungshoheit über die Lage der Organisation und geeignete Handlungsstrategien dar. Deutungsmuster sind in diesem Kampf um Machtverhältnisse sowohl Mittel als auch Gegenstand der Veränderung: Wessen Version von Wahrheit sich durchsetzt, hat maßgeblich Einfluss auf die Machtverhältnisse. Die Methode der Story-Telling-Analyse bewährt sich darin, Machtquellen und damit auch –verhältnisse in Prozessen des organisationalen Lernens sichtbar zu machen.

Was lassen sich für das organisationale Lernen im vorliegenden Fall für Schlüsse ziehen? Einerseits kann man feststellen, dass die durch Prozesse des organisationalen Lernens ausgelösten Veränderungen in Relationen zu den Machtquellen von Akteuren stehen. In manchen Fällen ist eine Zunahme von Wichtigkeit der Machtquelle und damit eine Vermehrung von Macht absehbar. Die Akteure, die für die Kontrolle dieser Quellen in Frage kommen (*Strategische Innovatoren*), sind dem Prozess positiv gegenüber eingestellt und argumentieren für eine Durchführung. Andererseits findet man auch Akteure, die neue Machtquellen kontrollieren (*Operative Innovatoren*), einem Lernprozess der gesamten Organisation allerdings nicht offen gegenüber stehen. Da die Personen, die einem Wandel nicht positiv gegenüberstehen (*Bewahrer*) diesen Wandel argumentativ nicht in Betracht ziehen, lassen sich über die Beeinflussung ihrer Position durch den Lernprozess keine allgemeinen Aussagen machen. Grundsätzlich wird deutlich, dass sowohl die Durchführung von Lernprozessen als auch der Widerstand gegen diese Möglichkeiten enthalten, Machtinteressen zu realisieren. Damit wird auch deutlich, dass Macht immer im Spiel ist und man von Stigmatisierung von Macht als egoistisch oder kontraproduktiv absehen kann (vgl. Argyris/ Schön 1978, Felsch 1999).

Es gibt noch weitere Hinweise darauf, welche vereinfachten Schlüsse man nicht ziehen darf: Aus den Handlungsräumen und Positionen der Befragten kann man kein Muster erkennen, aus dem sich Prognosen darüber ableiten ließen, welche Machtquellen von wem anvisiert oder verteidigt würden. So plädiert beispielsweise nicht jeder Hauptamtliche für den Abbau von Gremien.

Die Machtquellen, die von den verschiedenen Typen hervorgehoben werden, sind sich ähnlich. Was sich unterscheidet, ist die Strategie, mit der die Befragten unterschiedlicher Typen diese Machtquellen in den Vordergrund stellen. So betont ein *Bewahrer* die Wichtigkeit bestehender Beziehungen im Rahmen der Lobbyarbeit für die Erfüllung der Aufgabe der Organisation. Er verankert damit argumentativ seine externen Beziehungen in der Bestandssicherung der Organisation. Anders nimmt der *Strategische Innovator* zu dieser Machtquelle Stellung:

---

notwendig erachten, den Lernprozess nicht fördern oder gar boykottieren. Die Beantwortung dieser Frage obliegt jedoch weiterer empirischer Forschung.

Er begründet aus der Krisensituation heraus die Notwendigkeit, einer bestimmten Expertise von außerhalb der Organisation mehr Bedeutung zu zuweisen, als sie bisher besaß. Seine Argumentation koppelt die externen Beziehungen an die notwendige Veränderung der Organisation.

Ein weiteres Beispiel für unterschiedliche Strategien ist die Argumentation im Zusammenhang mit verteilbaren Ressourcen.[19] Ein *Bewahrer* zeigt auf, dass, wenn überhaupt etwas verändert werden sollte, dies mehr Ressourcen für seinen Bereich seien. Die *Operativen Innovatoren* ziehen eine Vermehrung der für ihre Aufgabe zugeteilten Ressourcen gar nicht in Betracht, und stützen so argumentativ ihre bestehende Beherrschung der Unsicherheitsquelle.

Es ist auch möglich, dieselben Themen zu nutzen, um unterschiedliche Machtquellen hervorzuheben. So greifen ein *Strategischer Innovator* und auch ein *Bewahrer* den Aspekt Außendarstellung des Verbandes auf. Ersterer stellt heraus wie wichtig es ist, in Zukunft mehr Expertise innerhalb des Verbandes zu haben, weil man nicht alles delegieren könne und das Wissen eng mit Einstellungen und Denkschemata in der Arbeit jedes Akteurs zusammenhänge. Letzterer hingegen empfiehlt, die Professionalität zu erhöhen, indem man Dienstleistungen, z.B. in Form von Beratung durch Werber bzw. Journalisten, einkauft (vgl. Barnat 2005). Der Eine argumentiert dafür, das Expertenwissen als Machtquelle zu etablieren bzw. deren Wichtigkeit auszubauen. Der Andere hingegen plädiert für den Ausbau der Beziehungen zur Umwelt.

Eine Zuordnung von Machtquellen zu den Typen, die organisationalen Lernprozessen unterschiedlich gegenüberstehen, deutet sich nicht an. Es ist auch nicht zu erwarten, dass Menschen, die ähnliche Funktionen im Verband einnehmen, eine ähnliche Einstellung gegenüber dem Wandel haben. Auch verläuft die Konfliktlinie nicht eindeutig zwischen Hauptamtlichen und Ehrenamtlichen. Wer welche Unsicherheitsquellen für welche anderen beherrscht, ist nicht so einfach herauszufinden. Prinzipiell beinhaltet jede Position in der Organisation mehrere Möglichkeiten, Unsicherheitsquellen zu beherrschen. Ebenso besteht immer die Möglichkeit, neue Unsicherheitsquellen zu erschließen, für die es noch keine Kontrollregelung gibt, oder bestehende Unsicherheitsquellen wichtiger zu machen.

Dennoch stehen die Veränderungen im Verhältnis zu Machtquellen, wie sich zeigt. Die Story-Telling-Analyse in Kombination mit der Positionsanalyse – hier vereinfacht durch eine Befragung zu Tätigkeiten und Beschränkungen des eigenen Handlungsraumes durchgeführt – ermöglicht eine Identifikation der Einstellungen gegenüber dem organisationalen Lernprozess in Kombination mit der

---

[19] Auch hier wieder ein Aspekt, der mit den Begrifflichkeiten von Crozier und Friedberg schwer zu fassen ist. Ökonomische Ressourcen sind als wesentliche Quelle von Macht zu begreifen (vgl. dazu z.B. Giddens 1988).

Enthüllung von betroffenen Machtquellen. Die Beschäftigung damit, welche ‚Geschichten' von *Strategischen* und *Operativen Innovatoren* bzw. *Bewahrern* erzählt werden, ist der Ausgangspunkt für jegliche Intervention. Dadurch kann die soziale und die situative Einbettung des Lernprozesses berücksichtigt werden. Unter Umständen lässt sich das so oft beobachtbare Scheitern von Lernprozessen – wie es vor allem bei standardisierten Meta-Erzählungen, die durch Externe an die Organisation herangetragen werden, auftritt – dadurch verhindern.

6. Orientierungshilfen für die Beratung

Für die Personen, die an einer Veränderung interessiert sind, stellt sich das Problem der Einflussnahme als Steuerung von sozialen Prozessen, was Harrison C. White (1992, 230) als „getting action" bezeichnet. Sein Konzept von Steuerung eignet sich in diesem Zusammenhang besonders, da er die soziale und situative Einbettung von Interaktionen zum Ausgangspunkt seiner Argumentation macht. Die Betonung des Kontextes ist bei ihm so stark, dass er sogar Akteure als abgeleitete Kategorien betrachtet (vgl. Fuhse 2006). Identitäten ergeben sich erst aus Zuschreibungen von Eigenschaften (und Kontrollmöglichkeiten) in Beziehung zu anderen Identitäten und situativen Kontexten (vgl. Emirbayer 1997, 287).

White zufolge streben Identitäten[20] nach Kontrolle über die Unwägbarkeiten in ihrer Umwelt. Die Umwelt von Identitäten ist diesem Konzept nach notwendigerweise mit Unsicherheiten belastet, die die Identitäten gefährden. Die Kontrolle von Unsicherheitsquellen durch andere stellt in diesem Zusammenhang eine indirekte und u.U. besser kontrollierbare Unsicherheitsquelle dar. Insofern lässt sich die Argumentation von Crozier und Friedberg, dass die Beherrschung von Unsicherheitsquellen in einer Beziehung auch Einflussmöglichkeiten erzeugt, mit der Perspektive Whites vereinbaren. Darüber hinaus erschließt das Konzept einen Blickwinkel, den die Machtbegrifflichkeit verdunkelt: Wenn alle Akteure auf die Beherrschung von Unsicherheiten drängen, um ihre Identität fortzusetzen, erübrigt sich eine Stigmatisierung, die sich im Zusammenhang mit Macht oft findet. Eine weniger voreingenommene, bewertende Perspektive verspricht in der Steuerung organisationaler Prozesse Erfolg, da so möglicher Widerstand antizipiert und unter Umständen aufgefangen werden kann.

Was kann man von White über das „getting action", die Steuerung der organisationalen Veränderung lernen? White bemüht hier die Analogie der Metalllegierung („Annealing"). Im Fall der Härtung des Metalls werde durch mehrfaches

---

[20] Identitäten können auch Akteure sein. Auch wenn White auf den Irrtum der Akteurfixierung von westlichen Theorien hinweist (z.B. 1992, 8), soll in diesem Zusammenhang Identität verkürzt als Akteur begriffen werden.

„Erhitzen" versucht, gewünschte Eigenschaften hervorzubringen (vgl. White 1992, 281f.). White weist so darauf hin, dass Zielerreichung in sozialen Prozessen nicht einfach zu realisieren sei, da sich bestehende Routinen und Konstellationen durch Persistenz auszeichnen können. Aussichten auf Erfolg hängen von der Berücksichtigung bestehender Akteur-Konstellationen ab. Essentiell für die Steuerung eines organisationalen Lernprozesses ist damit die Analyse der Netzwerke[21] relevanter Akteure, sowohl der Befürworter, als auch der Gegner. Diese Topologie der organisationalen Beziehungen ist Grundlage für die Intervention, da sie großen Einfluss auf die Routinen in Organisationen haben. Wer mit wem welche Art von Beziehungen pflegt, hat großen Einfluss auf die Konstruktion der Wirklichkeit durch Identitäten (vgl. White 1992, Kapitel 2). Diese Anwendung einer relationalen Analyse, die die sozialen Beziehungen in den Vordergrund stellt, ist eine interessante Erweiterung der Perspektive Crozier und Friedbergs, die in Kombination mit der Story-Telling-Analyse ein fruchtbarer Gegenstand weiterer empirischer Forschung zu sein verspricht.

White kombiniert dies bereits theoretisch, indem er zu seinen Netzwerkanalytischen Konzepten eine Ebene der Bedeutungskonstruktion hinzufügt. Die Interpretationen von Welt, die interaktiv konstruiert werden, nennt White – wie bereits angedeutet – „Stories" (White 1992, 13) und sie werden im Verlauf der Bemühungen um Kontrolle bzw. Steuerung durch die Kontingenzen des (organisationalen) Alltags generiert. Wie mit diesen Stories Kämpfe um Kontrolle ausgefochten werden (vgl. ebd., 25), illustriert die hier berichtete empirische Studie. Die *Strategischen Innovatoren* erzählen Geschichten über grundsätzlichen Wandel, die *Bewahrer* entwerfen ein abweichendes Bild, sie erzählen die Gegenstories mit der Pointe der Erhaltung des Status Quo. In den Konsequenzen für den Wandel einen Gegenentwurf bieten die Geschichten der *Operativen Innovatoren* mit ihren Beteuerungen, dass sie den Wandel bereits ausreichend realisieren und ihn selbst kontrollieren.

Für Begleiter des organisationalen Lernprozess bedeutet dies einerseits, möglichst verschiedene Stories zu finden und einen Eindruck davon zu bekommen, welche relevanten Akteure welche Wirklichkeitsinterpretationen vertreten, z.B. mit Hilfe der Story-Telling-Analyse. Andererseits gilt es darüber hinaus, die Treiber des Wandels für die unterschiedlichen Realitätsentwürfe zu sensibilisieren. Besondere Aufmerksamkeit sollte den Problemdefinitionen gewidmet werden, weil hier ein wichtiger Ansatzpunkt für Gegenargumentationen gelegt werden kann. Die Entwürfe für die Handlungsmöglichkeiten für den BUND hängen davon ab, ob man Probleme prinzipiell als durch interne Veränderungen lösbar

---

[21] Relevant sind in diesem Zusammenhang die Eigenschaften von Netzwerken, die in der sozialen Netzwerkanalyse erhoben werden, wie z.B. Zentralität, Prestige, strukturelle Äquivalenzen oder die strukturelle Löcher. Für einen Überblick siehe Wassermann/Faust 1994.

versteht. Im Kampf um die Deutungshoheit der Erklärungen für die Situation der Organisation und damit auch ihrer Zukunft nimmt man Befürwortern den Wind aus den Segeln, wenn man die Probleme als allgemeine Probleme aller Organisationen darstellt, für die es keine Lösung gibt. Auch durch die vorliegende Studie wird also die große Bedeutung der Problemdefinition für den Lernprozess deutlich (vgl. Kerlen 2003).

Stories sind nicht in Stein gemeißelt, sondern werden in konkreten Situationen und unter bestimmten personellen Konstellationen generiert bzw. ausgewählt. Insofern ist auch die Durchsetzung einer dominanten Situationsdefinition (mit ihren jeweiligen Spezifikationen) nicht ausgeschlossen. Der Weg dorthin führt über Kommunikation vor allem mit einem Verständnis für die Kontingenz jeglicher – und damit auch der eigenen – Wirklichkeitskonstruktion.

Literatur

Argyris, C./ Schön, D. (1978): Organizational Learning: A theory of action perspective. Reading, Mass.

Barnat, M. (2005): Lernen und Macht in einer Non-Profit Organisation. Discussion Paper SP III 2005-103. Wissenschaftszentrum Berlin für Sozialforschung.

Biedermann, C. (2000): „Was heißt Freiwillige managen? Grundzüge des Freiwilligenmanagement". In: Nährlich, S./ Zimmer, A. (Hg.): Management in non-profit Organisationen. Eine praxisorientierte Einführung. Opladen, 107-128.

Bock, T. (2002): „Vom Laienhelfer zum freiwilligen Experten. Dynamik und Struktur des Volunteering". In: Rosenkranz, D./ Weber, A. (Hg.): Freiwilligenarbeit. Einführung in das Management von Ehrenamtlichen in der Sozialen Arbeit. Weinheim, München, 11-21.

BUND (2006): Jahresbericht 2005. Verfügbar über http://www.bund.net/lab/reddot2/pdf/jahres bericht_2005.pdf. Zuletzt aufgerufen 29.5.2007

BUND (2005): Über Uns. Homepage. Verfügbar über: http://www.bund.net. Zuletzt aufgerufen: 29.5.2007.

BUND (2002): Bundesdelegierten Versammlung 2002. Protokoll Anlagen.

Crozier, M./ Friedberg, E. (1979): Macht und Organisation. Die Zwänge kollektiven Handelns; zur Politologie organisierter Systeme. Königstein.

Berthoin Antal, A./ Dierkes, M./ Child, J./ Nonaka, I. (2001): „Organizational Learning and Knowledge: Reflections on the Dynamics of the Field and Challenges for the Future". In: Dierkes, M./ Berthoin Antal, A./ Child J./ Nonaka, I. (ed.): Handbook of Organizational Learning and Knowledge. Oxford, 921-938.

Elkjaer, B. (2003): Social Learning Theory: Learning as Participation in Social Processes. In: Easterby-Smith, M./ Lyles, M. (ed.) (2003): The Blackwell Handbook Of Organizational Learning and Knowledge Management. Oxford, 38-54.

Emirbayer, M. (1997): Manifesto for a Relational Sociology. In: American Journal of Sociology Vol 103, No. 2, 281-317.

Felsch, A. (1999): Personalentwicklung und Organisationales Lernen. 2.überarb.Aufl. Berlin.

Florian, M./ Fley, B. (2004): Organisationales Lernen als soziale Praxis. Der Beitrag von Pierre Bourdieu zum Lernen und Wissen von und in Organisationen. In: Florian, M./ Hillebrandt, F. (Hg.): Adaption und Lernen von und in Organisationen. Beiträge aus der Sozionik. Wiesbaden, 69-100.

Foucault, M. (1977): Der Wille zum Wissen. Frankfurt/M.

Fuhse, J. (2006): Gruppe und Netzwerk – eine begriffgeschichtliche Rekonstruktion. In: Berliner Journal für Soziologie, Heft 2, 245-263.

Giddens, A. (1988): Die Konstitution der Gesellschaft. Grundzüge einer Theorie der Strukturierung. Frankfurt/M.

Kerlen, C. (2003): Problemlos beraten? Die Problemdefinition als Startpunkt organisationalen Lernens. Berlin.

Klages, H. (2001): Engagementpotenziale in Deutschland. In: Rosenbladt, B. von (2001): Freiwilliges Engagement in Deutschland – Freiwilligensurvey 1999. Ergebnisse der Repräsentativerhebung zu Ehrenamt, Freiwilligenarbeit und bürgerschaftlichem Engagement. Band 1: Gesamtbericht. Stuttgart.

Lave, J./ Wenger, E. (1991): Situated Learning. Legitimate peripheral participation. New York.

Ortmann, G./ Windeler, A./ Becker, A./ Schulz, H.-J. (1990): Computer und Macht in Organisationen. Mikropolitische Analysen. Opladen.

Rosenbladt, B. von (2001): Freiwilliges Engagement in Deutschland – Freiwilligensurvey 1999. Ergebnisse der Repräsentativerhebung zu Ehrenamt, Freiwilligenarbeit und bürgerschaftlichem Engagement. Band 1: Gesamtbericht. Stuttgart.

Wassermann, S./ Faust, K. (1994): Social Network Analysis: Methods and Applications. Cambridge.

White, H. C. (1992): Identitiy and Control. A Structural Theory of Social Action. Princeton.

Zimmer, A./ Priller, E. (2004): Gemeinnützige Organisationen im gesellschaftlichen Wandel. Ergebnisse der Dritte-Sektor-Forschung. Wiesbaden.

Organisationslernen und Macht. Eine Fallstudie zur Dialogisierung hierarchischer Kommunikation

Ulrich Spandau

In Organisationen ist Macht „eine unausweichliche, nicht aus der Welt zu schaffende Dimension des sozialen Handelns" (Crozier/ Friedberg 1993, 15), die selbstverständlich auch in organisationalen Lernprozessen wirkt. Dennoch wird in der wissenschaftlichen Auseinandersetzung mit dem Organisationslernen die machtlegierte Beziehung zwischen Führungskraft als Machthaber und den Mitarbeiter/innen als Machtunterworfenen im OL-Lernprozess vernachlässigt.

Dies mag darin begründet sein, dass das Angebot von Macht in Lernprozessen als demotivierend und dem Lernen nicht förderlich bewertet wird. Dass Macht Lernen auch ermöglichen kann, wird in der Forschung kaum berücksichtigt (vgl. Hardy/ Clegg 1996, 622ff.; Filion/ Rudolph 1999). Genau dies ist das Interesse der nachfolgend zu berichtenden Fallstudie im Bereich der Führungskräfteentwicklung.

Als Orientierungsrahmen für unsere Argumentation dient Niklas Luhmanns „kopernikanische Wende der Beobachtungsperspektive" (Willke 1992, 27), nämlich *Kommunikationen* als Ausgangspunkt für Handlungen in sozialen Systemen zu verstehen (vgl. Luhmann 1984). Wenn nun Kommunikationen (und nicht Subjekte) die zentralen Elemente einer Organisation darstellen, „dann muß jede Veränderung des Systems zunächst und vorrangig aus einer Veränderung der das System konstituierenden Kommunikationsmuster, Kommunikationsregeln und Semantiken folgen" (Willke 1994, 99). Auf das Organisationslernen bezogen bedeutet dies, dass organisationale Veränderungsprozesse eine Überprüfung und ggf. einen Wandel von Kommunikationsprozessen in Systemen oder deren Subsystemen erforderlich machen.

Zur Rekonstruktion machtgestützter organisationaler (Lern-)Prozesse als nützlich erweist sich das organisationstheoretische Konzept der Mikropolitik. Mikropolitik wird als „implizites Steuerungsmedium" (Brüggemeier/ Felsch 1992, 135) – analog zu Luhmanns Konzept symbolisch generalisierender Kommunikationsmedien als Zusatzeinrichtung zur Sprache (vgl. Luhmann 1975a) – zur Erhöhung der Wahrscheinlichkeit des Gelingens von Kommunikationen innerhalb von Organisationssystemen interpretiert, welches die Organisationsmitglieder „als zwangsläufiges Phänomen organisierten Handelns" (Schirmer

1999, 46) verwenden, um kollektives Handeln in organisierten sozialen Systemen zu regulieren. In Anlehnung an Küpper/ Felsch (2000, 149) wird Mikropolitik als das „interessengeleitete Handeln je konkreter Akteure in je konkreten organisationalen oder organisationsbezogenen Handlungssituationen" verstanden. Dabei wird davon ausgegangen, dass, „wie in jeder sozialen Beziehung unweigerlich Macht als wesentliche Dimension des wechselweise aufeinander bezogenen Verhaltens der Akteure in Erscheinung (tritt)" (ebd., 150). Macht wird im mikropolitischen Handeln der Organisationsmitglieder zum „grundlegenden und unausweichlichen" (Crozier/ Friedberg 1993, 17) Medium, das die Interaktionen in Organisationen strukturiert.

Luhmann zweifelt an Theorien, in denen sich Macht als eine „Beziehung von Ursachen und Wirkungen, in der die Ursachen die Wirkungen bewirken" (ebd., 150) darstellt, wobei der Willensbruch des Machtunterworfenen als die zentrale Wirkung von Macht beschrieben wird. Diese Kausalität sei nicht beweisbar, weil kein Machthaber wissen könne, ob der Machtunterworfene nicht auch ohne Machtandrohung oder Machtanwendung wunschgemäß gehandelt hätte.

Luhmann begreift Macht als Kommunikationsmedium. Eine Kommunikation setzt sich ihm zufolge (vgl. Luhmann 1984, 203ff.) aus drei Selektionen zusammen: Informationsauswahl (durch Ego), Mitteilungsverhalten (von Ego), und Verstehen (seitens Alter). Da Verstehen aber noch nicht die Annahme der Kommunikation bedeutet, weil Alter sie auch abbrechen kann, ist Kommunikation ‚unwahrscheinlich'. Die Sprache hat für Ablehnung nur Nein und für Annahme nur Ja zu bieten. Wenn aber ein Mächtiger sich mit Ablehnung nicht zufrieden geben will, bietet ein nonverbales Medium als Zusatzeinrichtung weitere Optionen: *Macht* als Zusatzeinrichtung zur Sprache soll eine Transformation von „Nein-Wahrscheinlichkeiten in Ja-Wahrscheinlichkeiten" leisten (vgl. Brodocz 1998, 186f.).

Führung stellt hierbei eine komplexitätsreduzierende Interventionsfunktion dar, die der gezielten Beeinflussung sozialer Situationen in einem sozialen System dient. Das für Führung zur Verfügung stehende, symbolisch generalisierte Kommunikationsmedium *Macht* orientiert sich an der *negativen Sanktion.* (vgl. Luhmann 2000a, 45). Negative Sanktionen werden jedoch nicht notwendig manifestiert, sondern als Alternative bereitgehalten, „die im Normalfall, auf den die Macht aufbaut, *beide* Seiten lieber vermeiden als aktualisieren möchten. Die Macht ergibt sich dann daraus, dass der Machthaber die Ausführung der negativen Sanktion eher in Kauf nehmen könnte als der Machtunterworfene" (Luhmann 1987a, 119).

Die erzwungene Fortsetzung einer Kommunikation wird als *„mächtige Kommunikation"* (Brodocz 1998, 186) konstruiert. Soll heißen: Kommunikation besteht in der Entscheidung eines Machthabers über das Handeln eines Machtun-

112

terworfenen. Macht als Medium strukturiert eine Situation offener Mikropolitik, in der Alter und Ego interessengeleitet handeln, Macht soll die Realisierung der Entscheidung des Machthabers sicherer machen. Merkmal *mächtiger Kommunikation* ist, dass der Machthaber dem Machtunterworfenen die Selektionslast hinsichtlich der Entscheidung über den Verlauf der Kommunikation aufbürdet. Solange die ungünstigere Kommunikationsvariante nur angedroht wird, hat der Unterworfene die Wahl. Der Mächtige überlässt ihm die Entscheidung, er öffnet zwei Kommunikationsverläufe, wobei einer davon für den Machtunterworfenen mit größeren Nachteilen verknüpft wird. Der Machtunterworfene kann sich fügen – oder aber widerstehen mit dem Risiko, dass er durch die Ablehnung der mächtigen Kommunikation einen Nachteil erleidet. Die Möglichkeit der zwei Kommunikationsverläufe erlaubt dem Machtunterworfenen das Gefühl, den Verlauf der Kommunikation wenigstens mitgestalten zu können und erinnert ihn zugleich an seine Ohnmacht. Denn er hat nur die Wahl zwischen zwei verschieden großen Übeln.

Die (Gegen-)Macht der Machtunterworfenen besteht in der Möglichkeit, auch dem Machthaber einen ungünstigen Kommunikationsverlauf anzubieten, an dem der Machthaber seinerseits kein Interesse haben kann, indem nämlich notwendige Informationen vorenthalten, Leistungen verweigert oder verzögert werden.

Dies ist auch für das organisationale Lernen von großer Bedeutung, beruht dieses doch auf Kommunikation im Rahmen einer „Lernsubstition" (vgl. Levinthal/ March 1993, 95ff.) durch organisationale Subsysteme wie Managementsysteme, Abteilungen, Stäbe, Netzwerke oder (informelle) Gruppen. Lernen eines organisationalen Subsystems, also das *Organisationslernen*, bezeichnet dann die Entscheidung, zunächst einmal Informationen zu selektieren. Diese Informationen sind Eigenkonstruktionen des Systems, die dessen weitere Informationsaufnahme beeinflussen. Im Organisationslernen geht es um Strukturänderungen auf kognitiver Ebene (vgl. Reinhardt 1995; Schreyögg/ Noss 1995). Lernen benötigt demnach eine auslösende Kognition, um daran die Strukturänderung anzuschließen. Information stellt dann immer eine Voraussetzung von Lernen dar, sie *muss* vorliegen, damit Strukturänderungen realisiert werden *können*. Die Selektion von Informationen muss nicht zwangsläufig organisationale Lernprozesse initiieren, da das System auch an seinem IST-Zustand festhalten und Informationen verdrängen kann, kann, die nicht in die erwarteten Sinnstrukturen passen. Es wird darum nicht gelernt, sondern „insistiert" (vgl. Thomae 1996, 5ff.).

In diesem Spannungsfeld zwischen Lernen und Insistieren bewegt sich nun Führung in einer Organisation. Statt direkter, auf personenbezogene Intervention stellt sie sich als in den Kontext integrierte und auf den Kontext von Handlungen (z.B. Kooperations- und Kommunikationsstrukturen) ausgerichtete Tätigkeit dar.

Aufgabe von Führung als intervenierendem Subsystem des organisierten sozialen Systems ist es nun, im Sinne eines nicht-trivialen Systemverständnisses, als „Steuerung zur Selbststeuerung" reflektierte lernfördernde Entscheidungen einzuleiten und notwendige „gezielte Irritationen" von oben – mit dem Ziel der Verfremdung von Vertrautem, Infragestellung von Bewährtem und Überdenkung des Bewährten (vgl. Arnold 1995, 350f.) – in die Organisation einzubringen.

Die bisherige Argumentation bedarf einer kritischen Reflexion, die die Legitimität von Macht hinterfragt. Sie lässt sich mit Bezug auf die anthropologisch-lerntheoretische Konzeption von Klaus Prange entfalten, der die Auffassung vertritt, dass Macht an sich ethisch indifferent ist und erst der Umgang mit ihr ethische Fragen aufwirft (vgl. Prange 1978, 176f.). Als ethisch problematisch ist allerdings jeder Umgang mit Macht zu betrachten, der dazu führt, dass sich anbietende Entwicklungsmöglichkeiten abgeschnitten werden, und zwar sowohl auf Seiten desjenigen, gegenüber dem Macht ausgeübt wird, wie auch auf Seiten desjenigen, der sie ausübt. Umgekehrt bedeutet das, dass der Einsatz von Macht immer dann legitim und sogar ethisch geboten ist, wenn nur so Entwicklungshindernisse oder -blockaden aus dem Weg kurativ geräumt oder präventiv verhindert werden können. Pranges subjektorientierter Bildungsbegriff wird auf soziale Systeme erweitert, denn zum Lernen braucht der „homo discens" Feedback, und das kann er nur von seiner Umwelt erhalten. Erst in der lernenden Auseinandersetzung mit seiner sozialen Umwelt, d.h. in der „communicatio discens" kann der Mensch die Möglichkeiten seines Menschseins entfalten (vgl. Geißler 2000, 259ff.). In diesem Sinne erscheint es möglich, die Position des radikalen Konstruktivismus und der Systemtheorie bildungstheoretisch zu reformulieren.

Diese ethische Ausrichtung beansprucht nicht nur für den zwischenmenschlichen Umgang Geltung, sondern auch für die Beziehung zwischen Theorie und Praxis. Aus diesem Grunde habe ich mich für die in der Managementlehre in letzter Zeit wieder in die methodologische Diskussion eingebrachte *Aktionsforschung* (vgl. Nieder 1993; vgl. Probst/ Raub 1995; vgl. Eden/ Huxham 1996) entschieden. Aktionsforschung wird nicht als alternatives Gegenkonzept zum herrschenden empirisch-analytischen Forschungsparadigmas interpretiert, sondern als eine bildungstheoretische Erweiterung, die den ethisch reflektierten Dialog zwischen Theorie und Praxis in den Mittelpunkt stellt und damit dem „Konzept problemorientierter Organisationsveränderung" (Staehle 1999, 923) Rechnung trägt.

Im Bereich des Lernens von Organisationen stellt die Umsetzung des Gelernten von Führungskräften in organisationale Subsysteme für alle Praktiker ein großes Problem dar. Führungskräfte erwerben in Seminaren offenbar alltagsrelevante Kenntnisse und können diese auf Rückfrage auch üblicherweise korrekt wiedergeben, doch das für das Lernen wirklich Entscheidende findet nicht statt: Die erworbenen Kenntnisse werden bei der Bearbeitung von Alltagsproblemen in Organisationen nicht eingesetzt, sondern „dümpeln" im Kopf des lernenden Subjekts vor sich hin. Wenn nach den Gründen für dieses Phänomen gefragt wird, lautet das Standardargument der Befragten: „Ja aber, die da oben, die machen das ja auch nicht – obwohl die doch schon alle Seminare mitgemacht haben ...". Das Problem wird auf eine höhere hierarchische Ebene abgeschoben und der geringe Praxistransfer von Lerninhalten legitimiert, mit dem Verweis auf die fehlende Umsetzung vorhandener Kenntnisse seitens der Vorgesetzten.

Andererseits beklagen auch die Kritisierten eine außerordentlich geringe Wirkung von Führungskräftetrainings bei den ihnen unterstellten Führungskräften („Nichts Wesentliches würde passieren, wenn wir die Seminare abschaffen"). Genau hier setzt das Interesse der Fall-Studie an: Warum zeigt Führungskräfteentwicklung offenbar ein Wirkungsproblem in organisationalen (Sub)-Systemen?

Die Fallstudie

Im Mittelpunkt der Fallstudie steht eine Seminarreihe für Führungskräfte, die hinsichtlich ihrer Inhalte und Methoden zunächst einmal nichts Außergewöhnliches aufweist. Ihre Besonderheit besteht darin, dass einer der Machthaber in einer Unternehmung, (Anonym: B.A.U. AG) sein Interesse auf diese Seminarreihe richtete – und zwar deshalb, weil er die traditionell geringe Transferleistung dieser Bildungsmaßnahme nicht weiter hinnehmen wollte und erkannte, dass sie als ein – ökonomisch höchst interessanter – Hebel genutzt werden konnte, um in der Organisation „etwas zu bewegen".

Die B.A.U. AG propagiert den „permanent lernenden Mitarbeiter", der sein vorhandenes „Wissen und Können im Team effizient" einsetzen und dadurch zur Unterstützung des Unternehmens beitragen soll, als eines der unternehmerischen Ziele. Die Lernkultur des Unternehmens steht dabei in einer konsequent hierarchischen Tradition, in der die Vorgesetzten analog eines Nürnberger Trichters Lerninhalte vorgeben. Im Sinne eines „linearen Lernbegründungsmusters" (Müller 1999, 17) verlangen die Vorgesetzten von ihren Mitarbeitern, was sie an bauspezifischen Inhalten zu lernen hätten. Dazu werden sowohl in den Tochtergesellschaften als auch in der Zentrale Weiterbildungsveranstaltungen angeboten. Diese von einem linear-mechanistisch handelnden Managementsystem als betrieblich erforderlich definierten Weiterbildungsinhalte werden von spezialisierten Trainern mit entsprechender Zielstellung umgesetzt. Aufgrund der fehlenden positiven Einstellung des Managementsystems gegenüber Weiterbildung und trotz der vom Managementsystem verbal immer wieder betonten Notwendigkeit und Wichtigkeit von Qualifizierung, werden Lernenwollende im Alltag der Unternehmung als defizitär stigmatisiert, weil sie ja etwas nicht wissen. Die Teilnahme an Weiterbildungsmaßnahmen wird daher vom Managementsystem und, als sich selbst verstärkender Prozess, auch von den Mitarbeiter/innen nach dem Motto „Wer wenig weiß, der kann auch nur wenig leisten" eher als negativ angesehen. Weiterbildungsangebote (z.B. Kommunikationstrainings, Workshops zur Teamarbeit, Trainings zum Thema Konfliktmanagement), die nicht unmittelbar mit baunaher Qualifizierung in Verbindung gebracht werden, gehören nach Ansicht vieler Vorgesetzten nicht in den Zuständigkeitsbereich der Unternehmung, sondern in den der Volkshochschule.

In der B.A.U. AG werden im Auftrag des Vorstandes in allen Tochtergesellschaften und der Zentrale *Führungszirkel* für die Führungsnachwuchskräfte durchgeführt. Der *Führungszirkel* als Bestandteil des konzernweiten Personalentwicklungskonzepts für Führungskräfte wurde in Zusammenarbeit zwischen Vorstand, den Leitern der operativen Einheiten und der Abteilung Personal- und Organisationsentwicklung der Zentrale kollektiv entwickelt und vereinbart. Das konzernweite PE-Konzept einschließlich der *Führungszirkel* ist zum Zeitpunkt des Projektbeginns knapp drei Jahre lang in Anwendung. Die Führungszirkel gliedern sich in drei Veranstaltungen à zwei Tage mit den Themen „Berufliche Kommunikation", „Erfolgreiche Team-Arbeit" und „Verhandlungsführung"

Zielgruppe der Führungszirkel-Reihe sind Mitarbeiter/innen, die dem Managementsystem der Tochtergesellschaft angehören bzw. in nächster Zeit angehören werden.

Das Management einer Tochtergesellschaft der B.A.U. AG hat die Notwendigkeit und den organisationalen Nutzen eines auf Dialog basierenden Managements schon lange vor Projektbeginn erkannt, ist aber nicht imstande, seine Erkenntnisse im organisationalen Alltag konsequent umzusetzen, sondern erliegt immer wieder monologischen „Verlockungen". In dieser Situation war die Frage zu lösen, wie in einer monologisch ausgerichteten Organisationskultur dialogische Kommunikationsprozesse installiert werden können. Steinmann/ Schreyögg lassen unter den Bedingungen monologischer Sachzwänge hilfsweise die Möglichkeit der „einsamen Normfindung", in der die Führungskräfte einen fiktiven Dialog führen (vgl. Steinmann/ Schreyögg 1999, 108), über den im Nachhinein Rechenschaft abgelegt werden muss. Im Falle der Tochtergesellschaft wurde die Normfindung von den Mitgliedern des Managements auf den Kreis der *erweiterten Geschäftsleitung*, zusätzlich bestehend aus dem Leiter Personal und dem Leiter Controlling – weiterhin waren während der Initiierung des organisationalen Lernprozesses im Rahmen des Führungszirkels der Trainer und der Autor als Berater Mitglieder der erweiterten Geschäftsleitung – übertragen. Wesentliche Führungsaufgabe im organisational eingeschränkten Dialog war nicht die Durchsetzung des eigenen Standpunktes, sondern die gemeinsame Suche nach Kritik, Anregungen und anderen Ansichten. Die Rolle des Autors war, neben der des ins soziale System „eingetauchten" Aktionsforschers, die des „Begleiters", der den Dialog als diskursive Instanz „zusammenhält" (vgl. Senge 1998, 296.). Im Rahmen der Fallstudie zum Führungszirkel in der Tochtergesellschaft der B.A.U. AG stellt diese Zusammensetzung sicher, dass die Normfindung nicht „einsam" durch die beiden Mitglieder der Geschäftsleitung als „heroische strategische Einzelentscheidung" (Schreyögg 2000, 222), sondern im Rahmen eines tatsächlichen Dialogs innerhalb eines Forums gleichberechtigter Mitglieder multipersonal vorgenommen wird. Daher wird die Begrifflichkeit des *dialogorientierten Managementhandelns* verwendet. Zur *Akzeleration* der Veränderung der Kooperations- und Kommunikationsstrukturen im Managementsystem wurde die Fallstudie zum Organisationslernen mit Luhmanns Konzept *mächtiger Kommunikationen* verknüpft. Mit der Fallstudie werden folgende Ziele verfolgt:

- Entwicklung eines Commitments über die Darstellung von organisationalen Machthabern durch *mächtige Kommunikationen* ausgelösten intervenierenden mikropolitischen Irritationen zu Gunsten dialogorientierten Managementhandelns im Managementsystem.
- Systematisierung eines OL-Prozesses und damit Angebot der Übertragbarkeit auf weitere Entwicklungen bzw. Implementierungen für andere Organisationssysteme.

Zur Weiterentwicklung des Führungszirkels wurde – mit dem Ziel der Sondierung und des „in das System Hineinhörens" (vgl. Doppler 1992, 46) – ein konstituierender Workshop durchgeführt, in dem die anwesende *erweiterte Geschäftsleitung* folgende Anforderungen an eine künftige Führungszirkel-Reihe formulierte:

- stärkere Einbindung der direkten und disziplinarischen Vorgesetzten der Führungszirkel-Teilnehmer,
- schrittweise Ersetzung des monologischen Führungsverständnisses durch dialogorientiertes Managementhandeln,
- mehr Transparenz: Die Vorgesetzten sollen die Inhalte der Veranstaltungen in ihrem Nutzen besser für sich und die Organisation bewerten können.

Mit diesen Anforderungen sollte eine wesentliche Lücke im bisherigen Führungszirkel-Prozess geschlossen werden: die fehlende Einbindung des Führungsmittelbaus. Des Weiteren wurde der Gedanke nach einer *Prüfung* im Sinne „Was konkret setzen Teilnehmer um?" entwickelt. Dies ist nicht als Indiz für Verschulung zu verstehen, sondern vielmehr als Indiz für das Interesse von Ingenieuren, nach „messbarer" Information über das, „was im Führungszirkel passiert" und das, was sich an Nutzen für die Organisation durch das Führungszirkel-System entwickelt.

In der nun folgenden konzeptionellen Phase strukturierte sich das weitere Vorgehen der Geschäftsleitung nach folgenden Steuerfragen: Was muss passieren, damit sich die Kommunikationsstrukturen in Richtung dialogorientiertes Managementhandeln verändern? Wie lassen sich die Einschätzungen der Geschäftsleitung in konkrete mikropolitische Irritationen hinsichtlich des Führungszirkels in den Tochtergesellschaften der B.A.U. AG übersetzen?

Im Laufe der Recherche nach geeigneten Interventionsinstrumenten wurden in der Literatur kaum brauchbare Hinweise gefunden, die die Realisierung dialogorientierten Managementhandelns im Rahmen der Führungskräfteentwicklung auch gegen Veränderungswiderstand seitens des (mittleren) Managements mit Hilfe *mächtiger Kommunikation* dokumentierten. Dabei geht es nicht um machthaberorientierte Veränderung nach dem Motto „Jetzt erst recht", sondern um die „Bahnung von Kommunikationen" (Heintel/ Krainz 1998, 211) in Richtung dialogorientiertes Managementhandeln. Aus dem Bereich der Depressionsforschung wurde ein Lern-Modell extrahiert, das nach konzeptioneller Anpassung als Instrument zur Weiterentwicklung der Kommunikations- und Kooperationsstrukturen einer Organisation dienen konnte.

Die amerikanische Psychiaterin Elisabeth Kübler-Ross (1982) hat im Gespräch mit schwer kranken Menschen ein (Entwicklungs-)Modell identifiziert, das einen beraterunterstützten subjektiven Veränderungsprozess in außergewöhnlich schwierigen Situationen dokumentiert. Das von ihr identifizierte Phasen-Modell zeigt einen „schmerzhaften" Entwicklungsprozess hin zu einem positiv gewendeten subjektiven Lebensverständnis auf.

In Analogie zu Kübler-Ross stellen im Falle der Tochtergesellschaft der B.A.U. AG die gegebenen Kommunikationsstrukturen der Organisation eine systemische Struktur dar, die aufgrund ihrer linear-mechanistischen Grundhaltung seitens der Führung als pathologisch zu bezeichnen ist. „Pathologisch" ist hier nicht in einem klinischen Sinne, sondern systemisch als Verhaltensstörung der Organisation (vgl. Türk 1980, Sp.1860) in dem Sinne zu interpretieren, dass das System aufgrund seiner Entscheidung für eine insistierende Lernhaltung nicht mehr ausreichend die Anforderungen der Umwelt wahrnehmen kann und deshalb immer größere Probleme mit der Umwelt bekommt. Um die Anpassungsfähigkeit des Management-Systems mit der Umwelt zu erhöhen, sollen durch Irritationen „von oben" Sinnanschlüsse geschaffen werden, die einen besseren Austausch mit der Umwelt sicherstellen und damit das monologische Führungssystem der Tochtergesellschaft zu *organisationaler Lebendigkeit* durch dialogorientiertes Managementhandeln weiterentwickeln.

Das subjektorientierte Phasen-Modell von Kübler-Ross habe ich unter Rückgriff auf Schulz von Thuns *Parallelitätsthese* auf ein organisiertes soziales System übertragen und im Sinne rascher Wirksamkeit im organisationalen Alltag mit dem Luhmannschen Konzept *mächtiger Kommunikation* verknüpft. Das „Angebot" *mächtiger Kommunikation* stellt eine Kopplungsoperation seitens der Machthaber dar, um zu verhindern, dass das machtunterworfene Führungssystem den OL-Prozess als *Insistieren* gestalten kann. Ich nenne diese Form des Organisationslernens *„Leadership-Loop-Learning"*.

Leadership-Loop-Learning nutzt die systemeigene Rationalität des linear-mechanistischen Managementhandelns, also das Verständnis von Organisationen als Maschine, die Auffassung, dass sich Organisationen wie Handwerksstücke „bearbeiten" lassen, das Vorhandensein klarer Hierarchieebenen, das Denken in Ursache-Wirkungs-Zusammenhängen.

Analog zu Kübler-Ross ist das Leadership-Loop-Learning als OL-Phasenmodell konzipiert, das verknüpft mit *mächtigen Kommunikationen* als Folie über den Führungszirkel gelegt wird. Nach Anwendung in der Praxis lassen sich fünf Phasen des Leadership-Loop-Learning unterscheiden: „Betrifft mich nicht"; Latente Passivität nach Wahrnehmung einer Irritation; Manifeste Passivität nach Wahrnehmung einer Irritation; (Manifester) Konflikt; Ausstieg oder erfolgreicher organisationaler Lernprozess.

Phase 1: „Betrifft-mich-nicht"

Diese Phase stellt die Standard-Befindlichkeit dar, die linear-mechanistisches Managementhandeln euphemistisch für die Umwelt wie folgt postuliert: „Alles im Griff", „Keine Probleme", „Die Lage ist schwierig – aber alles unter Kontrolle".

In der „Betrifft mich nicht"-Phase wird von Machthabern bereits eine wertorientierte Forderung (z.B. Dialogorientiertes Managementhandeln, temporäre Demokratisierung der Führungsbeziehung, Kunden-Lieferanten-Strukturen etc.) als irritierende Information im System platziert. Diese findet zwar Beachtung, da sie „von oben" kommt, es gelingt aber kein Sinnanschluss, weil sich die den Machthabern unterstellten direkten Vorgesetzten als nicht betroffen verstehen.

Die erste Information über die geplante Veränderung des *Führungszirkel*-Systems wurde über eine Einladung für einen eintägigen Informations- und Übungsworkshop an die direkten Vorgesetzten platziert. Den direkten Vorgesetzten wurde von der Geschäftsleitung im neuen *Führungszirkel*-Prozess aufgrund der veränderten Kommunikationen eine zentrale Rolle zugewiesen. Gleichzeitig wurde angenommen, dass die direkten Vorgesetzten dem Führungszirkel, also der Förderung ihrer Mitarbeiter/innen, aufgrund des negativen Lernbildes in der Tochtergesellschaft der B.A.U. AG keine angemessene Bedeutung zumessen.

Die Frage für die Geschäftsleitung und die Berater war nun, mit welcher mikropolitischen Interventionsmethode bei der Kopplung des Vorgesetztensystems mit dem *Leadership-Loop-Learning* eine erste Wirkung erzeugt werden kann, damit zumindest partiell Sinnanschluss gelingen kann. Die Interventionsmethode soll einerseits im System vorhandene, das dialogorientierte Managementhandeln unterstützende, Tendenzen verstärken, andererseits sollen Veränderungswiderstände erkannt werden. Damit soll ein Anreiz für das Managementsystem geboten werden, sich mit systemeigenen „Bordmitteln" auf eine zielgerichtete Selbstveränderung des Systems in Richtung dialogorientiertes Managementhandeln einzulassen und den Paradigmawechsel vom monologischen zum dialogorientierten Managementhandeln zu beschleunigen (vgl. Wollnik 1994, 150f.). Da bekannt war, dass es einige direkte Vorgesetzte gab, die zumindest in Ansätzen dialogische Kommunikationsmuster erkennen ließen, wurde als systemische Kopplungsoperation „Verstärkung und Bestätigung" vorgesehen.

Die direkten Vorgesetzten wurden in diesem einführenden Workshop zum ersten Mal mit der neuen Führungszirkel-Konzeption und dem integrierten *Leadership-Loop-Learning* konfrontiert. Da diese Neukonzeption erheblich höhere Anforderungen an ihre Mitarbeit und Führungsverantwortung stellte als das bisherige Vorgehen, ging es darum, zunächst einmal Akzeptanz dafür herzustellen. Im Zentrum der Veranstaltung mit den betroffenen Vorgesetzten standen Information und gemeinsame kritische Reflexion des neuen Führungszirkel-Konzepts und der damit verbundenen Management-Tools. Durch die Vorgehensweise „Verstärken und Bestätigen" meldeten sich vor allem dialogorientierte Vorgesetzte zu Wort, die in ihren Beiträgen das *Leadership-Loop-Learning* befürworteten. Dabei empfahlen sie der Geschäftsleitung im Rahmen des *Leadership-Loop* zusätzliche „Zwischentermine" vorzusehen, anlässlich derer Geschäftsleitung, direkte Vorgesetzte und Teilnehmer des Führungszirkels die Vereinbarungen aus den *Führungszirkel*-Veranstaltungen gemeinsam reflektieren.

Phase 2: Latente Passivität nach Wahrnehmung einer Irritation

Die Akzeptanz der direkten Vorgesetzten wurde zunächst vordergründig gewonnen, der neue *Führungszirkel*-Prozess wurde mit ihnen im Detail durchgesprochen und fand keinen nennenswerten Widerspruch. Aber es gab, wie erwartet, bei den monologisch orientierten direkten Vorgesetzten ein deutliches Murren hinter der Hand, besonders im Anschluss an den Einführungs-Workshop. Während der Veranstaltung enthielten sich diese Vorgesetzten der Möglichkeit, sich an der Verbesserung der *Führungszirkel*-Reihe zu beteiligen. Weiterhin wurde zwischen der Geschäftsleitung und den Vorgesetzten ein klar definierter Zeitrahmen vereinbart, nach dem die als Numerus Clausus für die Teilnahme am Führungszirkel geltenden Stärken/Schwächen-Gespräche mit den designierten Teilnehmern durchgeführt sein sollten.

Erst nach Beendigung der Veranstaltung machten in informellen Gesprächen die monologisch orientierten Vorgesetzten ihrer Verärgerung über die systemisch angelegte Irritation der Geschäftsleitung – wie im Rahmen des Leadership-Loop-Learning erwartet – Luft und dokumentierten ihre – im Sinne von Argyris/ Schön – „theories in use", die mikropolitisch auf Insistieren ausgerichtet waren: „Was sollen wir denn noch alles machen, wo sollen wir die Zeit hernehmen?" „Die (gemeint ist die Geschäftsleitung, U.S.) verzetteln sich doch nur. Das bringt doch nichts." „So was kann sich doch nur die Geschäftsleitung ausdenken!" „Ich rede doch dauernd mit den Leuten." „Die Geschäftsleitung macht das sowieso nicht so, wie sie es ankündigt."

Dementsprechend lagen zum vereinbarten Termin nur knapp die Hälfte der Gespräche beim Leiter Personal dokumentiert vor. Zur Sicherstellung der Gesprächsdurchführung begann für den Leiter Personal nun eine Phase der dreistufigen Eskalation (1. Anruf beim direkten Vorgesetzten, 2. Erinnerungsnotiz durch den Leiter Personal, 3. Brief der Geschäftsleitung an den Vorgesetzten), um den Anspruch der Geschäftsleitung nach Durchführung des Gespräches durchzusetzen. Der Leiter Personal wurde in der Folge mit der Verärgerung seitens der direkten Vorgesetzten konfrontiert. Die Durchführung der Gespräche dauerte noch eine Weile, letztlich musste aber die Geschäftsleitung nicht eingreifen.

In dieser Phase des Leadership-Loop-Learning wurden trotz einsetzender mikropolitischer Insistierungsaktivitäten seitens einer unorganisierten Abwehrkoalition der direkten Vorgesetzten folgende Absichten der Machthaber (Geschäftsleitung) realisiert:

Die direkten Vorgesetzten haben ein Gespräch mit ihren Mitarbeitern geführt. Zum ersten Mal wird die monologische Kommunikationsstruktur der direkten Vorgesetzten durch Feedback-Kommunikationen erweitert. Die FÜZ-Teilnehmer haben ein Feedback über Stärken und Schwächen aus Sicht des direkten Vorgesetzten erhalten.

Erstmals haben sich direkter Vorgesetzter und Mitarbeiter gemeinsam über organisationale Handlungsziele – im Sinne von Verbesserungsmöglichkeiten für den Mitarbeiter – unterhalten.

Phase 3: Manifeste Passivität nach Wahrnehmung einer Irritation

Nachdem die Irritation im System platziert wurde, wird als nächste Intervention durch die Machthaber die Erwartung nach manifester Veränderung der Kommunikationsstruktur eingebracht. Die veränderte Kommunikation stellt Forderungen nach dialogorientierten Managementhandeln dar, die zwischen direktem Vorgesetztem und Mitarbeiter im Managementsystem realisiert werden sollen. Als ungünstiger Kommunikationsverlauf werden von den Machthabern negative Sanktionen gegenüber den direkten Vorgesetzten in den Raum gestellt. Diese *müssen* mit ihren Mitarbeitern reden! Dies hat zur Folge, dass die direkten Vorgesetzten nicht mehr nach den ihnen bekannten und bequemen Kommunikationsroutinen agieren können. Dieser Verlust von „bewährten" Routinen soll eine weitere signifikante Irritation für das System darstellen. Im Lichte *mächtiger Kommunikation* wird das Vorgesetztensystem versuchen, mikropolitische Aktivitäten zur Entlastung zu realisieren (z.B. Infragestellung der Maßnahme, Idealisierung der bisherigen Kommunikationsstruktur, Koalitionen der Betroffenen, neue Rahmenbedingungen aushandeln), um die gefährdete Reproduktion von Sinn aus vorhandenem Sinn zu vermeiden. Das manifeste Machtangebot veranlasst sie auf der Handlungsebene mit dem Machthaber in Verhandlungen (z.B. über Streckung der lästigen Termine bzw. über Ausnahmeregelungen) einzutreten, deren Einhaltung sie nicht garantieren werden. Gleichzeitig wird damit die Ernsthaftigkeit und Glaubwürdigkeit der Forderung der Machthaber nach Realisierung der eingebrachten Irritationen geprüft.

Die direkten Vorgesetzten werden mit minimalem Aufwand auf die *mächtige Kommunikation* eingehen und damit Einvernehmen mit der Geschäftsleitung simulieren, um dadurch den angebotenen ungünstigen Kommunikationsverlauf zu vermeiden. Gleichzeitig werden sie aber auch einen erfolgreichen Sinnanschluss der irritierenden Kommunikationen zu verhindern suchen, um den für sie immer noch sinnhaften Status-quo ante zu erhalten. Dies kollidiert mit der Erwartung der intervenierenden Machthaber, welche in der Folge das Machtangebot erhöhen.

Während sich die direkten Vorgesetzten im Schritt 2 zunächst auf die *mächtige Kommunikation* einlassen mussten, um ihren Mitarbeitern nicht den ungünstigen Kommunikationsverlauf in Form der Nicht-Teilnahme am Führungszirkel zuzumuten („Numerus Clausus" bei Nicht-Durchführung des Mitarbeitergesprächs), verstärkt die Geschäftsleitung in Phase 3 die *mächtigen Kommunikationen* innerhalb des Managementsystems weiter, um den beabsichtigten organisationalen Lernprozess in Richtung dialogorientiertes Managementhandeln voranzutreiben.

Durch die Anwesenheit der Geschäftsleitung am Anfang und am Ende des Führungszirkels wollen sich die Machthaber in die beabsichtigten Maßnahmen, die die Teilnehmer sich während einer *Führungszirkel*-Veranstaltung für ihren operativen Alltag vornehmen, einbinden lassen.

Bei der ersten Maßnahmenpräsentation und -durchsprache im Führungszirkel 1 (Berufliche Kommunikation) standen die Teilnehmer unter hohem inneren Druck. Hatten sie bereits mit ihren Disziplinarvorgesetzten nur sporadisch Kontakt, so war dieser zur Geschäftsleitung „naturgemäß" noch seltener. Hier kam es auf die Art und Weise der Intervention durch die Geschäftsleitung an. Durch das Auftreten als Coach und Berater, der seinen Mitarbeiter/innen in der Führungszirkel-Veranstaltung im gleichberechtigten Dialog Unterstützung und Hilfe (zur Selbsthilfe) angedeihen lassen will, wurde schnell das Eis gebrochen und Lernangebote erarbeitet. Die Teilnehmer präsentierten auf der Grundlage ihrer persönlichen Ziele aus den Stärken/Schwächen-Gesprächen ihre Maßnahmen für die Praxisphase zwischen den Führungszirkel-Veranstaltungen. Die Geschäftsleitung gab mit Beispielen aus der eigenen – noch immer andauernden Entwicklungspraxis Unterstützung und ermunterte die Teilnehmer zur Umsetzung ihrer Maßnahmen. Die im Seminar präsentierten Maßnahmen wurden anschließend von der Geschäftsleitung an die direkten Vorgesetzten mit der Bitte um Unterstützung der Führungszirkel-Teilnehmer bei der Umsetzung der Aktivitäten per Post zugestellt. Dadurch wurde weitere Öffentlichkeit, die bisher durch die Prämisse „Aus den Seminaren geht nichts raus" verhindert worden war, hergestellt. Die direkten Vorgesetzten kamen dadurch in eine „Zwickmühle": Sowohl von oben (Geschäftsleitung) als auch von unten (Führungszirkel-Teilnehmer/in) wurde der Anspruch auf Umsetzung der im Führungszirkel erarbeiteten Vornahmen formuliert. Diese organisationale Koalition war besonders für die monologisch ausgerichteten direkten Vorgesetzten eine Zumutung, während sich stärker dialogisch orientierende Vorgesetzte ohne Probleme an die Umsetzung machten.

Die dem Führungszirkel folgende Praxisphase war dadurch gekennzeichnet, dass die monologischen Vorgesetzten bestrebt waren, in ihrem Verantwortungsbereich keine Veränderungen durch die Führungszirkel-Teilnehmer zuzulassen. Dies kollidierte massiv mit dem Interesse der Geschäftsleitung und der Führungszirkel-Teilnehmer. Die Strategie des Veränderungswiderstandes seitens der direkten Vorgesetzten bestand darin, dass sie keine Zeit für ihre Mitarbeiter/innen hatten. So lagen zum vereinbarten Termin von den monologisch orientierten Vorgesetzten keine Rückmeldungen über den Stand der Maßnahmenumsetzung vor.

Die nun wieder folgende Abfrage des Leiters Personal auf Information über den Stand der Umsetzung der Maßnahmen und gleichzeitiger Durchführung des Stärken/Schwächen-Gesprächs als Voraussetzung für den nächsten Führungszirkel wurde anfangs nicht beachtet. Erst nach wiederholter Intervention durch den Leiter Personal, nach heftigem Klagen und Verhandlungen über neue (ex post factum nicht eingehaltene) Termine seitens der direkten Vorgesetzten wurde die Durchführung der Maßnahmen und der Stärken/Schwächen-Gespräche vollzogen. Dies geschah aber nur unter der Wirkung des Angebots eines inzwischen verdoppelten ungünstigen Kommunikationsverlaufs *mächtiger Kommunikationen*: Zum einen mussten die direkten Vorgesetzten mit einer stärkeren Intervention der Geschäftsleitung in den operativen Alltag rechnen, um die Durchsetzung der Maßnahmen aus dem Führungszirkel sicher zu stellen, zum anderen mussten sie berücksichtigen, dass ihre Mitarbeiter/innen nicht am nächsten Führungszirkel teilnehmen würden, da die Umsetzung *und* das nächste Stärken/Schwächen-Gespräch vor dem folgenden Führungszirkel „Erfolgreiche Teamarbeit" als Voraussetzung für die Teilnahme definiert worden waren. Da auch die monologisch orientierten direkten Vorgesetzten einen ungünstigen Kommunikationsverlauf, nämlich die Blockierung der weiteren Förderung ihrer Mitarbeiter/innen im Rahmen der Führungszirkel nicht riskieren wollten, reagierten sie mit minimalem Aufwand auf die mächtige Kommunikation. Sie führten die Stärken/ Schwächen-Gespräche zwar durch, handhaben sie aber sehr oberflächlich.

Phase 4: (Manifeste) Konfliktphase

In dieser Phase wirkt das *Leadership-Loop-Learning* in die alltägliche Kommunikations- und Kooperationsstruktur der direkten Vorgesetzten und ihrer Mitarbeiter: Instrument hierfür ist die vom direkten Vorgesetzten zu liefernde Statusinformation über den Stand der Maßnahmenumsetzung der Mitarbeiter. Gleichzeitig informiert sich die Geschäftsleitung direkt bei den Mitarbeitern über den Stand der Maßnahmenumsetzung.

Diese Intervention stellt aus Sicht linear-mechanistisch handelnder Vorgesetzter einen massiven Eingriff in ihre (Führungs-)Autonomie dar. Die Selbstreproduktion von Sinn aus vorhandenem Sinn muss aus ihrer Sicht (wieder) sichergestellt werden. Passivität und Versuche der Maßnahmenverzögerung bis hin zur Bildung einer Abwehrkoalition werden als insistierende mikropolitische Operationen erwartet. Als *ungünstiger Kommunikationsverlauf* wird von den Machthabern die direkte Intervention in das operative Geschehen des jeweiligen direkten Vorgesetzten angeboten, falls die Maßnahmenumsetzung nicht angegangen wird. Mit dieser Form des ungünstigen Kommunikationsverlaufs eskaliert die *mächtige Kommunikation* seitens der Machthaber.

In einem weiteren Workshop mit der erweiterten Geschäftsleitung drohte der gesamte Prozess zu kippen, da die Geschäftsleitung aufgrund des erfahrenen Veränderungswiderstandes der direkten Vorgesetzten sowie wirtschaftlicher Probleme im Markt inzwischen andere Schwerpunkte in ihrem Managementhandeln definierte. In einer gemeinsamen Reflektionsschleife wurde der Prozess innerhalb der erweiterten Geschäftsleitung außergewöhnlich kritisch diskutiert. Besonders der Leiter Personal votierte für eine Veränderung der Vorgehensweise in Richtung höherer Freiwilligkeit der direkten Vorgesetzten. Dies lag darin begründet, dass er am intensivsten den Widerstand der betroffenen Vorgesetzten erfahren hatte. Die irritierenden Vorgesetzten vermuteten im Leiter Personal, der sich als kundenorientierter interner Dienstleister für die operativen Belange verstand, stellvertretend einen Multiplikator in ihrem Sinne.

Diese Konfliktphase wirkte sich in ihrer Dynamik auf der Ebene der direkten Vorgesetzten in der Auseinandersetzung mit der Geschäftsleitung weniger manifest aus, da als insistierende Operation keine Bildung einer Abwehrkoalition festzustellen war. Primär war dies darin begründet, dass die Geschäftsleitung der Tochtergesellschaft eine höchstmögliche Transparenz hinsichtlich ihrer mit dem Angebot *mächtiger Kommunikation* untersetzten Aktivitäten herstellte.

Eine manifeste „reflexive Konfliktphase" gab es auf der Machthaber-Ebene in Gestalt der Geschäftsleitung, die die – stellvertretend durch den Leiter Personal eingebrachten – Widerstände der Vorgesetzten diskutierte. Dies ging so weit, dass der Leiter Personal der Geschäftsleitung „intellektuelles Gerede" vorhielt und sich auf die Position eines Befehlsempfängers zurückzog („Wenn sie das so wollen, dann mache ich halt so – und nicht anders"). Der Geschäftsleitung gelang es im Laufe der Veranstaltung, den Leiter Personal argumentativ von der Sinnhaftigkeit des Leadership-Loop-Learning und dem Angebot *mächtiger Kommunikation* zu überzeugen, da die Veränderung der Kommunikationsstrukturen im Ergebnis eine höhere Selbstverpflichtung der direkten Vorgesetzten bedeute. Einvernehmliche Entscheidung dieser „Gratwanderung" war am Ende des Workshops die Aufrechterhaltung der Verhandlungsgrenzen zwischen den Machthabern seitens der Geschäftsleitung und den machtunterworfenen direkten Vorgesetzten und damit des Konzepts *mächtiger Kommunikation*.

Phase 5: Ausstieg oder erfolgreicher organisationaler Lernprozess

Weitermachen wie bisher wird sowohl für die Machthaber als auch für die direkten Vorgesetzten und die Mitarbeiter nicht mehr möglich sein. Durch den gezielten Einsatz von *mächtigen Kommunikationen* werden in dieser Phase den direkten Vorgesetzten nur noch zwei Kommunikationsverläufe angeboten: Einlassung auf das *Leadership-Loop-Learning* – dabei möglicherweise Wiederholung von Phasen des *Leadership–Loop* – und damit Sinnintegration der wertorientierten Forderungen der Machthaber oder, als finaler negativer organisationsmächtiger Kommunikationsverlauf, der Ausstieg aus der Organisation.

Die Entscheidung des direkten Vorgesetzten, sei es die Vermeidung des ungünstigen Kommunikationsverlaufs durch Einbindung der wertorientierten Forderung der Machthaber oder sei es der Ausstieg aus dem System, dient auf jeden Fall der Umsetzung der machtbesetzten Werte der Machthaber. Das Instrument dafür stellt ein *Feedback-Gespräch* dar, das mit dem insistierenden direkten Vorgesetzten geführt wird. Dieses (Personal-) Gespräch dient ausschließlich der Feststellung, ob zukünftig die beteiligten direkten Vorgesetzten gemeinsam die Wertorientierung der Machthaber realisieren können. Wenn ja, wird der *Leadership-Loop* wieder durchlaufen, wenn nein, dann ist der Ausstieg aus dem organisationalen System sinnvoll.

Die Führungszirkel-Konzeption stellt bei den *mächtigen Kommunikationen* im Managementsystem besonders die direkten Vorgesetzten der Führungszirkel-Teilnehmer als Lernsubjekte in den Mittelpunkt eines OL-Prozesses. Deren Lernerfahrungen wirken dabei sowohl auf die Kommunikationen ihrer im Führungszirkel geförderten Mitarbeiter/innen als auch auf die der Geschäftsleitung und damit auf das Managementsystem der Organisation. Das *Leadership-Loop-Learning* kann, *analog des Entwicklungsmodells von Kübler-Ross*, als wertorientierte Reifungs-Krise vornehmlich für linear-mechanistisches Managementhandeln verstanden werden.

In dieser Phase wurde klar, dass es gelungen war, eine Selbstveränderung des Managementsystems mit der systemeigenen Hierarchieorientierung der linear-mechanistischen Organisation einzuleiten. Durch gezielte Interventionen seitens der Machthaber, verknüpft mit dem Angebot von mächtigen Kommunikationen, hat sich das Managementsystem bezüglich der Kommunikations- und Kommunikationsstrukturen weiterentwickelt. Erfreulicherweise wurden von den direkten Vorgesetzten die neuen Kommunikationsstrukturen in Richtung dialogorientiertes Managementhandeln angenommen. Die Weichenstellungsfunktion hat das als Feedback „von unten" konzipierte *Zusammenarbeitsgespräch* gehabt. Erstmals in den Kommunikationen der Tochtergesellschaft wurde organisational die Möglichkeit einer Umkehrung von „oben-unten" Feedback-Prozessen realisiert.

Besonders von den jüngeren Mitarbeitern des Führungszirkels wurde diese Möglichkeit engagiert aufgenommen, ein Feedback auch nach oben geben zu können. Feedback ist nur dann wirksam, wenn sich für den operativen Alltag daraus Konsequenzen entwickeln. Dieser Anspruch stellt die wesentliche Herausforderung für dialogorientiertes Managementhandeln dar. Wenn Vorgesetzter und Mitarbeiter keine Veränderung innerhalb ihrer Kommunikations- und Kooperationsstrukturen stabilisieren, befinden sie sich wieder auf dem „Ausstieg" zur monologischen Führung.

Eine Weichenstellungssituation gab es bei einem wirtschaftlich erfolgreichen Regionalleiter, der einen außergewöhnlich ausgeprägten monologischen Führungsstil – mit der Konsequenz der höchsten personellen Fluktuationsrate in der Niederlassung – pflegte. Dieser Vorgesetzte lehnte die Einmischung der Geschäftsleitung bezüglich der Maßnahmenumsetzung der Führungszirkel-Teilnehmer in seinen operativen Verantwortungsbereich konsequent ab. Die Geschäftsleitung war lange im Zweifel, ob sie mit einem wirtschaftlich erfolgreichen Manager den Konflikt suchen wollte. Zunächst wurde eine Lernchance seitens der Geschäftsleitung diskutiert: Um diesen Konflikt nicht weiter eskalieren zu lassen, sollte der insistierende Vorgesetzte die Möglichkeit erhalten, mit Unterstützung eines Coachs seine monologische Einstellung zu reflektieren. Doch bevor dieses Angebot realisiert werden konnte, wurde der Regionalleiter aus strategischen Überlegungen in einen Bereich, in dem sein unbestritten hervorragendes Akquisitions-Know-how besser zum Zuge kommt, versetzt.

Im Überblick stellt sich das Leadership-Loop-Learning wie folgt dar:

Dialogorientiertes Managementhandeln

1: Betrifft-mich-nicht-Phase

2: Latente Passivität

3: Manifeste Passivität

4:(Manifeste) Konflikt-Phase

5: Weichenstellung: Ausstieg oder organisationales Lernen

Monolog

Berücksichtigt man die Anforderungen der Geschäftsleitung zu Beginn der *Führungszirkel*-Entwicklung, nämlich nach stärkerer Einbindung der direkten und disziplinarischen Vorgesetzten der Führungszirkel-Teilnehmer, schrittweiser Ersetzung des monologischen Führungsverständnisses durch dialogorientiertes Managementhandeln, mehr Transparenz (Die Vorgesetzten sollen die Inhalte der Veranstaltungen besser für sich und die Organisation bewerten können.), dann wird deutlich, dass die *Einbindung* der Vorgesetzten – beginnend mit der Geschäftsleitung – in das neu gestaltete *Führungszirkel*-System und das konsequente Angebot von *mächtigen Kommunikationen* im Fortgang der Entwicklung des Führungszirkel sich als die Triebfeder für den Gesamtprozess herausstellten. Dadurch ergab sich fast von selbst, dass die direkten Vorgesetzten einen praxisbezogenen Zugang und damit mehr Transparenz zu den Inhalten der *Führungszirkel*-Veranstaltungen entwickelten.

Der OL-Prozess war nicht als monologischer Oben-Unten-Prozess konstruiert, sondern erhielt als verständigungsorientierter Dialogprozess – im Falle der Tochtergesellschaft durch den „organisational eingeschränkten Dialog" – im Rahmen der erweiterten Geschäftsleitung eine neue Qualität. Das reicht sicherlich noch nicht aus, denn im Managementsystem der Tochtergesellschaft wurden bisher nur die direkten Vorgesetzten der Führungszirkel-Teilnehmer mit der die kognitiven Strukturen irritierenden Forderung nach dialogorientiertem Management konfrontiert. Hier ist die Geschäftsleitung aufgefordert, den Prozess im Managementsystem zu stabilisieren und auf ein breiteres Fundament in der Tochtergesellschaft auszurichten.

Berücksichtigen wir das Verständnis von *Organisationslernen* als von Machthabern stimulierte systemische Irritation von Kooperations- und Kommunikationsstrukturen organisationaler Lernsubstitute zur Verbesserung der organisationalen Problemlösefähigkeit, dann hat im Falle des Führungszirkels durch das Leadership-Loop-Learning ein organisationaler Lernprozess stattgefunden. Das Managementsystem der Organisation hat gelernt!

Literatur

Arnold, R. (1995): Theorie und Praxis des Systemischen Lernens. In: Geißler, H. (Hg.) (1995a): Organisationslernen und Weiterbildung. Die strategische Antwort auf die Herausforderungen der Zukunft. Neuwied, 352-361.

Brodocz, A. (1998): Mächtige Kommunikation in Niklas Luhmanns Theorie sozialer Systeme. In: Imbusch, Peter (Hg.) (1998): Macht und Herrschaft: Sozialwissenschaftliche Konzeptionen und Theorien. Opladen, 183-197.

Brüggemeier, M./ Felsch, A. (1992): Mikropolitik. In: Die Betriebswirtschaft (DBW), 52. Jg. (1992), H. 1, 133-136.

Crozier, M./ Friedberg, E. (1993): Die Zwänge kollektiven Handelns – Über Macht und Organisation. Frankfurt am Main (Hain).

Doppler, K. (1992): Kommunikation als Schlüsselfaktor der Unternehmensentwicklung. In: Organisationsentwicklung, 11. Jg. (1992), H. 1, 40-56.

Eden, C./ Huxham, Ch. (1996): Action Research and Organizational Change. In: British Journal of Management, 7. Jg. (1996), 75-86.

Filion, N./ Rudolph, H. (1999): Power, Control and Organisational Learning. Discussion paper WZB – Wissenschaftszentrum Berlin für Sozialforschung. www.bz-berlin.de/ob/papers/ pdf/99/99-104.en.pdf

Geißler, H. (2000): Organisationspädagogik. Umrisse einer neuen Herausforderung. München.

Hardy, C./ Clegg, S. R. (1996): Some dare call it power. In: Clegg, S. R./ Stewart R./ Hardy, C./ Nord, W. R. (Hg.): Handbook of organization studies. London, 622-641.

Heintel, P./ Krainz, E. E. (1998): Veränderungswiderstand von Organisationen. In: Dalheimer, V./ Krainz, E. E./ Oswald, M. (Hg.) (1998): Change Management auf Biegen und Brechen? Revolutionäre und evolutionäre Strategien der Organisationsentwicklung. Wiesbaden. 201-233.

Küpper, W./ Felsch, A. (2000): Organisation, Macht und Ökonomie. Mikropolitik und die Konstitution organisationaler Handlungssysteme. Wiesbaden.

Luhmann, N. (1969): Klassische Theorie der Macht. Kritik ihrer Prämissen. In: Zeitschrift für Politik, 16. Jg. (1969), 149-170.

Luhmann, N. (1975a): Macht. Stuttgart.

Luhmann, N. (1984): Soziale Systeme. Grundriß einer allgemeinen Theorie. Frankfurt.

Luhmann, N. (1987a): Gesellschaftliche Grundlagen der Macht. Steigerung und Verteilung. In: Soziologische Aufklärung, 4. Jg. (1987), 117-125.

Luhmann, N. (2000a): Die Politik der Gesellschaft. Frankfurt am Main.

Müller, K. R. (1999): Das Bildungskonzept „Fallarbeit" als Innovationsimpuls in der Weiterbildung. Vorstellung der Ergebnisse des Modellprojekts. In: Bayerisches Staatsministerium für Arbeit und Sozialordnung (Hg.) (1999): Modernisierung der Weiterbildung. Das Weiterbildungskonzept „Fallarbeit" als Innovationsimpuls. München. 13-22.

Nieder, P. (1993): Aktionsforschung – eine Methode empirischer Personalforschung. In: Becker, F. G. (1993): Empirische Personalforschung. Methode und Beispiele. Mering bei München, 189-201.

Prange, K. (1978): Pädagogik als Erfahrungsprozeß. Teil 1: Der pädagogische Aufbau der Erfahrung. Stuttgart.

Reinhardt, R. (1995): Das Modell organisationaler Lernfähigkeit und die Gestaltung lernfähiger Organisationen. Frankfurt am Main.

Schirmer, F. (1999): Reorganisationsmanagement. Politik in Reorganisationsprozessen – Herausforderung des Managements. Hannover. Habilitationsschrift.

Schreyögg, G./ Conrad, P. (Hg.) (2000): Organisatorischer Wandel und Transformation. Managementforschung 10. Wiesbaden.

Schreyögg, G./ Noss, Ch. (1995): Organisatorischer Wandel: Von der Organisationsentwicklung zur lernenden Organisation. In: Die Betriebswirtschaft (DBW), 55. Jg. (1995), H. 2, 169-185.

Senge, P. M. (1998): Die fünfte Disziplin. Theorie und Praxis der lernenden Organisation. Stuttgart.

Staehle, W. H. (1999): Management (8. Auflage). München.

Steinmann, H./ Schreyögg, G. (1999): Management. Grundlagen der Unternehmensführung. Wiesbaden.

Thomae, M. (1996): Die Lernende Organisation – beobachtet. Zur Soziologie organisationalen Lernens. Management Forschung und Praxis. Unter: http://www.uni-konstanz.de/ZE/Bib/vv/verw/klimecki/klim14.htm.

Willke, H. (1994): Systemtheoretische Strategien des Erkennens. Wirklichkeit als interessierte Konstruktion. In: Götz, K. (Hg.) (1994): Theoretische Zumutungen. Vom Nutzen der systemischen Theorie für die Managementpraxis. Heidelberg, 97-116.

Willke, H. (1992): Beobachtung, Beratung und Steuerung von Organisationen in systemtheoretischer Sicht. In: Wimmer, R. (Hg.) (1992): Organisationsberatung. Neue Wege und Konzepte. Wiesbaden, 17-42.

Wollnik, M. (1994): Interventionschancen bei autopoietischen Systemen. In: Götz, K. (Hg.) (1994): Theoretische Zumutungen. Vom Nutzen der systemischen Theorie für die Managementpraxis. Heidelberg, 118-159.

Schule und Lehrerbildung

Beratung und Beurteilung. Eine organisationspädagogische Perspektive von Macht

Heinz S. Rosenbusch

Organisationspädagogik der Schule wird spezifiziert durch die „fundamentale organisationspädagogische Doppelfrage", die lautet: Welche pädagogischen Wirkungen haben Bedingungen und Beschaffenheit des Systems Schule auf Einzelne oder Gruppen des Systems – und umgekehrt, welche Wirkungen haben Bedingungen und Beschaffenheit von Einzelnen oder Gruppen auf das System Schule als Ganzes oder andere Teilsysteme? (vgl. Rosenbusch 2005).

Der erste Teil dieser Doppelfrage enthält Aspekte, die bereits bei Siegfried Bernfeld (1967; „Die Schule als Institution erzieht") und Robert Merton (1968; „Bürokratische Struktur und Persönlichkeit") angesprochen werden.

Im zweiten Teil geht es um den Einfluss von Einzelnen oder Gruppen auf das System (hier Schule), seine Veränderung, Entwicklung und Struktur, also auf organisationale Aspekte (wie z.B. auch Lernen). Interessant ist es deshalb, die Beschaffenheit des Systems in seiner organisatorischen Struktur, seiner sozialen Zusammensetzung, seiner Kultur und Entwicklung zu untersuchen, wie auch die Bedingungen, unter denen das System operiert, wie beispielsweise gesellschaftliche bzw. politische Erwartungen, Unterstützungssysteme, Regeln und Handlungsweisen. Im Folgenden geht es vor allem um das Verhältnis zwischen Beratung und Macht. Dieses gilt es am Beispiel der Beurteilung von Systemmitgliedern der Schule (Lehrkräfte) durch Vorgesetzte (Schulaufsichtsbeamte, Schulleiterinnen und Schulleiter) unter der organisationspädagogischen Grundfrage, inwieweit die Zieltätigkeit von Schule, Erziehung und Unterricht, durch bestimmte Spezifika oder Regeln der Organisation unterstützt oder behindert wird oder unbeeinflusst bleibt, zu untersuchen. Die zu untersuchende Grundthese lautet: Durch ungünstigen Einsatz von Macht, in welcher Spielart auch immer, wird Beratung in ihrer Wirksamkeit eingeschränkt.

1. Macht

Der Begriff Macht gehört zu den zentralen soziologischen Grundbegriffen, er wird durch Max Weber (1972, Kapitel 1, §16, 28f.) wie folgt definiert:

„Macht bedeutet jede Chance innerhalb einer sozialen Beziehung den eigenen Willen auch gegen Widerstreben durchzusetzen, gleichviel worauf diese Chance beruht. Herrschaft soll heißen, die Chance, für einen Befehl bestimmten Inhalts, bei angebbaren Personen Gehorsam zu finden; Disziplin soll heißen, die Chance Kraft eingeübter Einstellung für einen Befehl prompten, automatischen und schematischen Gehorsam bei einer angebbaren Vielheit von Menschen zu finden."

Wir sehen, dass Max Weber Macht bzw. Machtausübung unter dem Begriff der Herrschaft differenziert und einengt, indem er Machtausübung durch Befehl konkretisiert, in milder Form – es ist nicht gesagt, in welcher Zeit der Vollzug von Gehorsam erfolgen muss –, bei Disziplin ist es die sofortige, prompte, automatische Befolgung von Befehlen ohne den geringsten Verzug. Interessant für uns ist die selten zitierte, weitere Bestimmung von Macht, in der Max Weber festhält:

„Der Begriff „Macht" ist soziologisch amorph. Alle denkbaren Qualitäten eines Menschen und alle denkbaren Konstellationen können jemand in die Lage versetzen seinen Willen in einer gegebenen Situation durchzusetzen." (ebd.)

Das heißt, der Webersche Machtbegriff ist breit anwendbar, er setzt lediglich voraus, dass jemand, der über Macht verfügt, seinen Willen in einer gegebenen Situation irgendwann und irgendwie durchsetzen kann. Dies könnte durch Polizeigewalt ebenso geschehen als auch durch eine eher persuasive Machtausübung, durch Überzeugen, Überreden, Verführen, Beschämen, Kritisieren, Loben, Bloßstellen, Ertappen, Blamieren, etc. Es kann sich um formelle Macht handeln, z.B. um die Entscheidungsgewalt eines höchsten Gerichts, oder um die Macht eines Dienstvorgesetzten, der durch seine Positionsmacht bzw. hierarchische Macht erfolgreich ist, wie auch um informelle Macht, das heißt Macht durch hohe Kompetenz, wirtschaftliche Ressourcen, durch ein potentes, soziales Netzwerk, durch erfolgreiche mikropolitische Aspekte etc..

Macht kann nicht eindimensional betrachtet werden. Es handelt sich jeweils um ein dialogisches oder interaktives Verhältnis. Auf der einen Seite ist derjenige, der Macht aktiv durch seine Handlungen oder seine Persönlichkeit ausübt (Einzelpersonen, Gruppen, bzw. ganze Systeme – Robert Merton hatte untersucht, wie ganze, fest gefügte Systeme, hier Bürokratien auf ihre Mitglieder in gewisser Weise „Macht" ausüben und ganz bestimmte Verhaltensweisen evozieren). Auf der anderen Seite geht es um die passiven Gruppen oder Personen, auf die Macht ausgeübt wird, die Adressaten von Macht, deren Dispositionen auf die Ausübung oder den Versuch der Ausübung von Macht mehr oder minder stark entwickelt sind. Nicht selten werden Menschen, die in einem gegebenen Fall überhaupt nicht daran denken Macht auszuüben, trotzdem als Machtträger angesehen und rufen bestimmte Reaktionen hervor, die sie nicht bewusst wahrneh-men. Gerade diesen letzteren Aspekt werden wir im Folgenden häufig finden.

2. Beratung

Am deutlichsten wird der Zusammenhang der latenten Wirkung von Macht im Verhältnis von Beratung und Beurteilung für Systemmitglieder der Schule.

„Beratung ist Unterstützung des Ratsuchenden bei Entscheidungen, ohne die Entscheidung für ihn zu treffen" (König/ Volmer 1996, 122). Diese Definition fasst zahlreiche Ansätze zusammen, die in der Diskussion von Beratung vorlie-gen. König/ Volmer (2000, 46ff.) trennen wie folgt:

- „Expertenberatung ist dadurch gekennzeichnet, dass der Berater auf der Basis seines Wissens oder seiner Erfahrung Anregungen und Hinweise gibt. Er gibt z.B. dem Klienten Anregungen für die Bewältigung seines täglichen Arbeitspensums oder Hinweise zur Verbesserung der Zusammenarbeit in einem Team."
- „Prozessberatung ist Unterstützung des Klienten, die Situation selbst zu klären und selbst neue Lösungen zu finden." Es werden keine Lösungen an-geboten, sondern der Klient wird durch geeignete Methoden dazu gebracht, die Situation selbst neu zu durchdenken oder auf dem Hintergrund früherer Erfahrungen neue Lösungen zu entwickeln.

3. Fähigkeitsbeurteilungen

Zu beachten ist, dass es sich bei den im Folgenden diskutierten dienstlichen Beurteilungen nicht nur um Leistungsbeurteilungen handelt, sondern auch um Fähigkeits- oder Persönlichkeitsbeurteilungen. Erstere fassen äußerlich ablesbare Leistungserfolge ins Auge, die von der Tagesform, den spezifischen Bedingun-gen, dem günstigen oder ungünstigen Zeitpunkt – also oft von Äußerlichkeiten und Zufälligkeiten – abhängen und revidiert werden können. Eine Fähigkeits- oder Persönlichkeitsbeurteilung ist ein dauerhaftes Ereignis, durch das der Beur-teilte sozusagen in eine Schublade eingeordnet wird als Person mit ihren Fähig-keiten, Unzulänglichkeiten und Eigenschaften (vgl. Sennett 2005, 98f.).

Diese Beurteilungen der Fähigkeitspotentiale sind weitaus persönlicher als jede Leistungsbewertung. Die Feststellung „Ihnen fehlt das Potential" ist weitaus verletzender als „Sie haben es vermasselt". Diese Aussage über Fähigkeit enthält eine fundamentale Aussage über das „was sie sind" (Sennett, a.a.O). Die in den

Beurteilungen vorfindbare Bemerkung „Geeignet als...(Seminarleiter, Konrektor etc.)" ist eine reine Fähigkeitsbewertung – und das Nichtvorhandensein einer derartigen Anmerkung dokumentiert die Unfähigkeit eines Beurteilten für höhere Aufgaben. Diese persönliche Bewertung ist eine der tiefgreifendsten Einschnitte in das Selbstbewusstsein und Selbstverständnis eines Menschen und eine entscheidende Manifestation konkreter Macht durch Vorgesetzte.

4. Systemstrukturen

Aspekte der Beratung spielen bei der Beurteilung der Systemmitglieder stets eine Rolle. Nicht nur sollen die zu Beurteilenden eine möglichst gerechte Bewertung ihrer Leistungen erhalten, in Form einer Einstufung, sondern sie sollen auch durch kompetente Beratung der Schulaufsichtsbeamten, also der Beurteiler, einen inhaltlichen und fachlichen Gewinn verzeichnen können, um die vorgeschriebenen Ziele im Curriculum, im sozialen Bereich, in der Methodik, bei künstlerischen Tätigkeiten leichter und besser zu bewältigen.

Festzuhalten ist zunächst, dass die Systemmitglieder, die dadurch betroffen sind, es mit zwei unterschiedlich gearteten kommunikativen Strukturen zu tun haben und mit zwei Systemen, die unterschiedliche Systemeigenschaften aufweisen.

Beratung und Beurteilung gehören zu unterschiedlich geprägten kommunikativen Strukturen: Ist Beratung ein fachliches Handeln, das beratungsbedürftigen und beratungswilligen Systemmitgliedern hilft, sich selbst zu orientieren (vgl. König/ Volmer 2005), also eher eine pädagogisch orientierte Maßnahme in einer kommunikationstheoretisch symmetrischen Situation, so ist Beurteilung eine Tätigkeit, die Hierarchie voraussetzt, die eher bürokratisch geprägt ist, da sie zwar fachlich fundiert, jedoch mit Kriterien und Mitteln der Verwaltung die dienstliche Tätigkeit von Lehrkräften, also Systemmitgliedern, registriert, bewertet und nach einem bestimmten Schema einstuft, also eine komplementäre Situation (vgl. Watzlawick/ Beavin/ Jackson 1969).

Gleichzeitig finden wir die komplexe Hierarchie der Schule neben der linearen Hierarchie der übergeordneten Schulverwaltung, das heißt das System Schule und das System Schulaufsicht (Schulverwaltung) werden konfrontiert.

Eine lineare Hierarchie stellt ein Herrschaftssystem von vertikal und horizontal fest gefügten, einander über und untergeordneten Rängen dar. In der idealtypischen Hierarchie sind alle Kommunikations- und Entscheidungswege von der obersten Spitze bis hinunter in die untersten Gliederungen pyramidenhaft aufgebaut, so dass ein einheitlicher oberster Wille innerhalb der Organisation im Prinzip problemlos durchgesetzt werden kann. Die Mitglieder werden deutlich unterschieden im Hinblick auf ihre Qualifikationen (Eingangsvoraussetzungen vom Hauptschulabschluss bis Universitätsdiplom), die Einstufung in eine Laufbahn (von A1 bis in die B-Laufbahn) sowie Befugnisse und Bezahlungen. In allen linearen Hierarchien ist es undenkbar, dass bestimmte inhaltliche Beschlüsse, die Vorgesetzte binden, an der Basis gefasst werden. Entscheidungen folgen stets von oben nach unten. Diesem Hierarchietyp entsprechen im Grunde alle großen Verwaltungen wie Kirche, Staat, Militär. Er trifft ohne Zweifel auch für die Schulverwaltung „oberhalb" des Systems Schule zu.

Die komplexe Hierarchie, die wir im System Schule vorfinden, unterscheidet sich grundsätzlich von der linearen Hierarchie der allgemeinen Verwaltung. In der Schule gibt es nicht im obigen Sinne den nachgeordneten, weisungsgebundenen Untergebenen (vgl. das juristische Institut der pädagogischen Freiheit für Lehrkräfte), sondern Mitarbeiterinnen und Mitarbeiter, die zwar weisungsgebunden sind, aber die gleiche akademische Qualifikation haben, von den Referendaren und Lehramtsanwärtern angefangen, bis zum Schulleitungspersonal und der Schulaufsicht. Der fundamentale Unterschied besteht im Folgenden: In der Schule verlaufen Willensbildungs- und Entscheidungsprozesse nicht nur von oben nach unten, also von den Schulleitern zu den Lehrkräften, sondern auch von unten nach oben. Beschlüsse der Lehrerkonferenz können die Schulleitung binden, was in einer linearen Hierarchie formell ausgeschlossen wäre. Dies ist eine Regelung, die wir nur im Schulsystem finden. Auch der verzweigte hierarchische Überbau – Schulaufsicht, Schul- (Lehrer-)konferenz, Schulträger – kennzeichnen Schule. So können SchulleiterInnen sowohl von den Mitgliedern der Schulaufsicht als auch der Lehrerkonferenz oder der Schulträger Auflagen erhalten. Es handelt sich um eine Organisation mit auf gleichem Niveau ausgebildetem Personal mit relativ geringen Besoldungsunterschieden gleichaltriger Mitglieder, gleicher Zieltätigkeit (auch Schulleiter unterrichten) und zweidimensionalen Entscheidungswegen von oben nach unten wie auch von unten nach oben sowie mit einem verzweigtem Überbau. Bereits 1992 hatte H.-G. Rolff auf „die Schule als besondere soziale Organisation" aufmerksam gemacht. Während nun für das Personal der Schulaufsicht klar ist, dass es einer linearen Hierarchie angehört, ist dies für Schulleitungspersonal nur im Verhältnis zu den Vorgesetzten gültig. So steht einerseits ein Schulleiter einer Schule als komplexer Organisation vor und muss deren Regeln beachten, andererseits ist er der linearen Hierarchie verpflichtet und vollführt z.B. im Rahmen der dienstlichen Beurteilungen Tätigkeiten, die nur der eigenen Definitionsmacht unterliegen und insofern den Maßgaben einer linearen Hierarchie entsprechen (vgl. Rosenbusch 1991, 1999, 2005, 66ff.).

In der Fachdiskussion hat sich die organisationssoziologische Auffassung von Schule als „loosely coupled system" (Weick 1976) durchgesetzt, d. h. man geht von lose gekoppelten Verbindungen zwischen einzelnen Ebenen und Elementen innerhalb der Schulen aus und zwar sowohl zwischen Lehrkraft und Schulleitung als auch zwischen den Lehrkräften (vgl. auch Terhart 1997). Auch dies wäre in einer linearen Hierarchie obsolet. Dazu ist die Selbstbezogenheit von Lehrkräften in Deutschland besonders ausgeprägt. Die zentralen Bezugsgrößen sind die jeweilige Klasse und amtlich vorgeschriebene curriculare Vorgaben.

Wir konnten zeigen, dass sich Schulen in den Entscheidungsstrukturen, den formellen und informellen Regeln, wie den subjektiven Deutungen der Mitglieder von Einrichtungen der allgemeinen Verwaltung unterscheiden. Terhart trennt die technische Bezugsebene der Schulverwaltung mit einem zielorientiert-rationalen Organisationsverständnis von der kommunikativ-interaktionalen Ebene der Schule.

Im Bereich der Schulverwaltung und Schulaufsicht finden wir nicht „loosely coupled structures", sondern – wie wir dies nennen – ein eher „tightly coupled system", also ein rationalistisches Organisationskonzept, dessen Erfolg eben in Berechenbarkeit, Kontrollierbarkeit und relativ klarem Ursachen-Wirkungs-Wissen kulminiert (vgl. Rosenbusch 2005, 68f.).

Deshalb unterscheidet sich Schule auch in ihrer strukturellen Konstruktion vom System der allgemeinen Verwaltung. Denn während man in der allgemeinen Verwaltung „durchregieren" kann, d.h. bestimmte Anweisungen, Vorschriften von der Spitze bis zur den untersten ausführenden Organen durchsetzen kann, ist dies in der Schule nur bedingt möglich. Einmal steht dazwischen die oben genannte pädagogische Freiheit der Lehrkräfte. Zum anderen haben Schulen ein amtlich verbrieftes Selbstverwaltungsrecht, in das die Schulverwaltung oder die Schulaufsicht nicht eingreifen darf, ja das sie sogar schützen muss. So können Lehrkräften bestimmte Unterrichtsmethoden nicht amtlich vorgeschrieben werden, und die innere Verwaltung der Schulen kann, soweit es sich um pädagogisch akzentuierte Aspekte handelt, nur von der Schule selbst beschlossen und durchgeführt werden. Elternabende, mit welchen Themen auch immer, Ausflüge, Stundenverteilung, Schulveranstaltung liegen in der Obhut der Schule (Schulleitung, Lehrerkonferenz) und können nur bedingt durch die staatliche Verwaltung beeinflusst werden.

5. Beurteilung

Was ist eine dienstliche Beurteilung? In der Bekanntmachung des Bayerischen Staatsministeriums für Unterricht und Kultus vom 11. April 2005 heißt es:

> „Dienstliche Beurteilungen haben zum ersten die Aufgabe, der einzelnen Lehrkraft zu zeigen, welches Leistungs-, Befähigungs- und Eignungsbild die Vorgesetzten innerhalb des Beurteilungszeitraums von ihr gewonnen haben."

Dazu kommt der Aspekt eines vergleichenden Überblicks der Lehrkräfte im Land wie auch der Aspekt einer Entscheidung über das Aufsteigen oder Verbleiben in den Grundgehaltsstufen in bestimmten Schularten.

Dass Beurteilung im Vergleich zur pädagogischen Beratung eher bürokratisch geprägt ist, wird klar, wenn man die damit verbundenen Tätigkeiten und Vorschriften verfolgt. Nach Max Weber sind idealtypische Merkmale von Bürokratie:

1. Es besteht das Prinzip der festen, durch Regeln, Gesetze oder Verwaltungsreglements generell geordneten behördlichen Kompetenzen (Stundenplan, Dienstbefreiung und andere Genehmigungen werden über den Dienstweg entschieden).
2. Es besteht das Prinzip der Amtshierarchie und des Instanzenzuges, d.h. ein fest geordnetes System von Über- und Unterordnung der Behörden unter Beaufsichtigung der unteren durch die oberen, ein System, welches zugleich dem Beherrschten die fest geregelte Möglichkeit bietet, von einer unteren Behörde an deren Oberinstanz zu appellieren. Bei voller Entwicklung des Typus ist diese Amtshierarchie monokratisch geordnet (Dienstweg).
3. Die moderne Amtsführung beruht auf Schriftstücken (Akten), welche in Urschrift oder Konzept aufbewahrt werden, und aus einem Stab von subalternen Beamten und Schreibern aller Art. Die Gesamtheit der bei der Behörde tätigen Beamten mit dem entsprechenden Sachgüter- und Aktenapparat bildet ein Büro.
4. Die Amtsführung der Beamten erfolgt nach generellen mehr oder minder festen oder mehr oder minder erschöpfend erlernbaren Regeln. Die Kenntnis dieser Regeln stellt daher eine besondere Kunst dar (z.B. Rechtskunde, Verwaltungslehre, Kontorwissenschaft), in deren Besitz die Beamten sich befinden.

Wenn wir nun den Vorgang der Beurteilung mit diesen Aspekten vergleichen, so finden wir, dass wir (a) ein Prinzip der festen durch Regeln geordneten behördlichen Kompetenzen haben. Schulleiterinnen und Schulleiter oder Schulaufsichtsbeamte haben die berufliche und behördliche Kompetenz, den Unterricht von zu beurteilenden Lehrkräften zu besuchen, über Stunden zu beobachten, zu bewerten. (b) Die Amtshierarchie zeigt sich darin, dass der Schulaufsichtsbeamte (Schulleiter) eine höhere hierarchische Position einnimmt und dass er die alleinige Definitionsmacht für die Interpretation von Situationen inne hat, während dies umgekehrt nicht zutrifft, beurteilte Lehrkräfte die Modalitäten des Unterrichtsbesuchs also nicht bewerten und kritisieren können. (c) Das Urteil selbst wird in

Akten festgehalten und aufbewahrt. (d) Die Amtsführung, also der Prozess der Beurteilung erfolgt nach ganz bestimmten, festgelegten Regeln, zu denen v.a. die Verwendung festgelegter Formulare mit bestimmten Beobachtungs- und Bewertungskategorien bzw. -stufen gehört.

Die Beurteilung im Rahmen eines oder mehrerer Unterrichtsbesuche(s) wird in Bayern nach ca. 45 Aspekten durchgeführt, im Anschluss erfolgt eine Gesamtbewertung auf einer von sieben verschiedenen Bewertungsstufen, von 1 (Leistung, die in allen Belangen von herausragender Qualität ist) bis 7 (Leistung, die insgesamt unzureichend ist; eine Einstufung für quasi „hoffnungslose Fälle", die allerdings nur sehr selten vorkommt; selten ist allerdings auch die Stufe 1). Nun kann man sich fragen, ob diese Form der Dienstlichen Beurteilung dem organisationspädagogischen Ziel, nämlich Unterricht und Erziehung als Ausgangs- und Erfolgskriterium zu sehen und alle organisatorischen Maßnahmen auf dieses Ziel abzustimmen, gerecht wird. Fachleute, wie Liebel/ Oechsler (1987, 16) monieren:

> „...vor allem die am weitesten verbreiteten Einstufungsverfahren müssen mit zu den schwächsten Verfahren gerechnet werden, v.a. dann, wenn sie sich auf abstrakte Leistungsmerkmale beziehen".

Als Instrument der Personalführung könne die Personalbeurteilung nur leisten, dass eine Grundlage für einen Einstieg in ein Beratungs- und Förderungsgespräch geschaffen wird (a.a.O. 21).

Außerdem begegnen die betroffenen Lehrkräfte dieser Maßnahme mit Skepsis und oft auch Ablehnung. Dabei hat der Dienstvorgesetzte, der die Dienstliche Beurteilung durchführt, relativ geringe formale Macht. In Gymnasien oder Fachoberschulen z.B. ist es zwar möglich, dass durch eine günstige Beurteilung eine Vorrückung in eine höhere Einstufung (z.B. von A13 nach A14 oder von A14 nach A15) früher erfolgt; dies ist bei Realschullehrern, Grund- und Hauptschullehrern nicht der Fall, dort bleiben etwa 85% der Lehrkräfte bis zum Ausscheiden aus dem Dienst in der gleichen Besoldungsstufe. Das heißt, der Einfluss der dienstliche Beurteilung auf die Karriere ist in den meisten Fällen nicht entscheidend, auch nicht im negativen Sinn, denn bislang gibt es bundesweit kaum Beispiele, dass durch Dienstliche Beurteilungen Lehrkräfte aus dem Amt entfernt worden sind. Solches geschah, wenn überhaupt, meist durch vorgeschaltete Gerichte im Falle von schweren kriminellen Handlungen. Umgekehrt allerdings können Lehrerkollegien, die geschlossen handeln, durch die Lehrerkonferenz eine Schulleiterin oder einen Schulleiter in ihrer Funktion weitgehend lahm legen oder auflaufen lassen, und so ihrerseits Macht ausüben, indem sie bindende Beschlüsse fassen, die den/die Schulleiter/in zwingen, gegen die ursprüngliche Überzeugung zu handeln.

Wie sieht es aber um die informelle Macht der Dienstvorgesetzten aus, die eine Dienstliche Beurteilung durchführen? Informelle Macht beruht, im Gegensatz zur formalen, hierarchischen Macht, auf bestimmten, nicht formal festgelegten Dispositionen, Einstellungen, Erfahrungen, oft auf mikropolitischen Aspekten (vgl. Neuberger 2002, Altrichter 2000). Die Wirksamkeit von Macht hängt ja nicht nur von den formalen Möglichkeiten ab, den eigenen Willen auch gegen Widerstreben durchzusetzen, sondern auch vom Rezeptionsgrad von Macht, also wie diejenigen, die mit einer möglichen oder realen Macht konfrontiert werden, diese empfinden.

In meinen früheren Untersuchungen von 1992 stellte sich heraus, dass in Bayern etwa 80% der befragten Lehrkräfte der Auffassung waren, dass ihre Kolleginnen und Kollegen vor einem Schulratsbesuch Angst hätten. Das bedeutete nichts anderes, als dass sie bei den Besuchen der Dienstvorgesetzten Macht empfanden, die ihnen beruflich oder persönlich, in ihrem Selbstverständnis, in ihrer Selbstwahrnehmung, schaden könnte und oft eine Veränderung bzw. Störung ihres Verhaltens bewirken würde. Merkwürdigerweise waren diejenigen Lehrkräfte an Grund- und Hauptschulen, die sich selbst als gut und überdurchschnittlich empfanden, überrepräsentiert, während diejenigen, die sich als unterdurchschnittlich oder schlecht bezeichneten, gelassener der Beurteilung entgegensahen. Sie wussten, ihnen konnte nichts passieren und falls sie eine niedrigere Einstufung erhielten, würde das an ihrem beruflichen und privaten Leben wenig oder gar nichts ändern, es sei denn, sie gehörten zu der Minderheit, die sich um eine Funktionsstelle (Konrektor, Rektor, Seminarleiter) bewarben (Rosenbusch 1994, 13ff.).

Dass Lehrkräfte skeptisch gegenüber Dienstlichen Beurteilungen als Erfahrung von Machtdemonstration sind, mag auch damit zusammenhängen, dass sie, als Fachleute für Sozialpsychologie und für die Bewertung anderer, die Fehlerquellen von Beurteilungen genau kennen. Sie rechnen also von vornherein damit, dass die Beurteilungen insgesamt wenig objektiv sein werden, z.B. aufgrund von Persönlichkeitsmerkmalen (Neigung zur Projektion, Sperrung gegen Unähnlichkeit, Vorurteile, Reueeffekt, Pygmalioneffekt), Orientierung an Berufs- oder Bezugsgruppen (Kontakteffekte, Aussagen Dritter), spezifischen Wahrnehmungstendenzen (Halo-Effekt, Pitchfork-Error, Recency-Effekt), Hierarchie-Effekt, Klebereffekt, Maßstabfehler (die eigene Person als Maßstab), Tendenz zur Mitte und dem Beurteiler als Auslöser von Fehlurteilen (Liebel/ Oechsler 1987, 96ff.).

6. Probleme

All dies mag dazu führen, dass die Validität von Beurteilungsmaßnahmen häufig angezweifelt wird. Es würde jedoch eher zu einem gelassenen Verhalten gegenüber Beurteilungen führen, wenn man weiß, dass die „dienstlichen Wahrnehmungen" oft nur zum geringeren Teil valide sind. Doch kommt ein weiterer Aspekt hinzu. Lehrkräfte sind häufig durch Grundsätze und Einsichten der Reformpädagogik belastet. Pädagogisch unzulänglicher ausgebildete Gymnasiallehrer agieren gelassener als Lehrkräfte an Grund- und Hauptschulen, die Pädagogik, Psychologie, Schulpädagogik umfangreich kennen gelernt haben, obwohl bei letzteren im Grunde Aufstiegsmöglichkeiten weitgehend fehlen und somit am allerwenigsten von den Beurteilungen abhängt. Laut der reformpädagogischen Tradition spielt sich Erziehung in der Dyade zwischen Erzieher und Zögling ab. Erziehung gilt als eher einmaliges, oft geradezu mystisches oder mythisches Ereignis zwischen zwei Personen. Deshalb wird ein Scheitern weniger der verwendeten Methode zugeschrieben, sondern hat oft eine existentielle, persönliche Bedeutung für den Erzieher. Aus einem Beitrag, den Ewald Terhart 1986 in der Zeitschrift für Pädagogik unter dem Titel „Organisation und Erziehung" vorgelegt hat, wird dies klar. Während es für wissenschaftliche Besucher meist kein Problem ist, an ausländischen Schulen oder Klassen eine Hospitation durchzuführen, ist dies in Deutschland häufig ein schwieriges Unterfangen. Es bedarf auch für fachliche, neutrale Beobachter oft persönlicher Bekanntschaften und großer Überredungskunst, den Unterricht beobachten zu dürfen. Dadurch ist auch die Durchführung von Beratung in deutschen Schulen problematisch. Sie spiegelt sich im Autonomie-Paritäts-Muster wider (Lortie 1972). Beratung durch Dienstvorgesetzte, die gleichzeitig beurteilen, ist häufig wirkungslos. Das zeigen zurückliegende und neuere Untersuchungen deutlich.

Sichtbar wurde dies bei Evaluationen durch Beamte einer Schulinspektion aus den Niederlanden gemeinsam mit deutschen Schulaufsichtsbeamten in Niedersachsen und in Nordrhein-Westfalen. Während in beiden Bundesländern die zu erwartende Inspektion anfangs als „bedrohlich" aufgefasst worden war, legte sich die Aufregung in Niedersachsen relativ schnell. Am Ende wurde dort die Praxis sogar positiv aufgefasst. In NRW jedoch nicht; dort hielten die Friktionen an. Der Grund: In NRW waren die Dienstvorgesetzten der besuchten Lehrkräfte in der Kommission – also die potentiellen Beurteiler. In Niedersachsen waren zwar auch Beamte aus der Schulaufsicht beteiligt, sie waren jedoch nicht für die besuchten Schulen zuständig. In Niedersachsen wurden die evaluierenden und beratenden Beamten als qualifizierte Fachleute empfunden, während die nordrhein-westfälischen Lehrkräfte die Inspektoren eher als Prüfer und die Situation als eine Prüfungssituation empfanden, obwohl auch die deutschen Mitglieder der

Inspektion überhaupt nicht daran dachten, Aspekte einer Beurteilung oder persönlicher Bewertung zu konkretisieren (vgl. Weerts 2004).

In einer Prüfungssituation jedoch ist wirksame Beratung nicht möglich. Es kann sich lediglich um Belehrung handeln. Beratung muss von den Klienten gewünscht sein, es muss die Möglichkeit geben, Beratung auch abzulehnen. Das ist in einer Prüfungssituation nicht der Fall. Durch eine Prüfungssituation wird der Erfolg einer Beratung konterkariert. Wie sich dieser Aspekt der Macht beziehungsweise der fiktiven Bedrohung von Macht auf ein Reformprojekt auswirken kann, zeigte sich auch bei einer Reform der Schulaufsicht im Bundesland Bremen. Dort sollte durch eine Neukonstitution der Schulaufsicht in Form einer Schulinspektion versucht werden, gleichermaßen Beratung und Kontrolle in einer Institution zu koordinieren. Obwohl eingangs von Kontrolle keine Rede war, sondern nur „gegenseitiges Kennenlernen" zwischen Schulinspektion und Schulen wie auch Beratungsaspekte auf der Agenda standen, scheiterte das Projekt unter anderem durch die ständigen Führungswechsel, aber auch inhaltlich durch Rollenunklarheit und Aspekte, die in den diskutierten Kontext passen. So wurde nach der Kennenlernphase mit dem Versuch, Vertrauen zu gewinnen, klar, dass es auch um Evaluation, also Kontrolle gehen soll und um Bewertung, also um die Ausübung von Macht. Und nun kamen die Hindernisse nach und nach ans Tageslicht, z.B. dass alte hierarchische Vorschriften, die den Machtaspekt betont hatten, nicht abgeschafft worden waren und dadurch die Kooperation behinderten. Deswegen wurde auch die qualifizierte Beratung nur in geringem Umfang akzeptiert. Zudem traten Machtaspekte ans Tageslicht, die das Misstrauen der Schulen gegenüber der Inspektion und der Behörde noch verstärkten. So bestanden beispielsweise einige Mitglieder der Schulinspektion auf der Anfertigung eines Schulprogramms bei einzelnen Schulen, was diese für völlig überflüssig hielten, weil sie bereits mit einem selbst entwickelten Programm erfolgreich gearbeitet hatten und dies als Schikane und Machtdemonstration empfanden. Die Zusammensetzung der Mitglieder der Inspektion war heterogen und in keiner Weise auf Machtausübung eingestellt. Doch befanden sich darunter hohe Senatsbeamte wie z.B. der Leiter der Schulaufsicht des Bundeslandes Bremen und andere hochrangige Beamte, die zwar ihren alten Aufgabenbereich aufgegeben hatten und nun in der Schulinspektion völlig gleichrangig mitarbeiten wollten, doch traute man diesem Personal die Ablösung von den früheren Machtpositionen nicht zu und befürchtete Einflussreste der alten Schulaufsicht. Das Fehlen der Weisungsbefugnis der Inspektoren wurde zwar begrüßt, doch kaum geglaubt. Zwar hatte man wegen der Beratungs- und partnerschaftlichen Zusammenarbeit dies für sinnvoll gehalten, jedoch sich nicht vorstellen können, dass das Fehlen der Weisungsbefugnis einen gleichrangigen, symmetrischen Umgang ermöglicht. So wünschten nur einzelne Schulen noch Beratung. Die

Belastung durch die Erinnerung an die alte Schulaufsicht dauerte an und brachte mit den anderen strukturellen und politischen Aspekten die Reformmaßnahme zum Scheitern. Deutlich wurde, dass Beratung nur beim Verzicht auf Macht möglich ist, bzw. nur wenn die Funktionen, Aufgaben und Rollen vorher eindeutig geklärt sind (Die umfangreiche Untersuchung wurde von Elisabeth Schlemmer und mir durchgeführt, sie ist noch unveröffentlicht und veranschaulicht die Aspekte von Macht, Beratung und Beurteilung).

Durch die begrenzte Zeit für Beratungen im Anschluss an die Prozedur der Unterrichtsbeobachtungen kommt es selten zu Prozessberatungen, die einen längeren Zeitaufwand erfordern, sondern überwiegend zu Expertenberatungen, in dem der Experte (Beurteiler), sowohl positive Beobachtungen nennt als auch vor allen Dingen Schwachpunkte anspricht, moniert und Ratschläge erteilt, die nach seiner Auffassung für den Beurteilten hilfreich sind, damit er die Qualität seines Erziehungs- und Unterrichtsverhaltens verbessern kann.

Und dieser Zusammenhang – auf der einen Seite die typisch komplementäre Kommunikationsform einer Prüfung, auf der anderen Seite der Versuch einer Beratung, wobei Beratung eine möglichst symmetrische Kommunikationssituation erfordert – zeigt das Dilemma. Denn in einer Prüfungssituation mit ihren komplementären, hier auch noch dazu hierarchischen Orientierungen der Begegnungen mit potenzieller oder vermuteter Macht lässt eine unbefangene, freie Form der Beratung, sei es Experten- oder Prozessberatung, nicht zu. Insofern ist es kein Wunder, dass der Aspekt der Macht einen Erfolg dieser Prozedur im Hinblick auf eine Verbesserung schulische Arbeit kaum erfüllt. Unsere organisationspädagogische Frage nach dem Gewinn für Unterricht und Erziehung dürfte also eher ungünstig beantwortet sein.

Insofern hat sich unsere eingangs angeführte Grundthese bestätigt. Zwar ist Macht aus einem hierarchischen System wie der Schulverwaltung nicht wegzudenken, doch erfordert erfolgreiche und nachhaltige Beratung einen vor konkreter und befürchteter Macht geschützten kommunikativen und sozialen Raum, um wirksam zu werden. Insofern sind die konventionellen Beurteilungspraktiken, in denen auch Beratung stattfinden soll, nicht hilfreich. Als Konsequenz aus dem oben genannten Dilemma lässt sich die Forderung ziehen: Beurteilung und Beratung müssen getrennt voneinander geschehen und durch unterschiedlich positioniertes und qualifiziertes Personal.

Literatur

Altrichter, H. (2000): Qualitätsforderungen, Schulevaluation und die Rolle der Schulleitung. In: Scheunpflug, A. u.a. (Hg.) (2000): Schulleitung im gesellschaftlichen Umbruch. Schulleiter-Handbuch 93. München, 85-97.

Bernfeld, S. (1967): Sisyphos oder die Grenzen der Erziehung. Frankfurt/M..

König E./ Volmer G. (2005): Systemisch denken und handeln. Weinheim/ Basel.

König E./ Volmer G. (2000): Systemische Organisationsberatung. Grundlagen und Methoden. Weinheim.

König E./ Volmer G. (1996): Systemische Organisationsberatung. Grundlagen und Methoden. Weinheim.

Liebel, H.J./ Oechsler, W.A. (1987): Erfolgreiche Führung. Personalbeurteilung. Neue Wege der Leistungs- und Verhaltensbewertung. Bamberg.

Lortie, D. (1972): Teamteaching – Versuch der Beschreibung einer zukünftigen Schule. In: Dechert, H.-W. (Hg.) (1972): Teamteaching in der Schule. München, 37-76.

Merton, R. (1968): Bürokratische Struktur und Persönlichkeit. In: Mayntz, R. (Hg.) (1968), Bürokratische Organisation. Köln/ Berlin.

Neuberger, O. (2002): Führen und Führen lassen. Stuttgart.

Rolff, H.-G. (1992): Die Schule als besondere soziale Organisation – Eine komparative Analyse. Zeitschrift für Sozialisationsforschung und Erziehungssoziologie (ZSE) 4, 304-323.

Rosenbusch, H.S. (2005): Organisationspädagogik der Schule. Grundlagen pädagogischen Führungshandelns. Neuwied.

Rosenbusch, H.S. (2001): Gutachterliche Stellungnahme zum Pilotprojekt „Schulinspektion" des Senats für Bildung, Wissenschaft, Kunst und Sport des Stadtstaates Bremen (unveröff. Manuskr.). Bamberg/ Bremen.

Rosenbusch, H./ Schlemmer, E. (2001): Gutachten/Evaluationsstudie zum Projekt „Schulinspektion" des Senats von Bremen (unveröff. Manuskr.). Bamberg.

Rosenbusch, H.S. (1999): Schulleitung und Schulaufsicht. (Studienbrief der Fernuniversität Hagen). Weiterbildendes Studium „Vorbereitung auf Leitungsaufgaben in Schulen" (VorLAuf). Modul 7/3. Hagen.

Rosenbusch, H.S. (1994): Lehrer und Schulräte. Ein strukturell gestörtes Verhältnis. Berichte und organisationspädagogische Alternativen zur traditionellen Schulaufsicht. Bad Heilbrunn.

Rosenbusch, H.S. (1991): Kooperation als Einladung, gemeinsam Schule zu gestalten – Kommunikationsstrukturen und ihre Wirkungen im dienstlichen Verkehr der Schule. In: Rosenbusch, H.S./ Wissinger, J. (Hg.): Motivation durch Kooperation. Schulleiter-Handbuch 58. Braunschweig, 68-78.

Sennett, R. (2005): Die Kultur des neuen Kapitalismus. Berlin.

Terhart, E. (1986): Organisation und Erziehung. Zeitschrift für Pädagogik 32 (2), 205-223.

Terhart, E. (1997): Schulleitungshandeln zwischen Organisation und Erziehung. In: Wissinger, J./ Rosenbusch, H.S. (Hg.) (1997): Schulleitung als pädagogisches Handeln. Schulleiter-Handbuch 83. München, 7-20.

Watzlawick, P./ Beavin, J.H./ Jackson, D.D. (1969): Menschliche Kommunikation. Formen, Störungen, Paradoxien. Bern, Stuttgart, Wien.

Weber, M. (1972): Wirtschaft und Gesellschaft, Grundriss der verstehenden Soziologie. Studienausgabe, 5. revidierte Auflage, Tübingen.

Weerts, F. (2004): Qualitätsmessung von Schule. Pädagogische Führung 1, 12-14.

Weick, K. E. (1976): Educational Organizations as Loosely Coupled Systems. Administrative Science Quarterly 21, 15-19.

Implementierung pädagogischer Konzepte in Organisationen im Spannungsfeld von Macht

Katja Luchte

1. Ausgangssituation

Es ist eins, ein neues pädagogisches Konzept zu entwickeln; es ist etwas anderes, es zu implementieren: Ein neues Fortbildungskonzept wird entwickelt, alle sind davon begeistert – aber es wird nicht umgesetzt. Es fehlen möglicherweise die Gelder, es engagiert sich niemand wirklich, das Konzept versandet.

Solche Erfahrungen, die wohl schon jeder bei der Entwicklung neuer pädagogischer Konzepte gemacht hat, lenken die Aufmerksamkeit in eine Richtung, die in der Pädagogik bislang wenig beachtet wurde: auf die Frage nach der Implementierung pädagogischer Konzepte. Hier geht es nicht um die klassischen pädagogischen Themen von Didaktik und Methodik z.B. eines Fortbildungsprojektes, sondern um die Frage nach den hinderlichen und förderlichen Faktoren und damit um die Frage der Macht bei der Umsetzung eines pädagogischen Konzeptes.

Im Folgenden wird der Frage nach der Macht bei der Implementierung pädagogischer Konzepte zunächst mit Rückgriff auf die Literatur zur Innovations- und Implementierungsforschung und anschließend anhand einer konkreten Einzelfallstudie, der wissenschaftlichen Begleitung eines Fortbildungskonzeptes diskutiert (vgl. dazu ausführlicher: Luchte 2005).

2. „Macht" im Kontext von Innovations- und Implementierungsforschung

Fragen der Implementierung pädagogischer Konzepte werden in der Pädagogik seit den 70er Jahren im Kontext von pädagogischer Innovations- und Implementierungsforschung diskutiert. Erste Innovationsstudien werden zu Beginn der 70er Jahre, insbesondere am Institut für die Pädagogik der Naturwissenschaften an der Universität Kiel durchgeführt (z.B. Frech 1972; Gerbaulet u.a. 1972; Herz 1973; Zimmer 1973; Hameyer u.a. 1976). Hier entsteht auch die erste grundlegende Arbeit über den Innovationsbegriff im Rahmen der Pädagogik, nämlich die Habilitationsschrift von Kurt Aregger über „Innovation in sozialen Systemen" (Aregger 1976).

Seit Anfang der 90er Jahre gibt es zunehmend Implementationsstudien im Bereich der Pädagogik. Hier lassen sich im Groben zwei Schwerpunkte unterscheiden:

- Eine Reihe von Studien behandelt die Implementierung von Modellversuchen im schulischen oder betrieblichen Kontext (Übersicht bei Mandl 1998; vgl. auch Euler/ Sloane 1998; Kremer 2003).
- Daneben gibt es eine Reihe von Studien zur Implementierung unterschiedlicher didaktischer Konzepte (z.B. Reinmann-Rothmeier/ Mandl 1998; Sonntag/ Stegmaier/ Jungmann 1998; Breuer/ Höhn 1998).

In den USA ist Implementierung pädagogischer Konzepte insbesondere Thema der sog. School Improvement Forschung. Den Ausgangspunkt bildet das Buch „Successful School Improvement" von Michael G. Fullan (1992). Ziel der School Improvement Forschung ist es, die relevanten Faktoren für erfolgreiche Implementierung pädagogischer Programme und Maßnahmen zu identifizieren und daraus praktische Empfehlungen abzuleiten (z.B. Adams 2000; Evans 1996; Foriska 1998).

Wenn man die Ergebnisse der Implementierungsforschung allgemein betrachtet, wird deutlich, dass Implementierung pädagogischer Konzepte (sei es ein neues Konzept der Lehrerfortbildung oder ein neues Kommunikationstraining für Auszubildende) nicht nur vom jeweiligen Konzept abhängt, sondern vielmehr weitere Faktoren die Durchsetzung von pädagogischen Konzepten beeinflussen. Insgesamt werden hier (wie auch in der betriebswirtschaftlichen Innovationsforschung) drei zentrale Faktoren genannt (vgl. die ausführliche Übersicht bei Luchte 2005, 28ff.):

- sachlich intentionale Bedingungen wie das jeweilige Konzept oder die Materialien,
- personelle Bedingungen wie die Handlungskompetenz und Qualifikation der Akteure, aber auch das Vorhandensein von „Machtpromotoren", die auf einer höheren hierarchischen Ebene angesiedelt sind und das Konzept durchsetzen können,
- institutionelle Bedingungen wie Organisationsstruktur, Führungsstil und Organisationskultur.

Offenbar ist also für die Durchsetzung pädagogischer Konzepte Macht erforderlich. Doch was heißt das genau? Eben hier setzt die im Folgenden dargestellte Untersuchung an (vgl. ausführlicher Luchte 2005).

3. Implementierung eines Fortbildungskonzeptes „Musikkultur bei Kindern" – eine qualitative Studie

Ziel des Projektes „Förderung der Musikkultur bei Kindern" ist gewesen, „ein neues Konzept des Musikunterrichts in der Praxis zu etablieren und dadurch Anstöße zur Entwicklung der Kinder über den Musikunterricht hinaus zu geben" (Luchte/ König 2004, 6). Dabei versteht sich der im Rahmen dieses Projektes entwickelte Musikunterricht als Teil einer ganzheitlichen Erziehung: Ziel ist die Förderung der musikalischen Potentiale des Kindes.

Die Implementierung des Konzeptes „Förderung der Musikkultur bei Kindern" im Unterricht findet in zwei Phasen statt:

- In einer ersten Phase (1999-2003) wurden 10 Lehrerinnen und Lehrer sowie 11 Erzieherinnen im Rahmen einer externen Fortbildung über 4 Jahre zum Thema „Förderung der Musikkultur bei Kindern" qualifiziert. Die Implementierung des Konzeptes erfolgte dabei zunächst im Unterricht der beteiligten Lehrerinnen, Lehrer und Erzieherinnen.
- In einer zweiten Phase (Ende 2002 bis 2004) wurden 20 weitere Lehrerinnen und Lehrer aus verschiedenen Regierungsbezirken NRW auf der Basis des Fortbildungskonzeptes ebenfalls extern qualifiziert.

Ergebnis ist, dass die Implementierung des neuen Konzeptes in der ersten Phase (bei den beteiligten Lehrerinnen, Lehrern und Erzieherinnen) vollständig gelungen ist. Die erfolgreiche Implementierung in Phase 1 lässt sich auf folgende Faktoren zurückführen:

Unterstützung des Auftraggebers

Entscheidende Bedeutung für die Implementierung des neuen Musikkonzeptes haben relevante Personen des Projektes. So kommt im Beispiel für die Etablierung des neuen Musikkonzeptes zunächst dem Auftraggeber (dem Leiter einer Stiftung, durch die das Projekt gefördert wurde) entscheidende Bedeutung zu. Die Stiftung hat das Projekt ins Leben gerufen, es finanziell ermöglicht und die Implementierung unterstützt: „Ohne den Auftraggeber... ohne seine finanzielle

Unterstützung wäre vermutlich das Projekt erst gar nicht ins Leben gerufen worden" (Schulaufsicht: MP 6). „Die Stiftung, die arbeitet sehr straight, mir gefällt das, die geben Struktur, die haben eine klare Zeitschiene" (Schulaufsicht: MP 6).

Engagement des Projektleitleiters

Der Projektleiter ist von dem Projekt bzw. insbesondere von der Idee des Projektes überzeugt: „Ich will was bewegen, ich bin überzeugt von der Idee, ich finde das gut, es macht mir Spaß, ich bin hoch motiviert und begeistert" (Projektleiter). Von dieser persönlichen Motivation getragen hat der Projektleiter in Phase 1 des Projektes die Bereitschaft, das Projekt erfolgreich voranzutreiben, vorgelebt und damit auch den Teilnehmerinnen und Teilnehmern der Fortbildung bewusst gemacht, dass das Projekt wertvoll ist. „Ich denke, er war von der Sache begeistert, das ist ein ganz entscheidender Erfolgsfaktor, er hat da fast einen missionarischen Auftrag gesehen, war von sich auch überzeugt... das hat er auch an die Teilnehmer rübergebracht" (Experte). Das zeigt sich auch in seinem Engagement, den Kontakt zu den anderen relevanten Personen, den Teilnehmerinnen ebenso wie den Schulleitungen, der Schulaufsicht, dem Ministerium und dem Auftraggeber zu halten. „Ich muss die Stiftung davon überzeugen, dass das der richtige Weg ist" (Projektleiter).

Freiraum des Projektes

In Phase 1 des Projektes fanden relativ wenige Gespräche zwischen Auftraggeber und Projektleiter statt. Wenn sie stattfanden, stieß das Projekt in der ersten Phase auf große Zustimmung. Aufgrund der finanziellen Absicherung konnte der Projektleiter in der ersten Phase einen großen Freiraum nutzen: „Positiv eher der Freiraum: da war ein Vorteil, dass er sich inhaltlich einen sehr großen Freiraum geschaffen hat" (Experte).

Im Gegensatz dazu ist die Implementierung in der zweiten Phase des Projektes nicht gelungen. Folgende Probleme werden in der 2. Phase deutlich:

Veränderung der Interessen beim Auftraggeber

In Phase 2 ändern sich die Interessen des Auftraggebers. Nicht mehr die Implementierung des Konzeptes steht im Mittelpunkt, sondern eher Themen wie Außenwirkung der Stiftung und Öffentlichkeitsarbeit. Damit verändern sich die finanziellen Rahmenbedingungen, was die Arbeitsmöglichkeiten einschränkt: „Die finanziellen Rahmenbedingungen sind massiv schlechter geworden" (Projektleiter: MP 6). Das Büro wird aufgelöst, die Stelle des Projektleiters läuft aus, eigene Projektmittel stehen so gut wie nicht mehr zur Verfügung.

„Rückzug" des Projektleiters

Die Tatsache, dass der Auftraggeber andere Interessen verfolgt, wirkt sich negativ auf den Projektleiter aus. War er zunächst von dem Projekt, seinen Fähigkeiten und dem Erfolg überzeugt, so treten in der zweiten Phase zunehmend Zweifel in den Vordergrund: „Jetzt steht nicht mehr das Projekt im Mittelpunkt, sondern die eigenen Ziele des Auftraggebers wie z.B. starke Öffentlichkeitsarbeit...es werden Dinge abgerufen, die mehr in Richtung Außenwirkung als in Richtung Qualität gehen, damit wir groß in die Öffentlichkeit kommen" (Projektleiter). Der Projektleiter zieht sich zunehmend zurück, reduziert sein Engagement. Begleitet wird dieser Rückzug durch Veränderung subjektiver Deutungen. Er sieht eine Reihe von Punkten deutlich kritischer als in der ersten Phase:

- Für Phase 2 haben die Teilnehmer gewechselt. In der neuen Gruppe der Teilnehmer sieht er für sich keine weitere Unterstützung bei der Implementierung des Fortbildungskonzeptes: „Die Teilnehmer sind sehr schwierig" (Projektleiter).
- Seine subjektiven Deutungen gegenüber der Schulaufsicht sind im Laufe der Zeit kritischer geworden: „Wenn man sich die Person anschaut, Frau T., die in der ersten Phase positiv unterstützend war, für die zweite Phase wird sie vom Projektleiter eher als behindernd erlebt, weil sie stark in diese Richtung gedrängt hat" (Experte).
- Die Einschätzung des Projektleiters gegenüber dem Ministerium hat sich verändert: „Vom Ministerium sagen sie jetzt, jeder, der das Material kriegt, macht morgen Unterricht. Fortbildungen und Moderatoren gibt es nicht mehr, das können wir gar nicht mehr bezahlen" (Projektleiter).
- Für Phase 2 hat sich die materielle Umgebung verändert. Aus Sicht des Projektleiters stehen nun weder geeignete Räume noch die erforderlichen Musikinstrumente zur Verfügung. Schließlich ist auch die Erreichbarkeit der Schulen nicht mehr wie zuvor gegeben: „Die Systemumwelt, die eine Schule hat, scheint im Umfeld wesentlich negativer zu sein, zu lange Fahrtzeiten für Herrn W." (Experte).

In der zweiten Phase verschlechtert sich die Kommunikation mit dem Auftraggeber: „Es gibt neue Regelkreise zwischen der Stiftung und Herrn W., er fühlt sich ständig dazwischen gewurschtelt" (Experte). Dass sich der Projektleiter aus der zweiten Phase des Projektes herausgezogen hat, lässt sich möglicherweise damit erklären, dass die Kommunikation mit dem Auftraggeber nicht ausreichend war. Offenbar ist es eben nicht gelungen, den Auftraggeber so nachdrücklich von dem Projekt zu überzeugen, wie es ursprünglich intendiert war.

Deutlich macht die Analyse des Projektes, dass Erfolg oder Misserfolg der Implementierung nicht auf eine einzige Ursache zurückzuführen ist, sondern dass hier unterschiedliche Faktoren eine Rolle spielen: zum einen die jeweiligen relevanten Personen, ihre subjektiven Deutungen und Handlungen, zum anderen aber auch die Kommunikation in dem Projekt.

4. Theoretischer Rahmen: Personen- und Kommunikationssystem als entscheidende Faktoren

Wenn man versucht, diese Ergebnisse theoretisch zu interpretieren, bietet sich der Rückgriff auf systemtheoretische Überlegungen an. Ansätze in dieser Richtung finden sich bereits in früheren Ansätzen (z.B. Aregger 1976; Fasshauer 1997). Nun ist allerdings die systemtheoretische Diskussion im deutschsprachigen Raum sehr stark vom Ansatz Luhmanns geprägt, wobei soziale Systeme als Kommunikationssysteme definiert werden. Im Blick auf die Interpretation obiger Ergebnisse ist das aber offensichtlich nicht ausreichend. Die Implementierung eines pädagogischen Konzeptes hängt zwar zum einen vom Kommunikationssystem (von der Art der Kommunikation in dem Projekt), zum anderen aber entscheidend offenbar von den handelnden Personen ab. Zum Teil in Anlehnung an die Personale Systemtheorie von König/ Volmer (2005) wird hier ein erweitertes systemtheoretisches Konzept zugrunde gelegt, wobei zwischen drei unterschiedlichen Faktoren unterschieden wird: dem Personensystem, dem Kommunikationssystem und der Systemumwelt (vgl. Luchte 2005, 86ff.):

- das Personensystem, d.h. die denkenden und handelnden Personen, die den Verlauf eines Implementierungsprozesses maßgeblich beeinflussen, ihre subjektiven Deutungen und ihre Handlungen,

- das Kommunikationssystem, d.h. die sich in einem sozialen System entwickelnden Kommunikationsprozesse: die geltenden sozialen Regeln, sowie Regelkreise in der Kommunikation,
- die Systemumwelt, d.h. diejenigen Faktoren aus der Systemumwelt die Implementierungsprozesse beeinflussen, wobei sich zwischen materieller Umwelt (Technik, Gebäude) und sozialer Umwelt (gesellschaftliche Rahmenbedingungen, andere soziale Systeme) unterscheiden lässt.

Zentrale These ist, dass sich der Erfolg der Implementierung von pädagogischen Konzepten aus dem Zusammenwirken des Personensystems, des Kommunikationssystems und der Systemumwelt erklären lässt.

(1) Das Personensystem als relevanter Faktor bei der Implementierung pädagogischer Konzepte
Den Personen kommt in bezug auf den Erfolg von Implementierung entscheidendes Gewicht zu. In diesem Projekt waren es insbesondere die Person des Projektleiters und die des Auftraggebers (ggf. noch die Vertreterin der Schulaufsicht), die in beiden Phasen entscheidend das Ergebnis beeinflusst haben. Wer jeweils die relevanten Personen (die „Stakeholder") bei einer Implementierung sind, kann im Einzelfall durchaus unterschiedlich sein. Das wird bei der Implementierung eines neuen Fortbildungskonzeptes in der Regel der Projektleiter bzw. die Projektleiterin sein sowie diejenigen Personen, die das Konzept umsetzen, aber auch mögliche weitere Beteiligte wie die Adressaten, politische Entscheider usw. Bei diesen Personen wiederum spielen eine Reihe weiterer Faktoren eine Rolle:

- Fachliche Kompetenz: Fachliche Kompetenz ist in vielen Fällen Erfolgsfaktor bei der Implementierung eines neuen pädagogischen Konzeptes. Von der fachlichen Kompetenz des Projektleiters hängt es ab, wie gut er das Fortbildungskonzept vermitteln kann.
- Sozialkompetenz: Implementierung eines neuen pädagogischen Konzeptes erfordert von den jeweiligen Stakeholdern schließlich in hohem Maße Sozialkompetenz, etwa die Fähigkeit des Projektleiters, auf das Ministerium, die Schulverwaltung und die einzelne Schule, aber auch auf den Auftraggeber zuzugehen, sie von dem Konzept zu überzeugen und für das Konzept zu begeistern.
- Subjektive Deutungen der relevanten Personen: Es ist eine wichtige Einsicht, dass der Erfolg der Implementierung eines pädagogischen Konzeptes nicht von dem Konzept allgemein abhängt, sondern davon, wie dieses Konzept von unterschiedlichen Personen eingeschätzt wird. D.h. es kann sein,

dass ein „gutes" pädagogisches Konzept nicht implementiert wird, weil die Beteiligten es nicht für gut halten. Umgekehrt kann auch ein weniger gutes Konzept implementiert werden, wenn die betreffenden Personen davon überzeugt sind. Bei Implementationsprozessen gilt es also, sich immer auch über die Gedanken, die subjektiven Deutungen der jeweiligen Stakeholder klar zu werden. Dazu gehören dann sowohl die subjektiven Deutungen über die Sache, als auch über sich selbst und insbesondere über die Auswirkungen des Konzeptes. Subjektive Deutungen über die Sache betreffen die Innovation selbst. Was denkt die betreffende Person über die Innovation (über die Produktmerkmale)? Für wie erfolgreich schätzt die Person die Innovation (das neue Produkt) ein? Hier ist es die subjektive Deutung des Projektleiters (er ist von dem Konzept überzeugt), die als einer der entscheidenden Erfolgsfaktoren angesehen wird. Subjektive Deutungen über sich selbst betreffen das Selbstverständnis der jeweiligen Person. Wie weit sieht sich die Person durch den Innovationsprozess in ihrer Kompetenz oder seiner Einstellung bestätigt? Oder fühlt sie sich durch das neue Konzept abgewertet?

- Handlungen der relevanten Personen: Auf der Basis eines handlungstheoretischen Ansatzes lassen sich die aus subjektiven Deutungen resultierenden Handlungen als relevanter Faktor des Personensystems identifizieren. Das sind zum einen die Handlungen, in denen der Projektleiter bzw. das Projektteam das Konzept entwickelt und die Fortbildung durchgeführt haben, zum anderen aber auch Handlungen, die dazu dienen, die Akzeptanz des Projektes zu schaffen, zu sichern oder (bei Stakeholdern, von denen Widerstand ausgeht) möglichen Widerstand abzubauen.

(2) Das Kommunikationssystem als relevanter Faktor bei der Implementierung pädagogischer Konzepte
Der Erfolg von Implementationen hängt nicht nur von den beteiligten Personen, ihren Kompetenzen, ihren subjektiven Deutungen und ihren Handlungen ab. Sondern die Implementierung eines pädagogischen Konzeptes ist offensichtlich das Ergebnis einer Eigendynamik des sozialen Systems. Damit spielen Faktoren eine Rolle, die insbesondere in der soziologischen Systemtheorie im Anschluss an Luhmann und Willke (z.B. 1999) thematisiert wurden. Im Rahmen des Kommunikationssystems sind besonders soziale Regeln sowie Regelkreise (immer wiederkehrende Verhaltensmuster) von Bedeutung:
Soziale Regeln sind Anweisungen, d.h. sie legen fest, was man in einem sozialen System tun soll, tun darf oder nicht tun darf (vgl. z.B. König/ Volmer 2000, 180 ff.). Sie beeinflussen damit das Verhalten der Personen innerhalb eines sozialen Systems. Dabei lassen sich verschiedene Arten sozialer Regeln unterscheiden:

154

- Regeln der Aufbauorganisation: Regeln der Aufbauorganisation legen die jeweiligen Organisationsstrukturen (Gliederung in Bereiche, Führungsebenen usw.) fest. In den betriebswirtschaftlichen wie auch pädagogischen Konzepten zur Innovationsforschung (Aregger 1976, 186 f.; Pleschak/ Sabisch 1996, 264; Vahs/ Burmester 1999, 284) werden zwei unterschiedliche Organisationsstrukturen als hilfreich für die Innovation angesehen: Die hierarchische Organisationsform mit einer flachen Hierarchie, d.h. wo es wenige hierarchische Ebenen gibt, und das Kollegial-Modell, Team- oder Gruppenkonzept, das eine Mehrzahl von Personen verschiedenen Rangs und verschiedener Funktionszugehörigkeit zu einem Kollegium (Kommission, Ausschuss, Konferenz) vereinigt, in dem dann Entscheidungen im Innovationsprozess gemeinsam getroffen werden. Für das Projekt als hilfreich erwies sich die Organisationsform des Beirats, in dem Projektleiter, Auftraggeber, Vertreter des Ministeriums, externe Berater sowie die Wissenschaftliche Begleitung vertreten waren. Insbesondere in der ersten Phase konnten hier schnell gemeinsame Entscheidungen getroffen werden; in der zweiten Phase bestand der Beirat zwar noch, kam jedoch weniger zum Tragen.
- Regeln der Ablauforganisation: Regeln der Ablauforganisation legen z.B. Termine fest. So gibt es im Beispiel des Musikprojektes eine offizielle Regel, die festlegt, in welchen zeitlichen Abständen die Fortbildungen für die Lehrerinnen und Lehrer stattfindet. Als hilfreich erwiesen sich auch für die erste Phase die Regeln für Entscheidungsprozesse. Das Projekt hatte relativ großen Freiraum, so dass Entscheidungen weithin selbständig im Rahmen des Projektes getroffen werden konnten.
- Implizite Regeln: Neben offiziellen Regeln können soziale Regeln auch implizit Geltung besitzen. Eine mögliche implizite Regel im Projekt dürfte gewesen sein, allen Aktionen der Öffentlichkeitsarbeit besonderes Gewicht beizumessen. Diese Regel wurde nie explizit aufgestellt, lässt sich aber z.B. aus dem Interesse des Auftraggebers an Pressemitteilungen über das Projekt erschließen. Es scheint, dass diese Regel in der ersten Phase zu wenig erkannt und beachtet wurde, was dann in der zweiten Phase zu einer zunehmend kritischen Haltung des Auftraggebers führte.
- Regelkreise (immer wiederkehrende Verhaltensmuster): Regelkreise sind zentrales Merkmal aller Systeme, wobei im Konzept des Kommunikationssystems zu Recht darauf hingewiesen wird, dass solche Regelkreise mehr sind als das Ergebnis einzelner subjektiver Handlungen. Regelkreise können demzufolge im Blick auf die Implementierung pädagogischer Konzepte förderlich oder hinderlich sein. Es scheint, dass die zweite Phase des Projektes nachdrücklich von einem Regelkreis „Anfrage beim Auftraggeber – keine Reaktion" bestimmt ist. Anfragen des Projektleiters bezüglich der Weiter-

führung des Projektes blieben ohne Antwort. Ein ähnlicher Regelkreis bestand im Verschieben von Terminen. Termine wurden vereinbart, aber fanden dann nicht statt. Übrigens wird gerade hier der Zusammenhang zwischen Kommunikations- und Personensystem deutlich: Die Regelkreise wurden vom Projektleiter als geringes Interesse am Projekt gedeutet und führten dann schließlich zu Resignation und innerer Kündigung.

(3) Die Systemumwelt als relevanter Faktor bei der Implementierung pädagogischer Konzepte
Die Bedeutung der Systemumwelt für die Implementierung neuer pädagogischer Konzepte wird in der Literatur zur Implementationsforschung betont und bestätigt sich auch im Projekt: Die erste Phase war durch umfangreiche finanzielle Mittel, ein eigenes Büro usw. gekennzeichnet – Ressourcen, die in der zweiten Phase zunehmend weniger zur Verfügung standen.

Der Erfolg von Implementierung hängt offenbar sowohl vom Personensystem und dem Kommunikationssystem, aber eben auch der Systemumwelt ab. Dabei stehen diese verschiedenen Faktoren nicht unverbunden nebeneinander, sondern beeinflussen sich wechselseitig. Das Kommunikationssystem beeinflusst die subjektiven Deutungen der betreffenden Personen, während andererseits negative subjektive Deutungen die Kommunikation einschränken, positive subjektive Deutungen die Kommunikation eher fördern. Entsprechend beeinflusst die Systemumwelt sowohl das Kommunikationssystem als auch das Personensystem, während andererseits die Auswirkungen der Systemumwelt auf die Implementierung auch von den jeweiligen subjektiven Deutungen beeinflusst sind.

Max Weber hatte seinerzeit Macht als Chance, innerhalb einer sozialen Beziehung den eigenen Willen auch gegen Widerstreben durchzusetzen, definiert. In diesem Sinne zeigt das Beispiel, dass die Implementierung eines pädagogischen Konzeptes eben nicht aus der Qualität des Konzeptes resultiert, sondern sehr wohl Macht erfordert. Andererseits ist diese Macht abhängig von dem jeweiligen sozialen System, zum einen dem Personensystem, d.h. den jeweiligen handelnden Personen und ihren subjektiven Deutungen, zum anderen aber auch den sozialen Regeln und Regelkreisen des Kommunikationssystems. Die jeweiligen Systemfaktoren, das zeigt die Analyse dieses Implementierungsprozesses, gaben dem Projektleiter die Macht, das Konzept in der ersten Phase zu implementieren, jedoch nicht, es in der zweiten Phase weiterzuführen.

5. Implementierungsberatung

Der Erfolg der Implementierung eines pädagogischen Konzeptes hängt davon ab, wie weit es gelingt, das pädagogische Konzept im Personensystem zu etablieren und ein geeignetes Kommunikationssystem aufzubauen. Wenn Implementierung pädagogischer Konzepte abhängig ist von dem jeweiligen sozialen System, dann ergibt sich als Aufgabe, die jeweiligen Akteure bei der Implementierung zu unterstützen. Das führt zu einem Konzept systemischer Implementierungsberatung (ausführlich dazu: Luchte 2005), das den Blick auf förderliche und hinderliche Systemfaktoren bei der Implementierung richtet. Dabei gliedert sich systemische Implementierungsberatung in zwei Hauptteile: Diagnose und Intervention. Bei der Diagnose geht es darum, die für die Implementierung relevanten Faktoren des Personensystems, des Kommunikationssystems und der Systemumwelt zu identifizieren, bei der Intervention darum, zusätzliche Maßnahmen zu planen, um die Implementierung im sozialen System zu unterstützen. Exemplarisch sei aus der Implementierungsberatung das Thema „Stakeholderanalyse" vorgestellt.

Stakeholderanalyse wurde in den sechziger Jahren im Stanford Research Institute entwickelt (Gausemeier/ Fink 1999, 219 ff.). Stakeholder sind die „Gruppen oder Individuen, die ein Unternehmen beeinflussen oder von einem Unternehmen beeinflusst werden" (ebd., 219). Entsprechend lassen sich Stakeholder für die Implementierung pädagogischer Konzepte in Organisationen definieren. Stakeholder in obigem Beispiel waren u.a. der Auftraggeber, der zuständige Sachbearbeiter beim Auftraggeber, der zuständige Dezernent im Ministerium und die Vertreterin der Schulaufsicht.

Implementierungsberatung im Blick auf die Stakeholder bedeutet zunächst, den Projektleiter (oder das Projektteam) dabei zu unterstützen, die Stakeholder zu identifizieren. Leitfragen hierfür lauten: Wer kann aus Ihrer Sicht dazu beigetragen, dass das Konzept erfolgreich umgesetzt wird? Wer kann aus Ihrer Sicht das Projekt behindern?

Das Handeln der Stakeholder ist abhängig von ihren subjektiven Deutungen. Daraus ergeben sich weitere Leitfragen im Rahmen der Diagnosephase: Was denkt die betroffene Person über das Konzept? Was sind die sachlichen und persönlichen Ziele der Stakeholder?

Bei der letzten Frage ist hilfreich, nicht nur sachliche, sondern auch persönliche Ziele zu erfassen. Ein Sachbearbeiter will sich durch das Projekt profilieren, eine Dezernentin als „Erfinderin" des Konzeptes gefeiert werden usw. Möglicherweise gibt es auch bestimmte Regelkreise, die im Umgang mit einzelnen Stakeholdern zu beachten sind, etwa der Regelkreis, dass Termine immer verschoben werden.

Auf der Basis einer solchen Diagnose- oder Klärungsphase stellt sich anschließend die Aufgabe, den oder die Klienten bei der Planung und Umsetzung von Interventionen in Bezug auf das Stakeholdersystem zu unterstützen. Was kann der Projektleiter tun, um den Dezernenten bei der Schulverwaltung stärker einzubeziehen? Sollte nicht im Blick auf das Ziel des Auftraggebers, in der Presse mit dem Projekt bekannt zu werden, dem Thema „Pressearbeit" im Rahmen des Projektes mehr Gewicht zugemessen werden? Was gibt es für Möglichkeiten, wenn Termine mit dem Auftraggeber immer wieder verschoben werden oder ausfallen?

Bei der Entwicklung neuer pädagogischer Konzepte tendieren wir üblicherweise dazu, die Aufmerksamkeit auf den Inhalt zu legen. Dabei wird jedoch übersehen, dass eine erfolgreiche Umsetzung nur zu einem geringen Teil von der Qualität des Konzeptes, entscheidend jedoch von Machtstrukturen im Personen- und Kommunikationssystem abhängt. Hier könnte Implementierungsberatung, die den oder die Klienten darin unterstützt, die relevanten Systemfaktoren zu erkennen und zu berücksichtigen, einen entscheidenden Anstoß bieten. Für das hier dargestellte Projekt jedenfalls gilt, dass eine stärkere Berücksichtigung der Systemebene bei der Implementierung möglicherweise die Chancen für eine erfolgreiche Umsetzung deutlich gesteigert hätten.

Literatur

Adams, J.E. (2000): Taking charge of curriculum: teacher networks and curriculum implementation. New York u.a..

Aregger, K. (1976): Innovation in sozialen Systemen. 2 Bde., Bern u.a..

Buddrus, V./ Sünker, H./ Zygowski, H. (1988) (Hg.): Die Zukunft pädagogisch gestalten? Beiträge zu einer pädagogischen Innovationsforschung. Bielefeld.

Faßhauer, U. (1997): Professionalisierung von BerufspädagogInnen. Darmstadt.

Foriska, T.J. (1998): Restructuring around standards: A practitioner's guide to design and implementation. Thousand Oaks/ California.

Fullan, M.G. (1992): Successful school improvement. Buckingham u.a..

Gausemeier, J./ Fink, A. (1999): Führung im Wandel – Ein ganzheitliches Modell zur zukunftsorientierten Unternehmensgestaltung. München/ Wien.

Grunow, D. (1983): Interorganisationsbeziehungen im Implementationsfeld und ihre Auswirkungen auf die Umsetzung und die Zielerreichung politischer Programme. In: Mayntz, R. (Hg.): Implementation politischer Programme II. Ansätze zur Theoriebildung. Opladen, 142-167.

Hameyer, U. (1992): Die innere Qualität innovativer Grundschulen – Ergebnisse aus Fallstudien zur Selbsterneuerung. In: Hameyer, U./ Lauterbach, R./ Wiechmann, J. (Hg.): Innovationsprozesse in der Grundschule. Bad Heilbrunn/Obb., 77-103.

Hucke, J./ Müller, A./ Wassen, P. (1980): Implementation kommunaler Umweltpolitik. Frankfurt a. M.

König, E./ Volmer, G. (1999): Praxis der Systemischen Organisationsberatung. Weinheim.

König, E./ Volmer, G. (2000): Systemische Organisationsberatung. Weinheim.

König, E./ Volmer, G. (2002): Systemisches Coaching. Weinheim.

König, E./ Zedler, P. (1995): Bilanz qualitativer Forschungsmethoden. 2 Bde.. Weinheim.

Luchte, K./ König, E. (2004): Musik schafft Persönlichkeit(en). Abschlussbericht des Projektes „Förderung der Musikkultur bei Kindern". Gütersloh.

Luchte, K. (2005): Implementierung pädagogischer Konzepte in sozialen Systemen. Ein systemtheoretischer Beratungsansatz. Weinheim u.a.

Mayntz, R. (1983) (Hg.): Implementation politischer Programme II. Ansätze zur Theoriebildung. Opladen.

Neuberger, O. (1995) (Hg.): Mikropolitik. Stuttgart.

Pleschak, F./ Sabisch, H. (1996): Innovationsmanagement. Stuttgart.

Rohe, R. (1990): Implementation von Fortbildungs- und Umschulungsmaßnahmen nach dem Arbeitsförderungsgesetz. Münster/ Hamburg.

Scharpf, F.W. (1983): Interessenlage der Adressaten und Spielräume der Implementation bei Anreizprogrammen. In: Mayntz, R. (Hg.): Implementation politischer Programme II. Ansätze zur Theoriebildung. Opladen, 99-116.

Steinke, T. (1990): Stationäres Training mit aggressiven Kindern. Die Implementation eines verhaltenstheoretisch orientierten Behandlungsprogramms in stationäre psychosoziale Organisationen. Frankfurt a. M. u.a.

Vahs, D./ Burmester, R.(1999): Innovationsmanagement. Von der Produktidee zur erfolgreichen Vermarktung. Stuttgart.

Weidern, H./ Knoepfel P. (1983): Innovation durch international vergleichende Politikanalyse dargestellt am Beispiel der Luftreinhaltepolitik. In: Mayntz, R. (Hg.): Implementation politischer Programme II. Ansätze zur Theoriebildung. Opladen, 221-255.

Willke, H. (1999): Systemtheorie II: Interventionstheorie: Grundzüge einer Theorie der Intervention in komplexe Systeme. Stuttgart (3. bearb. Aufl.).

Windhoff-Héritier, A (1980).: Politikimplementation: Ziel und Wirklichkeit politischer Entscheidungen. Königstein/Ts.

Macht in Prüfungen. Eine ressourcenorientierte Analyse

Petra Buchwald

In unserer Gesellschaft hat eine verstärkte Selektion im Bildungs- und Arbeitsbereich eingesetzt, die jede Form der mündlichen Prüfung zu rechtfertigen scheint. Prüfungen gehören offensichtlich unverzichtbar zum pädagogischen Maßnahmenkatalog, um institutionalisierte Erziehung und Bildung zu evaluieren. Aus individueller Perspektive soll eine pädagogische Prüfung der Förderung dienen, indem die resultierende Bewertung ein Feedback über das eigene Entwicklungspotenzial gibt und Motivation erzeugt. Aus gesellschaftlicher Perspektive dient die Prüfung vor allem der Selektion, um nach der Bewertung der Prüfungsleistung Arbeitsplätze und Zugangsberechtigungen zu vergeben.

Das reflektierende Nachdenken über die weiteren Funktionen von Prüfungen leistet vor allem Michel Foucault (1994), der Prüfungen mit ihren Ritualen, Methoden, Rollen, ihren Frage- und Antwortspielen und Klassifizierungssystemen hinterfragt und in der Prüfungstechnik einen ganzen „Machttyp" sieht. Vorrangig sollen Prüfungen die Aneignung von Wissen kontrollieren, aber nach Foucault (1994, 223) geht es auch um Macht und die subtilen Machtmechanismen der Prüfungskultur. „Die Prüfung kombiniert die Techniken der überwachenden Hierarchie mit denjenigen der normierenden Sanktion. Sie ist ein normierender Blick, eine qualifizierende, klassifizierende und bestrafende Überwachung. Sie errichtet über den Individuen eine Sichtbarkeit, in der man sie differenzierend behandelt. Darum ist in allen Disziplinaranstalten die Prüfung so stark ritualisiert. In ihr verknüpfen sich das Zeremoniell der Macht und die Formalität des Experiments, die Entfaltung der Stärke und die Ermittlung der Wahrheit. (...) Die Überlagerung der Machtverhältnisse und der Wissensbeziehungen erreicht in der Prüfung ihren sichtbarsten Ausdruck."

In der von Foucault beschriebenen Form übt das Prüfungssystem in Bildungsinstitutionen nachhaltige Wirkungen auf die Entwicklung von Persönlichkeit aus. Tatsächlich sind die gegenwärtige Hochschulkultur sowie der Studienverlauf stark von Prüfungen geprägt und die resultierende Prüfungsfixierung prägt auch den Umgang der Studierenden untereinander: Soziale Interaktionen zwischen Studierenden sind oft gekennzeichnet durch Macht, Leistungsbewertung, Konkurrenz und Isolation (Bülow-Schramm/ Gipser 1994), assoziiert mit psychologisch aversiven Zuständen wie Stress und Prüfungsangst (Burchardt 2005). In einer Studie von Shirom (1986) zu studienbezogenen Stressquellen standen an erster Stelle prüfungsbezogene Belastungen und erst danach Stress durch Studien- und Lernbedingungen.

Nach Bülow-Schramm und Gipser (1994, 2) prägen Prüfungen das gegenwärtige Hochschulsystem mehr als die spezifischen Formen und Inhalte von Forschung und Lehre. „Sie sind Ausdruck einer wachsenden strukturellen Gewalt, die dem Studenten den Zugang zu einer inhaltlichen Studienmotivation zunehmend erschwert (...) und deren Folge eine wachsende Prüfungsfixierung [ist]". Die Bevorzugung standardisierter Prüfungsformen soll zwar eine objektivere Grundlage für die Leistungsbewertung des Prüflings bieten, aber dennoch sind Prüfungen höchstens bezogen auf die zu erbringenden Leistungsanforderungen normiert, nicht aber bezogen auf den jeweiligen Prüfling oder auf die Konstellation Prüfende/Prüfling. Prüfungserfolg hängt somit auch von den Machtverhältnissen bzw. den kompatiblen Interaktionsmustern in der jeweiligen Dyadekonstellation von Prüfling und PrüferIn (Miller/ Parlett 1974).

Hier soll nun aus pädagogisch-psychologischer Perspektive eine Auseinandersetzung mit den Machtverhältnissen in akademischen Prüfungen geschehen und zwar bezogen auf das individuelle und dyadische Verhalten der vom Machtstreben betroffenen Prüflinge und PrüferInnen. Dazu werden Befunde einer Untersuchung zum Interaktionsverhalten zwischen Prüflingen und Prüfendem während mündlicher akademischer Prüfungen (Buchwald 2002, 2004) reflektiert und es wird der Frage nachgegangen, inwieweit im Prüfungswesen schon eine Abkehr von rein hierarchischen, machtdominierten Interaktionsformen hin zu teamorientierten Konzepten eingesetzt hat. Den theoretischen Rahmen dieser Überlegungen bietet die Theorie der Ressourcenerhaltung nach Hobfoll (1988, 1998; Hobfoll/ Buchwald 2004).

1.   Die Theorie der Ressourcenerhaltung

Hobfoll (1998) legt dar, wie bei der gemeinsamen Bewältigung von stressreichen Situationen der Austausch von Ressourcen und die damit verbundene Interaktion zwischen Individuen und sozialen Systemen (Familien, Arbeitsplatz, Universität) ablaufen können. Sein Konzept impliziert interpersonelle Prozesse, bei denen Ressourcen übertragen oder katalysiert werden bzw. schwinden. Ressourcen sind definiert als Objektressourcen (z.B. Kleidung, Bücher, das eigene Auto), Bedingungsressourcen (z.B. Familienstand, Alter, berufliche Position), persönliche Ressourcen (z.B. Selbstwirksamkeit, Optimismus, soziale Kompetenzen) und Energieressourcen (z.B. Geld, Zeit, Wissen). Zentral für das ressourcenorientierte Modell ist die Annahme, dass Menschen dazu neigen, die eigenen Ressourcen bzw. Hilfsmittel und Fähigkeiten zu schützen und danach streben, neue aufzubauen. Stress resultiert aus dem tatsächlichen Verlust oder der Bedrohung von Ressourcen oder durch Verlust aufgrund fehlinvestierter Ressourcen. Einen wesentlichen Einfluss auf den Erwerb und Erhalt von Ressourcen haben kritische Lebensereignisse, z.B. akademische Prüfungen, die das Individuum daran hindern, Ressourcen zu schützen oder zu kultivieren. Eine erbrachte Leistung in Form einer gelungenen Prüfung ist eine wesentliche Ressource und trägt zu persönlichem Wohlbefinden und Selbstachtung bei. Da das Leistungsprinzip eine führende Stellung im Wertesystem unserer westlichen Gesellschaft einnimmt und Menschen danach streben, die begrenzt zur Verfügung stehenden Ressourcen zu erhalten, bedeutet der Verlust von Ressourcen eine extreme Belastung und Stress. In mündlichen Prüfungen sind aus Sicht des Prüflings bestehende Ressourcen bedroht, sodass dort oft Stress und Angst erlebt werden. Prüflinge befürchten, die verlangten Leistungsanforderungen nicht erbringen zu können und damit Gefahr zu laufen, weitere Ressourcen zu verlieren.

Stressbewältigung (engl. *coping*) ist unmittelbar mit der Erhaltung von Ressourcen verbunden und will Verluste vermeiden. In dem von Hobfoll und Kolleginnen entwickelten multiaxialen Copingmodell (Dunahoo/ Monnier/ Hobfoll/ Hulsizer 1998, Hobfoll/ Buchwald 2004) wird davon ausgegangen, dass Stress nicht nur alleine, sondern auch gemeinsam mit anderen bewältigt wird. Wurde bislang vorrangig erforscht, wie sich Prüfungsstress von Prüflingen durch Strategien der individuellen Prüfungsstressbewältigung wieder abbauen lassen, ist nur sehr wenig darüber bekannt, was im Rahmen der Prüfungsstress-bewältigung zwischen Prüflingen und PrüferInnen geschieht und welcher Art von Ressourcentransfer insbesondere *während* der mündlichen Prüfling in der Prüfling-PrüferIn-Dyayde abläuft. Häufig wird Prüfungsstress ja gerade durch Überlegungen des Prüflings genährt, die sich auf das Verhalten des Prüfenden während der Prüfung beziehen: Wird der Prüfende völlig unerwartete Fragen stellen? Wird er „auf Lücke" prüfen? Wird er seine Macht ausspielen und die Prüfung streng und autoritär leiten? Wird er spöttische oder herabsetzende Bemerkungen machen? Oder wird er vielmehr hilfreich zur Seite stehen und sich vertrauenswürdig an bestehende Absprachen halten? Inwieweit die Machtverhältnisse in Prüfling-PrüferIn-Dyaden Einfluss auf den Gewinn, Verlust bzw. Austausch von Ressourcen nehmen soll hier diskutiert werden.

Hobfoll (1998) geht weiterhin davon aus, dass Stress ein Phänomen darstellt, das ein Individuum nicht losgelöst vom sozialen Kontext erlebt, sondern als ein in familiäre und organisationale Strukturen eingebettetes Wesen. Persönlichkeit und Ressourcen resultieren nach Hobfoll (1998) aus der Gesamtheit unterschiedlicher Wertvorstellungen, Flexibilität und Macht in Abhängigkeit von den sozialen Strukturen einer Gesellschaft. Macht erklärt für Hobfoll vor allem, warum manche Menschen Ressourcen effektiver ausnützen können und somit weniger Stress erleben. Welche Bedeutung hat beispielsweise Selbstwirksamkeit (Bandura 1977) als eine Schlüsselressource der Bewältigung von Anforderungssituationen noch, wenn abhängig von Machtverhältnissen die Maßstäbe von Organisationen so umgeformt werden können, dass sie zu den personeninternen Grundvoraussetzungen mehr oder weniger gut passen? Bezogen auf Prüfungssituationen können also durchaus selbstwirksame Prüflinge scheitern, wenn die die Prüfung beherrschenden PrüferInnen sie so organisieren, dass sie zu den persönlichen Voraussetzungen des Prüflings nicht mehr passt. Selbstwirksamkeit ist dann nicht mehr nur die Eigenschaft einer Person, sondern wird zu einem dynamischen Konzept, das die vor- bzw. nachteiligen Bedingungen der jeweiligen Ausgangslage impliziert. Folglich sind Menschen mit Macht eher dazu in der Lage, sich an ihre ständig wechselnden Positionen in der Gesellschaft anzupassen, da der Begriff „Status" etwas Relatives beschreibt, das sich je nach Umgebung verändern kann. Macht ermöglicht eine flexiblere Auslegung von Regeln und mehr Kombinationsmöglichkeiten von Ressourcen. Zugang zu begrenzt vorhandenen Ressourcen ist u. a. abhängig von Status, Alter und Geschlecht. Strukturelle Zwänge sind ressourcenlimitierende Faktoren, aber Macht und Prestige ermöglichen einen flexibleren und effektiveren Einsatz von Ressourcen.

Es liegt also nahe anzunehmen, dass eine erfolgreiche Stressbewältigung in der Prüfung nicht nur vom Prüfling selbst abhängt, sondern auch von dem optimalen Zusammenwirken von Prüfling und PrüferIn. Daraus ergibt sich die Frage, welcher Prüfling mit welchem Prüfenden bestmöglich interagiert und aus welcher Art der *gemeinsamen Stressbewältigung* die meisten Ressourcen bzw. besten Prüfungsleistungen resultieren. Antworten auf diese Fragen können zugleich Einblicke in die Machtstrukturen der PrüferIn-Prüfling-Dyade und Anregungen für die optimale Vorbereitung und Durchführung von mündlichen Prüfungen geben.

2. Interaktionsverhalten in Prüfling-PrüferInnen-Dyaden

Eine empirische Mehrebenenanalyse an Prüflingen, PrüferInnen und Prüfling-PrüferInnen-Dyaden erkundete die verbalen, nonverbalen und kognitiven Interaktionsprozesse der Akteure auf der Grundlage von psychometrischen Fragebogen und von Beobachtungen von mehr als 120 verschiedenen Dyaden per Video während akademischer Prüfungen (Buchwald 2002). Die Ergebnisse weisen darauf hin, dass insbesondere indirekte Bewältigungsstrategien in Verbindung mit Empathie, der Bereitschaft zur Verantwortungsübernahme und Vertrauenswürdigkeit der Prüfenden wesentliche Variablen sind und eine optimale Prüfungsleistung ermöglichen (Buchwald 2003b). Wenn PrüferInnen während einer mündlichen Prüfung indirekt agieren heißt das, sie manipulieren die Prüfungssituation so, dass Prüflinge das Gefühl bekommen, sie würden selbst die Prüfung dominieren. Dazu müssen Prüfende indirekt vorgehen, um einerseits der eigenen Rolle treu zu bleiben und selbst die Oberhand über die Prüfung zu behalten, andererseits aber den Prüflingen das Gefühl geben zu können, sie seien tonangebend. Die Videoaufnahmen der Prüfungen belegten, dass Prüflinge bei indirekt agierenden PrüferInnen eine deutlich selbstbehauptendere Körpersprache zeigten und bessere Prüfungsleistungen erbrachten. Dieser Befund macht deutlich, wie Prüflinge davon profitieren, wenn Prüfende geschickt mit der Situation in Prüfungen umgehen, die Foucault (1994) als Umkehrung der „Sichtbarkeit in der Machtausübung" beschreibt. Damit ist gemeint, dass für gewöhnlich die Machtverhältnisse so strukturiert sind, dass eindeutig ist, wer die Macht ausübt, aber oft unsichtbar bleibt, wer ihr zum Opfer fällt. In der Prüfung ist es genau umgekehrt: Der Prüfling steht in der mündlichen Prüfung vor einer Kommission und ist offensichtliches „Opfer", die Prüfenden hingegen sind MachtträgerInnen, die von den Prüflinge nicht genau gekannt werden. Schätzen die Prüflinge ihre PrüferInnen als vertrauenswürdig, einfühlsam und verantwortungsbewusst ein, scheint ihnen dies über die disziplinarmächtige Situation hinweg zu helfen und bei indirektem Agieren der Prüfenden eine bessere Leistungsdarbietung zu ermöglichen.

Der spezielle Hochschulkontext bietet weitere Ansatzpunkte zur Interpretation der Effektivität indirekten Verhaltens. Das Prüfungsgespräch kann sich schließlich institutionell-organisatorischer Regularien der Macht nicht entziehen und bleibt seiner Funktion der Überprüfung und Bewertung von Wissen verpflichtet. Hieraus ergibt sich die Frage nach spezifischen Strategien unter solchen „zwangskommunikativen" Bedingungen (vgl. Meer 1998). Bewältigung durch indirektes Vorgehen erscheint hier die Strategie der Wahl für einen eher teamorientierten Prüfungsstil zu sein, denn Prüfende können so ihren sozialen Status sowie ihr Image den Prüflingen und sich selbst gegenüber aufrechterhalten und ihrer Rolle sowie den organisatorischen Prüfungsregularien treu bleiben. Obwohl sie qua Status und situativem Kontext die Prüfung dominieren müssten, geben sie den Prüflingen das Gefühl der Kontrolle und umgehen auf indirektem Weg das Phänomen der Inegalität. In der Studie von Buchwald (2002) zeigte sich weiterhin, dass indirekt agierende PrüferInnen mehr lobende Kommentare gaben und anspruchsvollere Prüfungsfragen stellten und dadurch wiederum beim Prüfling mehr selbstbehauptendes Verhalten und bessere Prüfungsleistungen evozierten. Vor allem im Umgang mit männlichen Prüflingen konnten weibliche Prüfende durch ihr indirektes Agieren Leistungsinsuffizienzen der männlichen

Prüfungskandidaten aufheben. Auch das prosoziale Verhalten weiblicher Prüferinnen korrelierte mit besseren Leistungen ihrer männlichen Prüflinge (Buchwald 2003b). Möglicherweise spielt hier auch die traditionelle Geschlechtsrollenorientierung eine Rolle, die unabhängig von den Machtverhältnissen in der Prüfling-Prüferin-Dyade Einfluss auf die Interaktion nimmt. Ordnet ein männlicher Prüfling in traditioneller Weise Arbeit und Macht dem männlichen Geschlecht zu, profitiert er wohl ganz besonders von fürsorglichen, prosozialen Verhaltensweisen seiner Prüferin, die ihm zwar aufgrund der eindeutigen Machtverhältnisse in der Prüfungssituation übergeordnet ist, aber ihm durch ihr indirektes Agieren Dominanz ermöglicht und damit Gelegenheit gibt, seiner traditionellen Geschlechtsrolle zu folgen.

Interessante Befunde zeigten sich bei Buchwald (2002) auch im Hinblick auf solche Dyaden, in denen Prüflinge wie PrüferInnen gleichermaßen machtorientiert und dominant auftraten. Die wissenschaftliche „Wahrheitsfindung" war dann vor allem in rein männlichen Dyaden eher das Ergebnis einer Disputation in Form von konfrontativen Prüfungspassagen. Das *aggressiv-dominante* Agieren von Prüfern korrelierte mit einem gehobenen Prüfungsfragenniveau und war für ebenfalls dominant auftretende Prüflinge leistungssteigernd. PrüferInnen, die auf aggressiv-konfrontative Art und Weise ein wissenschaftliches Streitgespräch auf hohem Reflexionsniveau führen, stellen sich in den Wettstreit mit ihrem Prüfling und bieten somit auch dem Prüfling Gelegenheit, sich zu profilieren. Nichtsdestotrotz sind diesem konfrontativ-aggressiven Prüfungsstil Grenzen gesetzt. Die geschlechtsspezifischen Befunde erwiesen, dass ein solches Vorgehen männlicher Prüfender weiblichen Prüflingen die optimale Leistungspräsentation erschwerte (Buchwald 2003b); auch weniger dominant auftretende männliche Prüflinge profitierten davon wenig.

3. Abschließende Betrachtungen

Die Theorie der Ressourcenerhaltung (Hobfoll 1998) kann das Verständnis für den Bewältigungsprozess in Gruppen bzw. Dyaden erweitern. In der Untersuchung von Buchwald (2002) ist das gemeinsame Ziel von Prüflingen und PrüferInnen der Ressourcenerhaltung deutlich erkennbar. Gemeinsame Stressbewältigung dient der Ressourcenerhaltun. Insbesondere *indirekte* Stressbewältigung bestätigt sich als ein zukunftsweisendes Merkmal zum Design von leistungsfähigen Teams. Indirekt-prosoziale als auch aggressiv-dominante Prüfungsstile von Prüfenden gingen mit besseren Prüfungsleistungen einher, allerdings unterminieren indirekt-prosoziale Strategien eher die Machtentfaltung des Prüfenden in der Prüfung, wohingegen ein aggressiv-dominierender Prüfungsstil sie betont.

166

Bislang wurde unter einer optimalen Prüfungsvorbereitung meist verstanden, klare Ablauf- und Verhaltensregeln für den Prüfling aufzustellen. Die empirischen Befunde zeigen aber, dass nicht allein vorher festgelegte Regeln oder das mentale Training des Prüflings wichtig sind, sondern auch die Einbeziehung der PrüferInnen. Durch ein Training der Prüfling-PrüferIn-Dyade in der Anwendung spezieller gemeinsamer Stressbewältigungsstrategien (z. B. indirekter, prosozialer Strategien) und durch den Aufbau interpersonaler Ressourcen (z. B. Vertrauen schaffen, Verantwortung übernehmen, Empathie zeigen) hat die Dyade dann in jedweder Geschlechterkonstellation die Möglichkeit, als effektives Prüfungsteam optimale Leistungen zu zeigen.

Die Vorzüge von Teamarbeit werden in zahlreichen Aufsätzen betont (Schneider/ Knebel 1995). Die Studie von Buchwald (2002) zeigt deutlich die damit verbundenen Vorteile, ablesbar an dem Leistungserfolg in Prüfungen. Die signifikante Bedeutung indirekter Stressbewältigungsstrategien für „Prüfungsteamarbeit" kann hier erste Ansatzpunkte liefern. Teampflege sollte aber nicht erst in mündlichen Prüfungen, sondern schon in Seminaren beginnen. Teamgeist zu fördern und Teamfähigkeit zu erwerben ist dabei Aufgabe von SchülerInnen resp. StudentInnen und zugleich Herausforderung für Lehrkräfte in Schule und Hochschule. Die Rolle der Lehrperson als LernbegleiterIn wird immer wichtiger, sodass das Erlernen von Bewältigungsstrategien nicht nur für den Studenten bzw. Prüfling sinnvoll ist, sondern es einer Behandlung des ganzen Systems im Sinne einer *lernenden Hochschule* bedarf. Unterstützt wird eine solche systemtheoretische Sichtweise auch von neueren Konzepten zum *kooperativen Lernen* (Mandl 1999, Reinmann-Rothmeier/ Mandl 2001). Das folgende Modell (Abb.1) fasst Ansatzpunkte einer Optimierung mündlicher Prüfungen zusammen.

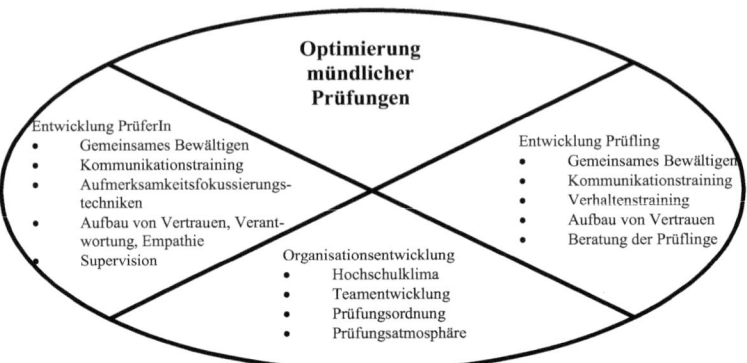

Abb. 1: Optimierung mündlicher Prüfungen (Buchwald 2002, 280)

Systemberatung könnte dafür sorgen, dass so einschneidende Ereignisse wie mündliche Prüfungen nicht ihre potentiell pathogene Wirkung entfalten, sondern ihr entwicklungsfördernder Charakter dominiert. Die Optimierung der mündlichen Prüfung sollte zum einen über organisatorische Maßnahmen erfolgen, die auf eine günstigere Gestaltung der Prüfungssituation zielen. Prüfungen müssen abwechslungsreich gestaltbar sein und einen gewissen Formenreichtum aufweisen. Zum anderen müssen Interventionen zur Verbesserung der gemeinsamen Stressbewältigung und der kommunikativen Kompetenz einsetzen. Dann kann sich vielleicht eine zukunftsweisende These, die Priddat (2000, 520) zum Thema „Universities on markets" erstellt hat, bewahrheiten: „Die hochwertigen Universitäten werden weiterhin kleine Clubs bilden, in denen junge Menschen in *'teams'* durch hohe intellektuelle Anforderungen kompetent gemacht werden – *'face to face', 'person to person', 'mind to mind'*„. Dazu bedarf es nach Priddat (2000) der Einsicht, dass es nicht nur auf mehr Wissen, sondern auch auf Schlüsselqualifikationen wie Urteils- und Kommunikationsfähigkeit ankommt.

Wir brauchen neue Muster der persönlichkeits- und kommunikationsorientierten Bildung an der Hochschule und die mündliche Prüfung im Sinne einer Teamarbeit von Prüfling und Prüfendem könnte dafür eine geeignete Plattform darstellen. In der Teamforschung wird vor allem den Denkgruppen, die durch Synergieeffekte gemeinsam optimale Problemlösungen erarbeiten, eine hohe Effektivität zuerkannt. Solche Hochleistungsteams bestehen aus einer Gruppe innovativer Vordenker, die in Form eines *Denklabors* Tätigkeiten vom Typ Informationsbeschaffung, Informationsverarbeitung, Urteilsbildung und Problemlösung ausüben. Lehr-Lern-Gruppen bzw. PrüferIn-Prüfling-Dyaden sind vergleichbar mit solchen Denkgruppen, wie sie momentan vorrangig im höheren

Management gebildet werden. Durch akademische Denkgruppen, etwa in Form eines Prüfling-PrüferInnen-Teams, organisiert auf der Basis von Vertrauen, Solidarität und gemeinsamer Bewältigungskompetenz, könnten die oben genannten neuen Muster der persönlichkeits- und kommunikationsorientierten Bildung an der Hochschule realisiert werden. Die mündliche Prüfung als akademisches Denklabor würde eine zunehmende Attraktivität und Praxisnähe aufweisen, weil sie an der Schnittstelle von Wissen und Nichtwissen operiert und in die gemeinsame fruchtbare Reflexion führen kann. Das geht nur in kleinen diskursintensiven Einheiten wie z. B. mündlichen Prüfungen als Ort des längeren Gesprächs, der ruhigen Überlegungen und Gedankenspiele, die somit ihre Renaissance erfahren könnten und sich von einer Überlagerung der Machtverhältnisse und der Wissensbeziehung befreien könnte.

Literatur

Bandura, A. (1977): Self-efficacy: Toward a unifying theory of behavioral change. Psychological Review, 84, 191-215.

Buchwald, P. (2003a): The Relationship of Individual versus Communal State-Trait Coping and Trust, Empathy, and Responsibility. Anxiety, Stress, and Coping – An International Journal.

Buchwald, P. (2002): Dyadisches Coping in mündlichen Prüfungen. Göttingen.

Buchwald, P. (2003b): Gender Differences in Dyadic Coping and its Influence on Performance. In: Moore, K. (Ed.), STAR 2002 – Proceedings of the 23rd Stress and Anxiety Research Conference. Melbourne, 115-121.

Buchwald, P. (2004): Multiaxiales Coping und Leistung – Die Evaluation von Stressbewältigung in hierarchischen Prüfer-Prüfling-Dyaden. In: Buchwald, P./ Schwarzer, C./ Hobfoll, S.E. (Hg.), Neue Wege der Stressforschung – Ressourcenmanagement und multiaxiales Coping. Göttingen.

Buchwald, P./ Schwarzer, C. (2003): The Exam-Specific Strategic Approach to Coping Scale and Interpersonal Resources. Anxiety, Stress, and Coping – An International Journal.

Bülow-Schramm, M./ Gipser, D. (1994): „Wer Lehre sagt muß auch Prüfung sagen...". Zur Funktion von Prüfungen an Hochschulen. In: Handbuch Hochschullehre. Bonn, 9-18

Burchardt, M. (2005). Prüfung – Machtritual oder Ort existentieller Bildung? Vierteljahresschrift für wissenschaftliche Pädagogik 3, 333-344.

Dunahoo, C. L./ Monnier, J./ Hobfoll, S. E./ Hulsizer, M. R. (1998): There is more than rugged individualism in coping – Even the lone ranger had Tonto. Anxiety, Stress, and Coping 11, 137-165.

Foucault, M. (1994. Überwachen und Strafen. Frankfurt/M.

Hobfoll, S. E. (1988). The ecology of stress. Washington, D.C.

Hobfoll, S. E. (1998). Stress, culuture, and community. New York.

Hobfoll, S. E./ Buchwald, P. (2004): Die Theorie der Ressourcenerhaltung und das multiaxiale Copingmodell. In: Buchwald, P./ Schwarzer, C./ Hobfoll, S.E (Hg.): Neue Wege der Stressforschung – Ressourcenmanagement und multiaxiales Coping. Göttingen.

Mandl, H. (1999): Die Blütezeit für Teamarbeit wird erst noch kommen. Psychologie heute 26, 36-39.

Meer, D. (1998): Der Prüfer ist nicht der König. Tübingen.

Miller, C. M. L./ Parlett, M. (1974): Up to the mark. A study of the examination game. London.

Priddat, B. P. (2000). Univerisities on markets. Forschung & Lehre 10, 519-521.

Reinmann-Rothmeier, G./ Mandl, H. (2001): Unterrichten und Lernumgebungen gestalten. In: Krapp, A./ Weidenmann, B. (Hg.), Pädagogische Psychologie. Weinheim, 601-646.

Schneider, H./ Knebel, H. (1995).:Team und Teambeurteilung – Neue Trends in der Arbeitsorganisation. Köln.

Auswirkungen struktureller Zwänge in der Berufseinstiegsphase von Lehramtsanwärterinnen und Möglichkeiten organisationaler Beratung

Christine Schwarzer & Silke Dückers-Klichowski

In der vorliegenden empirischen Studie geht es zunächst zentral darum, die negativen Auswirkungen der Struktur der Referendarzeit im Lehrerberuf – hier speziell bei Grundschullehrerinnen – zu belegen. Die Basis für die sich daraus ergebenden Möglichkeiten von Organisationsberatung stellt ein ressourcenorientiertes Rahmenmodell dar, welches Ansätze sowohl für individuelles als auch für organisationales Lernen bereit hält.

Die Merkmale, die in dieser Untersuchung eine zentrale Rolle spielen, sind solche der psychischen und sozialen Gesundheit, deren Verbesserung im weitesten Sinne als Möglichkeit der Schulentwicklung hin zu einer „guten gesunden Schule" (Hundeloh/Schnabel/Yurdatap 2004) gelten kann.

Da sich die Studie über zweieinhalb Jahre erstreckte, lassen sich Entwicklungstendenzen der negativen Gesundheit festmachen und mit Hilfe der erhobenen Persönlichkeitsmerkmale und Schulumweltmerkmale auf der Basis des theoretischen Modells dann Hinweise zur Organisationsberatung bzw. zum schulischen Organisationslernen aufzeigen.

Negative Gesundheit wird in dieser Untersuchung als Burnout definiert, das geistige, seelische, körperliche und kognitive Erschöpfungszustände umfasst. Diese scheinen ein selbstverständliches Berufsrisiko für Lehrerinnen darzustellen. So zeigt das Statistische Bundesamt, dass sich unter den durchschnittlich 50% vorzeitig in den Ruhestand geschickten Lehrerinnen 35% mit dem Befund „psychische Erschöpfung" befinden. Das Burnoutphänomen bei Lehrerinnen zu erforschen ist deshalb nicht nur unter individualpräventiven und wirtschaftlichen Erwägungen lohnend, sondern besonders auch unter einer auf die gesamte Ausbildungs- und Schulorganisation bezogenen Beratungs- und Lernperspektive.

1. Theoretisches Rahmenmodell

Als Theoretisches Rahmenmodell wird „die Theorie der Ressourcenerhaltung" (Conservation of Ressources Theory, abgekürzt: COR-Theory) zugrunde gelegt, die ein integratives und arbeits- und organisationsbezogenes Modell darstellt und die existierenden eher persönlichkeitsbezogenen Ansätze vereint (vgl. Hobfoll 1998, Hobfoll und Buchwald 2004).

Die grundlegende Annahme der Theorie der Ressourcenerhaltung ist, dass Menschen danach streben, zu erhalten, zu schützen und zu gewinnen, was sie wertschätzen, und dass sie Verluste vermeiden wollen. Das Vermeiden von Verlusten wird dabei als stärkeres Motiv angesehen als das Streben nach Gewinn. Hobfoll (1998) bezeichnet Dinge, die man wertschätzt als Ressourcen. Unter Ressourcen werden Gegenstände (z. B. Kleidung, Familienstand, Haus, Auto etc.), Bedingungen (z. B. beruflicher Status, Wissen, etc.) und persönliche Ressourcen (z.B. bestimmte Fähigkeiten oder Persönlichkeitseigenschaften wie Selbstwirksamkeit, Optimismus, Hoffnung, Selbstwertgefühl etc.) verstanden. Stress ist nach Hobfoll dann gegeben, wenn Ressourcen des Individuums, aber auch seiner Familie oder Gruppe bedroht werden oder verloren gehen. Stress entsteht besonders dann, wenn keine Gewinne eintreten, obwohl zuvor Ressourcen dafür investiert wurden.

Wie Abbildung 1 zeigt, erklärt die COR-Theorie Burnout als Prozess des permanenten Aufbrauchens von Ressourcen ohne Gewinnchancen.

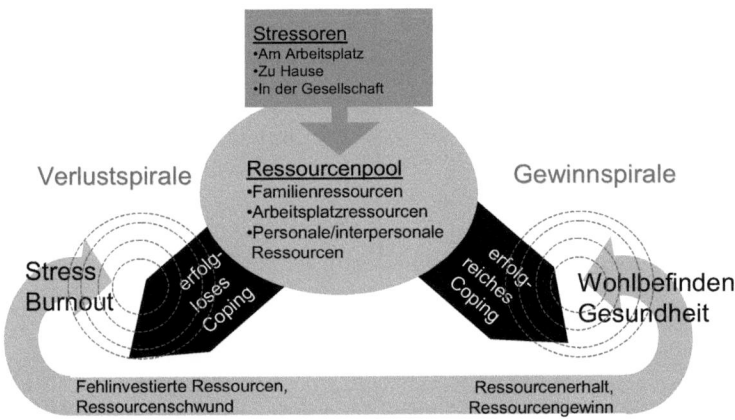

Abb. 1: Burnout aus Ressourcentheoretischer Perspektive

Dabei führt ein dauernder Einsatz von Ressourcen zu Verlustspiralen, für die besonders Personen mit einer niedrigen Ausgangsausstattung von Ressourcen anfällig sind. Ressourcen stellen in diesem Kontext auch Machtpotentiale dar. Einzelpersonen, Gruppen oder Institutionen mit einer großen Ressourcenfülle im Sinne von Geld, Definitionsmacht, Durchsetzungskraft, Größe oder Berühmtheit haben bessere Chancen, ihre Vorstellungen und Wünsche durchzusetzen, da sie auch im einzelnen Verlustfall aufgrund eines großen Ressourcenpools kaum Stress verspüren, im Gegensatz zu Ressourcen-Armen, die z.B. bei einem missglückten Bewältigungsversuch (Coping) bereits alle Ressourcenvorräte verbraucht haben und so in eine Verlustspirale geraten können. Die Motivation, neue Ressourcen zu gewinnen, sinkt dann in der Regel. Während also Ressourcen-Reiche Anforderungen als positiven Stress (Eustress) definieren und Gewinnmaximierung betreiben können, erleben Ressourcen-Arme Anforderungen als Bedrohung und potentiellen Verlust, was zu negativem Stress (Distress) und zu einer Fehlinvestition von Ressourcen führt.

Die Auswirkungen auf Wohlbefinden, Lebenszufriedenheit, soziale Beziehungen und Leistungsfähigkeit sind erheblich. Während Gewinnspiralen mit einem positiven Selbstkonzept, optimistischen Erwartungen an die eigene Leistungsfähigkeit und guter psychischer und physischer Gesundheit verbunden sind, führen Verlustspiralen zu mangelnder Motivation, sozialer Zurückgezogenheit, reduzierter Leistungsfähigkeit, Stress und Burnout.

2. Die empirische Studie

Die Burnoutforschung hat seit der ersten Erwähnung 1974 durch Herbert Freudenberger einen regelrechten Boom erlebt, der u. a. durch die „First National Conference on Burnout" 1981 in Philadelphia und durch heute über 35 Millionen Treffer für das Schlagwort „Burnout" bei Google belegt wird.

Aber bis heute gibt es keine allgemein gültige Definition für diesen Zustand des psychischen, physischen und motivationalen Erschöpfungszustands. Einerseits lassen sich bestimmte Personen mit spezifischen Persönlichkeitsprofilen, Stress- und Bewältigungsmustern als Risikogruppen ausmachen, andererseits können arbeitsplatzbezogene Merkmale wie z.B. Zeitdruck, Ausbleiben von Belohnungen oder mangelnde materielle Ausstattung zum Ausbrennen führen.

Schon Freudenberger antwortete auf die Frage, wer denn von Burnout bedroht sei: „The dedicated and committed", also die Hingebungsvollen und ihrem Beruf Verpflichteten.

Schon dieses Statement legt die Vorstellung nahe, dass man einmal „entzündet" (sprich: besonders motiviert und engagiert) gewesen sein muss, bevor man ausbrennen kann.

Im Einklang mit dem oben skizzierten theoretischen Modell wird Burnout hier im Sinne von Maslach und Jackson (1986) als ein Syndrom von emotionaler Erschöpfung, Depersonalisierung und reduzierter Leistungsfähigkeit verstanden, das durch den Umgang mit Menschen sowie Arbeitsanforderungen entstanden ist. Dabei bedeuten die einzelnen Symptome:

- Emotionale Erschöpfung ist das Gefühl von Überforderung, Erschöpfung, Frustration sowie Angst vor dem nächsten Arbeitstag.
- Depersonalisierung meint eine distanzierte, negative, unpersönlich herzlose oder auch zynische Einstellung gegenüber Klienten, Patienten oder Schülern.
- Reduzierte persönliche Leistungsfähigkeit bedeutet, dass die Betroffenen erleben sich in ihrer beruflichen Leistungsfähigkeit, hinsichtlich Aufmerksamkeit, Konzentrations- und Durchhaltefähigkeit, deutlich gemindert erleben. Viele neigen dazu, sich selbst die Schuld am eigenen Versagen zu geben.

Forschungsfragen

Bei der Studie handelt es sich um eine Forschung zum Burnoutverlauf bei Lehramtsanwärterinnen beim Übergang vom Studium in den Berufseinstieg. Um präventive Maßnahmen i. S. einer Personal -und Organisationsentwicklung starten zu können, ist es notwendig, Kenntnisse über den Beginn und den Verlauf von Burnoutprozessen zu haben. Hierzu liegen bisher international wenige Studien vor, und die Meinungen der Forscher schwanken von der Vorstellung, dass Ausbrennen eine gewisse Zeit der beruflichen Erfahrung benötigt, bis hin zu der Idee, dass die Berufserfahrung vor Ausbrennen schützt (Cherniss 1995).
Folgende Fragestellungen waren für die Untersuchung leitend:

- Lässt sich Burnout (das Ausbrennphänomen) bereits nach Abschluss des Studiums feststellen?
- Wird das Ausmass an Burnout bei Lehramtsanwärterinnen während des Referendariats verstärkt?
- Lassen sich organisational bedingte Merkmale festmachen, die Burnout begünstigen und i. S. einer Verlustspirale wirken?

- Welche organisationalen Lernprozesse i. S. von Schulentwicklung müssen initiiert werden, damit „gute gesunde Schule" entsteht?

Stichprobe

Als Stichprobe dienten 146 Lehramtsanwärterinnen für den Grundschuldienst im Alter zwischen 24-27 Jahren, von denen 90% weiblich waren. Diese Personengruppe füllte dreimal einen Fragebogen aus: der erste Messzeitpunkt lag direkt nach Beendigung des Studiums an der Universität, die anderen beiden in der Mitte und kurz von Beendigung des Referendariats. Hierdurch konnten sowohl das universitäre als auch das Umfeld der Studienseminare in den Blick genommen werden. Die Studie fand an drei Seminarstandorten in NRW statt und lief von Juni 1999 bis Juni 2000.

Erhebungsinstrumente

Zur Erfassung von Burnout wurde die deutsche Übersetzung des „Maslach Burnout Inventory" (Maslach/ Jackson 1981, 1986) von Enzmann und Kleiber (1989) eingesetzt, die sich auf Häufigkeiten bezieht und aus den drei Subskalen „Emotionale Erschöpfung" (9 Items), „Depersonalisierung oder Zynismus"(5 Items) und „Reduzierte Leistungsfähigkeit" (8 Items) besteht. Die Operationalisierung dieser Subskalen erfolgt mit Selbsteinschätzungsangeboten wie: „Durch meine Arbeit fühle ich mich ausgelaugt" (Emotionale Erschöpfung), „Ich glaube, ich behandle Schüler zum Teil sehr unpersönlich" (Depersonalisierung), „Ich fühle mich voller Tatkraft" (Reduzierte Leistungsfähigkeit; Wert wird umgepolt). Die Reliabilitätsanalysen bei der eigenen Stichprobe ergaben zu allen drei Messzeitpunkten zufriedenstellende Werte zwischen .70 bis .92.

Im Bereich der *persönlichen Ressourcen* wurden die Merkmale Selbstwirksamkeitserwartung, Motivation, Stressbewältigung und Hilflosigkeit mit Hilfe von Fragebogen erhoben.

Es kam die Kurzform der Skala WIRKALL (Schwarzer/ Jerusalem 1986) zum Einsatz, die aus 10 Items besteht, die sich auf die allgemeine Selbstwirksamkeitserwartung beziehen und Fragen beinhalten wie: „Wenn mir jemand Widerstand leistet, weiß ich Mittel und Wege, mich durchzusetzen" oder „Für jedes Problem habe ich eine Lösung". Die allgemeine Hilflosigkeitserwartung wurde mit einer 7 Items umfassenden Kurzskala erhoben (Jerusalem/ Schwarzer 1992), die strukturgleich zur Skala Selbstwirksamkeit mit einer vierfach abgestuften Antwortmöglichkeit angeboten wird, die von „trifft voll zu" bis „trifft gar nicht zu" reicht. Für beide Skalen liegen die Reliabilitäten im Bereich zwischen .85 und .90. Leistungsmotivation wurde mit der „Mehrabian Achivement Rist Preference Scale" (Mehrabian 1968, 1969) in der deutschsprachigen Version von Mikula, Uray und Schwinger (1976) erfasst, die aus 20 Fragen der folgenden Art besteht: Wenn ich zwei Arbeiten nicht erledigt habe und ich habe nur für eine Zeit, dann entscheide ich mich für die leichtere/schwerere Aufgabe. Die Werte für die interne Konsistenz schwanken zwischen .63 und .70. Mit der „German Strategic Approach to Coping Scale" in der Übersetzung von Schwarzer, Starke und Buchwald (2003) liegt eine deutsche Version der 1994 von Hobfoll, Dunahoo, Ben-Porath & Monnier entwickelten Coping-Skala vor, die aus 52 Items besteht, die acht Subskalen abdeckt wie Vermeiden, Assertivität, Suche nach sozialer Unterstützung, Aggressiv-antisoziales Verhalten, Intuition, Indirekte Strategien, Rücksichtsnahme und Reflexion. Eine Beispielaussage für antisoziale Bewältigungsstrategien lautet: „Ich suche nach den Schwächen anderer, um diese zu meinem Vorteil zu nutzen". Die endgültige Fassung dieses Fragebogens erscheint demnächst (vgl. Buchwald/ Schwarzer/ Hobfoll in Vorbereitung).

Auf der Seite der *Bedingungsressourcen* wurde die subjektive Einschätzung der Seminarteilnehmerinnen zur Schülerschaft, zum Kollegium, zur Betreuung im Seminar sowie zur wahrgenommenen und tatsächlich erhaltenen sozialen Unterstützung erhoben.

Während die ersten drei Bereiche durch eine dreistufige Einschätzung pro Messzeitpunkt erfolgte, die von „gut" über „mässig bzw. mittel" bis „schlecht" reichte, konnten die Werte für soziale Unterstützung mit den beiden Skalen „Fragebogen zur erwarteten Unterstützung" und dem „Fragebogen zur erhaltenen Unterstützung" (Dunkel-Schetter 1993 a,b; Übersetzung von C. Schwarzer) erfasst werden. Eine Beispielaussage aus den insgesamt acht Statements für den erwarteten Support, also den bisher nicht unbedingt erfahrenen, aber gedachten bzw. erwarteten Support lautet: „Wenn ich einmal Hilfe benötigen sollte, kann ich mich auf Menschen um mich herum verlassen" (Einstufung von „trifft genau zu" bis „trifft überhaupt nicht zu"). Die erhaltene Unterstützung wurde mit fünf Aussagen der folgenden Art erfasst, wobei sowohl die Häufigkeit als auch die Zufriedenheit erhoben wurden: „Wie oft haben Ihnen diese Menschen Ratschläge gegeben oder Informationen übermittelt (egal, ob Sie das wollten oder nicht)?" (a. Verwandte, b. Freunde, c. Partner, d. Seminarleiter, e. andere Lehramtsanwärter, f. Kollegen in der Schule, g. andere Gruppen und Organisationen, h. andere Personen; Rating: 1=niemals, 2=selten, 3=manchmal, 4=oft, 5=sehr oft).

Befunde

Die ersten beiden Fragestellungen nach dem Auftreten von Burnout bei Lehramtsanwärterinnen bereits nach Verlassen der Universität sowie dessen weiterer Verlauf im Rahmen der Referendarzeit lassen sich mit Hilfe der Verlaufsdaten der drei Facetten von Burnout über die drei Messzeitpunkte beantworten (vgl. Abbildung 2).

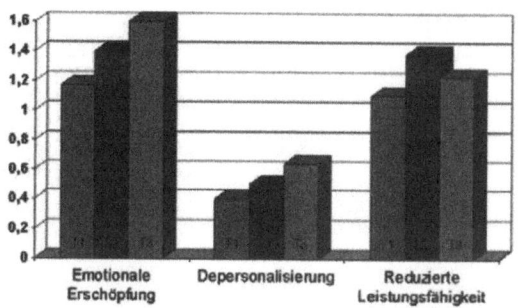

Abb. 2: Burnoutentwicklung bei Lehramtsanwärterinnen

Die Graphik zeigt, dass alle drei Facetten von Burnout während der Berufseinstiegsphase bei den Lehramtsanwärterinnen für den Grundschuldienst signifikant ansteigt, was bedeutet, dass bereits Berufsanfängerinnen extrem von dieser negativen psychosozialen Befindlichkeit betroffen sind. Schon direkt nach dem Studium sind die Burnoutwerte erhöht, was auf die Bedingungen des Studiums i. S. einer Ressourcensteigerung der Studierenden, sowohl was die persönlichen Ressourcen als auch was die strukturellen Ressourcen i. S. einer Partizipation an Mitbestimmung bei Veränderungen der Studien- und Prüfungsbedingungen angeht, kein besonders positives Licht wirft.

Die Phase des Referendariats ändert an dieser Situation nichts. Schaut man sich die Extremgruppen und deren Entwicklung über die drei Messzeitpunkte, die ja die gesamte Zeit des Referendariats umfassen, an, so ergibt sich, dass ca 38 % dieser Gruppe hohe Ausprägungen über die gesamte Zeit zeigen und davon 18 % sogar eine Verschlechterung von niedrigen Werten im Bereich der Depersonalisierung hin zu hohen Werten erleben. Ungefähr 30% bleiben über die Referendariatszeit stabil im gesunden Burnoutbereich, allerdings gelingt es keiner einzigen Person von den hohen Werten herunterzukommen (vgl. Tabelle 1).

Emotionale Erschöpfung			Depersonalisierung			Reduzierte Leistungsfähigkeit		
T1	T2	t3	t1	t2	t3	t1	t2	t3
H	H	h	n	h	h	h	h	h
n=16			n=26			N=14		
11%			18%			9,6%		
T1	T2	t3	t1	t2	t3	t1	t2	t3
N	N	n	n	n	n	n	n	n
n=9			n=16			N=15		
6,2%			11%			10,3%		

n=niedrig   h=hoch

Tab.1: Entwicklung der Extremgruppen

Diese Burnouttypen gehen zudem einher mit einem signifikanten Verlust von persönlichen Ressourcen i. S. der Operationalisierung von Selbstwirksamkeit, Leistungsmotivation, Hilflosigkeit sowie aggressivem und vermeidendem Coping. Die folgenden Abbildungen machen dies für die drei „Typen" zum dritten Messzeitpunkt sichtbar.

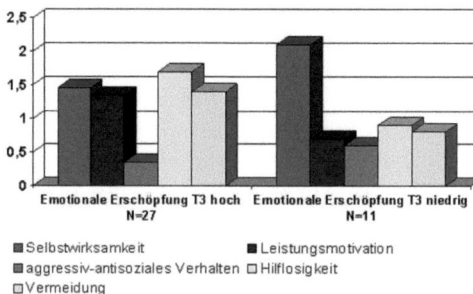

Abb. 3: Burnouttyp „Emotionale Erschöpfung"

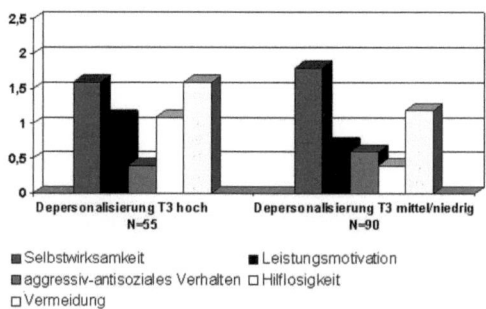

Abb. 4: Burnouttyp „Depersonalisierung"

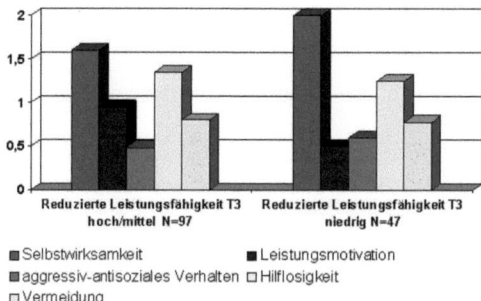

Abb. 5: Burnouttyp „Reduzierte Leistungsfähigkeit"

Besonders bemerkenswert ist, dass immerhin 26 Personen der Stichprobe hohe Werte im Bereich Depersonalisierung stabil über die Referendarzeit aufweisen. Damit ist Zynismus, oft sogar ein feindseliger Widerwille gegenüber den Schülern gemeint. Führt man sich das Alter der Schüler in der Grundschule vor Augen, so wird deutlich, welche schädlichen Auswirkungen gerade diese Facette des Burnoutsyndroms auf lange Sicht in der Lehrer-Schüler-Interaktion zeitigen kann. In der Sprache der COR-Theorie bedeutet dies eine Verlustspirale: bei jedem neuen stresshaften Ereignis in der Schule stehen der Lehrperson weniger Ressourcen zur Verfügung, um sich in der Schutzhaltung zu erholen, die ursprünglichen Verluste erzeugen weitere Verluste und machen Menschen mit verringerten Ressourcen besonders verwundbar.

Lehramtsanwärterinnen unserer Stichprobe erleben also zu einem großen Teil einen Schwund an Leistungsmotivation, positiven leistungsbezogenen Kognitionen wie hohe Selbstwirksamkeitserwartung und geringe Hilflosigkeit und verfallen immer stärker in Bewältigungsmuster, die aggressives und antisoziales Verhalten in den Vordergrund stellen.

Diese Verlustspiralen im personalen Ressourcenbereich gehen einher mit solchen im organisationalen Bereich, womit die dritte Fragestellung beantwortet werden soll.

Die strukturellen, organisationalen oder externen Ressourcen zeigen für diese Fragestellung interessante Befunde bezüglich der Einschätzung des Kollegiums, der Betreuung im Studienseminar sowie für Supportquellen. Während die Einschätzung des Kollegiums über die drei Messzeitpunkte hinweg relativ stabil blieb und sich hier die Einschätzung als „schwierig" von T1 zu T3 nur von 5,5% auf 9,6% erhöhte, sprechen die Werte für die Betreuung im Seminar eine noch deutlichere Sprache (vgl. Abbildung 6).

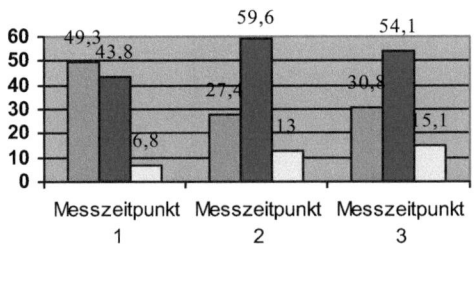

Abb. 6: Bewertung der Betreuung im Seminar

Erklären lässt sich dieser Tatbestand u. a. damit, dass die Lehramtsanwärterinnen zunächst mit großen Erwartungen und einer positiven Einstellung den Ausbildern gegenüber das Referendariat angetreten haben. Im Laufe der Zeit werden aber strukturelle Bedingungen sichtbar, die diese dämpfen und evtl. sogar in Angst und Frustration umwandeln können. Ein kurzer Blick in die Organisation und den Ablauf des Referendariats mögen diese strukturell motivierte Interpretation untermauern.

Die zweijährige Ausbildungszeit lässt sich in vier Ausbildungsabschnitte gliedern, die wachsende Anforderungen an die Lehramtsanwärter stellen. Die Lehramtsanwärterinnen verbringen jeweils zwölf Wochenstunden mit der schulpraktischen Ausbildung an einer ihnen zugewiesenen Schule im Seminarkreis. Sieben Wochenstunden entfallen auf die Seminararbeit. In der Ordnung des Vorbereitungsdienstes vom 12. Dezember 2006 (OVP 2006) sind Strukturen, Erlasse und Ziele schriftlich und für alle an der Ausbildung Beteiligten verbindlich fixiert. Sowohl Hospitationen als auch selbstständiger Unterricht müssen integriert werden, wobei dies in verschiedenen Jahrgangsstufen erfolgen soll. Darüber hinaus sind die Lehramtsanwärterinnen in das gesamte Schulleben (Sportfest, Konferenzen, Elternabende) einzubeziehen, sie gehören zum Kollegium der Schule. Die unterrichtliche Entwicklung soll von der Erteilung einzelner Stunden bis hin zur Übernahme kompletter Unterrichtseinheiten voranschreiten. Zunächst liegt der Schwerpunkt der schulischen Arbeit auf Hospitationsaufgaben und der Erteilung von Unterricht in Zusammenarbeit mit dem Mentor.

Ab dem zweiten Ausbildungsjahr sollen die Lehramtsanwärterinnen selbstständigen und bedarfsdeckenden Unterricht (BDU) erteilen. Dies bedeutet, dass sie neun Stunden in der Woche alleine und selbstständig mit allen Rechten und Pflichten Unterricht geben. Die Organisation des BDU richtet sich nach dem Vertretungsplan der Schule, d. h. dass die Lehramtsanwärterinnen jederzeit für den Vertretungsunterricht eingesetzt werden können und müssen. Dies verlangt ein hohes Maß an Flexibilität und Selbstständigkeit. Im dritten Ausbildungsjahr wird die unterrichtliche Tätigkeit noch durch die Ausarbeitung der zweiten Staatsarbeit belastet. Hierfür sind präzise Unterrichtsvorbereitungen, genaue Schülerbeobachtungen sowie schriftliche Vor- und Nachbereitung unumgänglich. Im letzten Ausbildungsabschnitt finden im Rahmen des zweiten Staatsexamens zwei Unterrichtsbesuche mit anschließender Besprechung und ein Kolloquium statt. Durch die zweite Staatsprüfung soll festgestellt werden, ob die Lehramtsanwärterinnen das Ziel des Vorbereitungsdienstes erreicht haben.

Die Seminararbeit konzentriert sich auf eine kontinuierliche theoretische sowie methodisch-didaktische und beratende Begleitung. Hierzu finden sich die Lehramtsanwärterinnen mit den entsprechenden Fach- und Hauptseminarleitern in fest eingeteilten Gruppen zusammen und lernen dort verschiedene Veranstaltungsformen kennen. In den Hauptseminaren werden Erziehungswissenschaft, allgemeine Didaktik und Methodik sowie Schulrecht und -verwaltung behandelt. In den Fachseminaren wird Unterrichtspraxis unter fachdidaktischen Aspekten thematisiert. Hauptseminare finden in der Regel drei Stunden wöchentlich, Fachseminare je zwei Stunden wöchentlich statt. Ziel der Ausbildung ist die selbständige Unterrichts- und Erziehungstätigkeit, didaktisches und fachwissenschaftliches Wissen, ein pädagogisches Verständnis von Erziehung und Bildung, Erfahrung mit der Entwicklung von Schülern, die Berücksichtigung der gesellschaftlichen und sozialen Rahmenbedingungen von Unterricht und Erziehung, die Kenntnis der rechtlichen Grundlagen der Institution Schule und Handlungsfähigkeit bezogen auf alle Lehrerfunktionen in einem kontinuierlichen, wissenschaftlich fundierten Prozess. Diese erforderlichen Qualifikationen sollen teils angeleitet, teils selbstständig, aber eigenverantwortlich entwickelt werden (vgl. Gewerkschaft Erziehung und Wissenschaft 1998, 3). Die Ausbildungszeit wird durch ein recht komplexes soziales Netzwerk der an der Ausbildung beteiligten Personen mitbestimmt. Am Studienseminar arbeiten die etwa 120 Lehramtsanwärterinnen mit vier Seminarausbildern zusammen. An der Schule gehören Rektor, Ausbildungskoordinator, Mentoren, Schüler, Schülereltern und andere Kollegen zu den an der Ausbildung Beteiligten. Eine Kooperation von Seminar, Schule und Lehramtsanwärterinnen ist eine wichtige Voraussetzung. Die Lehramtsanwärterinnen agieren in einem sehr komplexen sozialen Netzwerk. Dies erfordert ein hohes Maß an Empathie. Alle Beteiligten können den Lehramtsanwärterinnen ein umfangreiches Kontingent an nötiger sozialer Unterstützung bieten – oder viele Konfliktfelder für negative Beziehungen offerieren.

Durch einen kontinuierlichen Anstieg von Lehramtsanwärterinnen in den letzten Jahren ist zum heutigen Zeitpunkt der Eintritt in den Schuldienst nicht immer gesichert. Die Ausbildungszeit ist in dieser Hinsicht eine große Belastung, da enormer Leistungsdruck entsteht. Nicht alle haben eine berechtigte Zukunftsperspektive. Die Einstellungssituation ist aus finanziellen Gründen allgemein schlecht.

Versucht man, diese strukturellen Ressourcen als Prädiktoren für Burnout zu verwenden, so ergeben die Regressionsanalysen folgendes Bild (vgl. Abb. 7):

182

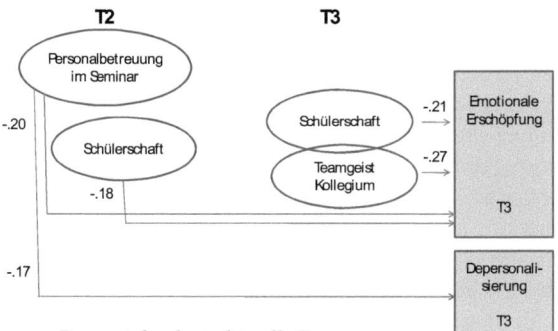

Abb. 7: Vorhersage von Burnout durch strukturelle Ressourcen

Die Abbildung macht deutlich, dass strukturelle Merkmale sehr wohl einen Unterschied im Hinblick auf die psychische Gesundheit von Lehrerinnen machen und dass sie als Vorhersagemerkmale für Burnout dienen können. Da hier beraterische Möglichkeiten im Zentrum stehen sollen, wird es darum gehen, wie z.B. durch Organisations- und Personalentwicklungsmaßnahmen die Burnoutrate gesenkt werden kann.

Besonders eindrücklich zeigt sich auch die mitmenschliche Unterstützung als Vorhersage-Merkmal besonders für die Burnoutfacette Depersonalisierung. Da es sich hierbei um Verhaltensweisen handelt, die mit Zynismus einhergehen, der sich im schulischen, speziell im Grundschulbereich, besonders negativ auf Schüler auswirkt, sind Beratungsmaßnahmen in diesem Bereich von besonderer Bedeutung. Abbildung 8 zeigt diese Befunde im Einzelnen.

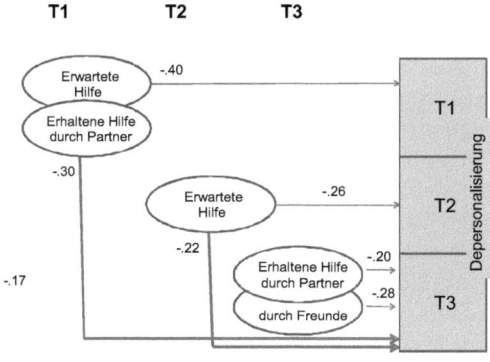

Abb. 8: Vorhersage von Burnout durch Social Support

183

3. Organisationale Lernprozesse als Ressourcenverbesserung

Insgesamt konnten in der vorliegenden Längsschnittstudie alle drei Fragestellungen positiv beantwortet werden: Burnoutprozesse scheinen schon viel früher als vermutet zu beginnen und sich im Sinne von Verlustspiralen während des Referendariats noch zu verstärken. Dabei sind sowohl persönliche als auch strukturelle Ressourcen betroffen. Im Sinne des zugrunde gelegten Ressourcenmodells bedeutet dies, dass bei jeder neuen Runde der Spirale weniger Ressourcen zur Verfügung stehen, um sich in Schutzhaltung zu erholen. So erzeugen ursprüngliche Verluste weitere Verluste und machen Referendare und Lehrerinnen besonders verwundbar. In diesem Sinne können sie dann als Risikogruppe gelten.

Während die personalen Risikofaktoren durch Trainingsmaßnahmen im Bereich Stressmanagement, Zeitmanagement und Work-Life-Balance (d.h. durch Maßnahmen, die schon von der traditionellen, individuumsbezogenen Beratung und Weiterbildung bereit gehalten werden) minimiert werden können, ist es im Sinne einer organisationsbezogenen Perspektive wichtig, die strukturellen Risikofaktoren zu verringern und somit die Möglichkeit von Gewinnspiralen zu erhöhen. Bernhard Sieland und seine Mitarbeiterinnen (2004, 59) postulieren dementsprechend „Wer Qualität fordert, muss Lehrergesundheit fördern" und bescheinigen unseren Schulen einerseits Entwicklungsbedarf, andererseits Änderungsresistenz. Diese Änderungsresistenz, die auch als Lern- und Beratungsresistenz bezeichnet werden kann, muss zunächst in Beratungsmotivation umgewandelt werden. Hier müssen Beratungsprozesse über das individuelle Lernen hinausgehen und Veränderungen einer ganzen Organisation wie z.B. einer Schule in den Blick nehmen. Weiterentwicklung von Schulen i. S. einer Systementwicklung rückt alle Mitglieder einer Schule in den Blick und erfordert kollektives Lernen (vgl. Göhlich 2007). Der Diskurs um Schulentwicklung hat dieses Signal auch bereits aufgegriffen und hält eine Reihe von Handbüchern mit Qualitätsstandards und Messinstrumenten bereit, die eine interne Evaluation des Fortschritts auf dem Wege zu einer qualitativ guten und gesunden Schule ermöglichen (vgl. Brägger/ Posse 2007).

Zusätzlich müsste aber, wie in jedem anderen „Kontaktberuf" bereits üblich, Supervision an Schulen und Studienseminaren zum Standard gehören.

Grundlegend für Veränderungsprozesse sowohl an Universitäten, wo ja die erste Phase der Lehrerbildung stattfindet, die die Grundlage für frühes Ausbrennen zu liefern scheint, als auch an Ausbildungsseminaren und Schulen ist jedoch das Identifizieren von Deutungsmustern, die das soziale System „am Leben erhalten". Im Sinne von König und Volmer (2002, 18f) müssen Supervisions- und Coachingbemühungen dann berücksichtigen, dass soziale Systeme durch die handelnden Personen mit ihren subjektiven Deutungen, aber auch durch offizielle und inoffizielle Regeln sowie die bisherige Entwicklung der Institution bestimmt sind. Universitäten müssten in diesem Zusammenhang ihre Studien- und Prüfungsbedingungen überprüfen, in denen sich Macht besonders deutlich manifestiert und eine einigermaßen gleichberechtigte Kommunikation zwischen den Interaktionspartnern kaum stattfindet. Ähnliches gilt für die Ausbildungssituation in der Zweiten Phase, wo die Berufsanfänger mit den unterschiedlichsten neuen Anforderungen konfrontiert werden, ohne dass sie Social Support erfahren. An dieser Stelle wäre auch ein Führungskräfte-Coaching im schulischen Bereich angezeigt, um diese Personen in den Stand zu versetzen, Kommunikations- und Vertrauensstrukturen aufbauen und Konfliktmanagement betreiben zu können.

Über diese Maßnahmen hinaus, die einzelne Schulen und Ausbildungsseminare i.S. einer Organisationsentwicklung bzw. eines organisationalen Lernens betreiben können, ist es notwendig, die Rahmenbedingungen so zu verändern, dass Gratifikationskrisen seltener werden, die soziale Anerkennung des Lehrerberufs wieder steigt und der Gestaltungsspielraum für die Lehrkräfte wächst.

Literatur

Brägger, G/ Posse, N. (Hg.) (2007): Instrumente für die Qualitätsentwicklung und Evaluation in Schule (IQES). Bern.
Buchwald, P./ Schwarzer, C./ Hobfoll, S. E. (in Vorbereitung)
Cherniss, C. (1999): Jenseits von Burnout- und Praxisschock. Weinheim.
Dunkel-Schetter, C. (1993a): „Fragebogen zur erwarteten Unterstützung" (SUPPORT). Unveröffentlichtes Instrument in der deutschen Übersetzung von.C. Schwarzer.
Dunkel-Schetter, C. (1993b): „Fragebogen zur erhaltenen Unterstützung" (UNTERST). Unveröffentlichtes Instrument in der deutschen Übersetzung von C. Schwarzer.
Enzmann, D./ Kleiber, D. (1989): Helfer-Leiden. Stress und Burnout in psychosozialen Berufen. Heidelberg.
Freudenberger, H. J. (1974): Staff burn-out. In: Journal of Social Issues, 30, 159-165.
Gewerkschaft Erziehung und Wissenschaft (1998).
Göhlich, M. (2007): Organisationales Lernen. In: Göhlich, M./ Wulf, Ch./ Zirfas, J. (Hg.): Pädagogische Theorien des Lernens. Weinheim, 222-232.
Hobfoll, S. E. (1998) Stress, culture, and community. New York.
Hobfoll, S. E./ Buchwald, P. (2004): Die Theorie der Ressourcenerhaltung und das multiaxiale Copingmodell – eine innovative Stresstheorie. In: Buchwald, P/ Schwarzer, C./ Hobfoll, S.E. (Hg.): Stress gemeinsam bewältigen. Ressourcenmanagement und multiaxiales Coping. Göttingen, 11-26.
Hobfoll, S. E./ Dunahoo, C. L./ Ben-Porath, Y./ Monnier, J. (1994): Gender and Coping. The dual-axis-model of coping. In: American Journal of Community Psychology.
Hundeloh,H./ Schnabel, G./ Yurdatap, N. (Hg.) (2004): Gute und gesunde Schule. Moers.
Jerusalem, M./ Schwarzer, R. (1992): Self-efficacy as a ressource factor in stress appraisal process. In: Schwarzer, R. (ed.): Self-efficacy. Thought control of action. Washington/DC. 195-213.
König, E./ Volmer, G. (2002): Systemisches Coaching. Handbuch für Führungskräfte, Berater und Trainer. Weinheim.

Maslach, C./ Jackson, S. E. (1981): Maslach Burnout Inventory („Human Services Survey"). Palo Alto/Ca.

Maslach, C./ Jackson, S. E. (1986): Maslach Burnout Inventory Test Manual (2nded.) Palo Alto/CA.

Mehrabian, A. (1968): Male and female scales of the tendency to achieve. In: Educational and Psychological Measurement 28, 493-502.

Mehrabian, A. (1969): Measures of achieving tendency. Educational and Psychological Measurement 29. 445-451.

Mikula, G., Uray, H. & Schwinger, Th. (1976): Die Entwicklung einer deutschen Fassung der Mehrabian Achievement Risk Preverence Scale. In: Diagnostica 22. 87-97.

Schwarzer, C./ Starke, D./ Buchwald, P. (2003): Towards a theory Based Assessment of Coping. The German Adaptation of the Strategic Approach to Coping Scale. In: Anxiety, Stress and Coping 16, 271-280.

Schwarzer, R./ Jerusalem, M. (1986): Skala zur allgemeinen Selbstwirksamkeitserwartung. In: Skalen zur Befindlichkeit und Persönlichkeit. Forschungsbericht 5. Berlin. Freie Universität, Institut für Psychologie/ Pädagogische Psychologie.

Sieland, B./ Bräuer, H./ Nieskens, B. (2004): Wer Qualität fordert, muss Lehrergesundheit fördern – Schule zwischen Entwicklungsbedarf und Änderungsresistenz. In: Hundeloh, H./ Schnabel, G./ Yurdatap, N. (Hg.): Gute und gesunde Schule. Moers.

186

Die Autoren

Miriam Barnat, Dipl.-Soz., Technische Universität Hamburg-Harburg, Institut für Technik und Gesellschaft, Schwarzenbergstrasse 95, D-21071 Hamburg, Tel: +49(0)40-42878-3679, eMail: miriam.barnat@tu-harburg.de, Web: www.tu-harburg.de/tbg

PD. Dr. Petra Buchwald, Heinrich-Heine Universität Erziehungswissenschaftliches Institut, Universitätsstr. 1, D-40255 Düsseldorf, Tel. +49(0)211 / 81-12859, eMail: buchwald@phil-fak.uni-duesseldorf.de

Dr. Silke Dückers-Klichowski, Kanalstr. 21, 41748 Viersen

Prof. Dr. Michael Göhlich, Friedrich-Alexander-Universität Erlangen-Nürnberg, Institut für Pädagogik, Lehrstuhl I, Bismarckstr. 1, D-91054 Erlangen, Tel. +49(0)9131/85-22337, eMail: michael.goehlich@rrze.uni-erlangen.de, Web: http://www.paedagogik.phil.uni-erlangen.de/goehlich.htm

Prof. Dr. Eckard König, Universität Paderborn, Institut für Erziehungswissenschaft, Warburger Strasse 100, D-33098, Tel. +49(0)5251/60-2953, eMail: Koenig@upb.de, Web: http://www.groups.uni-paderborn.de/erwachsenenbildung

PD Dr. Katja Luchte, Universität Paderborn, Institut für Erziehungswissenschaft, Warburger Strasse 100, D-33098, Tel. +49(0)5251/60-3896, eMail: Katja.Luchte@gmx.de, Web: http://www.groups.uni-paderborn.de/erwachsenenbildung

Dr. Thomas Muhr, ecoprofil Organisationsberatung, 33604 Bielefeld, eMail: thomas.muhr@ecoprofil.de

Prof. em. Dr. Heinz S. Rosenbusch, Universität Bamberg, Schulmanagement, Kapuzinerstr. 25, 96045 Bamberg, eMail: schulmanagement@sowi.uni-bamberg.de

Ines Sausele, M.A., Friedrich-Alexander-Universität Erlangen-Nürnberg, Institut für Pädagogik, Bismarckstr. 1, D-91054 Erlangen, Tel. +49(0)9131 /85-22074, eMail: ines.sausele@phil.uni-erlangen.de, Web: http://www.paedagogik.phil.uni-erlangen.de/sausele.htm

Prof. Dr. Christine Schwarzer, Heinrich-Heine Universität, Erziehungswissenschaftliches Institut, Universitätsstr.1, D-40255 Düsseldorf, Tel. +49(0)211 / 81-12039, eMail: schwarzer@phil-fak.uni-duesseldorf.de, Web: http://www.phil-fak.uni-duesseldorf.de/ew/eb/schwarzer.html

Dr. Ulrich Spandau, TÜV SÜD AG, Bereichsleiter Personal, Westendstrasse 199, D-80686 München, Tel. +49(0)89 5791-2236, eMail: Ulrich.Spandau@tuev-sued.de, Web: www.tuev-sued.de

Prof. Dr. Susanne Maria Weber, Hochschule Fulda, Fachbereich Sozialwesen, Marquardstr. 35, 36039 Fulda, Tel. +49(0)162/4777755, eMail: susanne.weber@sw.hs-fulda.de, Web: http://www.fh-fulda.de/index.php?id=176

Neu im Programm
Bildungswissenschaft

Bernd Dollinger

Klassiker der Pädagogik
Die Bildung der modernen Gesellschaft
2006. 376 S. Br. EUR 26,90
ISBN 978-3-531-14873-1

Von Rousseau bis Herbart, über Diesterweg, Natorp, Nohl und Mollenhauer bis Luhmann werden in diesem Band die Grundlegungen der Pädagogik der modernen Gesellschaft dargestellt.

Marius Harring / Christian Palentin / Carsten Rohlfs (Hrsg.)

Perspektiven der Bildung
Kinder und Jugendliche in formellen, nicht-formellen und informellen Bildungsprozessen
2007. 310 S. Br. EUR 29,90
ISBN 978-3-531-15335-3

Hans-Rüdiger Müller / Wassilios Stravoravdis (Hrsg.)

Bildung im Horizont der Wissensgesellschaft
2007. 256 S. Br. EUR 29,90
ISBN 978-3-531-15561-6

Christian Palentien / Carsten Rohlfs / Marius Topor (Hrsg.)

Kompetenz-Bildung
Soziale, emotionale und kommunikative Kompetenzen von Kindern und Jugendlichen
2008. ca. 280 S. Br. ca. EUR 28,90
ISBN 978-3-531-15404-6

Norbert Ricken

Die Ordnung der Bildung
Beiträge zu einer Genealogie der Bildung
2006. 383 S. Br. EUR 39,90
ISBN 978-3-531-15235-6

Dass Bildung und Macht miteinander zusammenhängen und einander bedingen, ist offensichtlich; wie aber das Verhältnis beider genauer justiert werden muss, ist weithin umstritten und oszilliert meist zwischen Widerspruch und Funktionsbedingung. Vor diesem Hintergrund unternehmen die Studien zur Ordnung der Bildung eine machttheoretische Lektüre der Idee der Bildung und eröffnen einen irritierenden Blick in die Macht der Bildung.

Erhältlich im Buchhandel oder beim Verlag.
Änderungen vorbehalten. Stand: Juli 2007.

www.vs-verlag.de

VS VERLAG FÜR SOZIALWISSENSCHAFTEN

Abraham-Lincoln-Straße 46
65189 Wiesbaden
Tel. 0611.7878 - 722
Fax 0611.7878 - 400

MIX
Papier aus verantwortungsvollen Quellen
Paper from responsible sources
FSC® C105338

FSC
www.fsc.org

If you have any concerns about our products,
you can contact us on
ProductSafety@springernature.com

In case Publisher is established outside the EU,
the EU authorized representative is:
**Springer Nature Customer Service Center GmbH
Europaplatz 3, 69115 Heidelberg, Germany**

Printed by Libri Plureos GmbH
in Hamburg, Germany